쉽게
배우는
민사법

손종학

박영사

이 책은 충남대학교 연구지원 기금에 의하여 출판되었습니다.

머리말

로스쿨이 대세다. 해를 거듭할수록 로스쿨에 들어오려고 계획하고 있는 학생들이 기하급수적으로 증가한다는 표현이 적절할 정도로 많아지고 있다. 그리고 이들은 로스쿨에서 학습 과정을 좇아간다는 것이 매우 어려운 일임을 잘 알고 있다. 그래서 가능한 한 학부 시절에 법을 조금이라도 더 공부하고 싶은 욕구를 갖고 있다. 그러나 대부분의 법학 교재는 매우 어렵고 딱딱하게 기술되어 있어 쉽게 접근할 수가 없다는 데에 문제의 심각성이 놓여 있다.

특히 법학 중에서 가장 기본적이면서도, 가장 어렵고, 분량도 가장 많은 민법과 민사소송법을 아우르면서 쉽게 공부할 마땅한 교재는 더더욱 찾기 어려운 실정이다. 이는 로스쿨에 입학한 재학생과 일반 대학원 학생의 경우에도 별반 다르지 않아 이들은 민사법 공부에 많은 시간을 투입하고도 제대로 된 성취를 이루지 못하는 실정이다. 사실 로스쿨에서 민법과 민사소송법만 잘해도 법학 공부 전체의 절반 이상을 이루었다고 하여도 과언이 아니다. 그만큼 민법과 민사소송법이 중요함에도 현실은 이를 충족할 마땅한 교재가 없다는 점이다.

이에 로스쿨과 학부 학생들로 하여금 가장 어렵고도 복잡한 민법과 민사소송법에 관한 기초적 지식을 흥미를 갖고 접근할 수 있게 함으로써 학생들의 수요를 만족시키고 싶었다. 또한 로스쿨에 관심을 갖고 있으면서도 마땅한 교재와 강의를 접하지 못해 도전 기회조차 갖지 못하는 학생들에게 진학 동기를 부여하고 싶었다. 그리고 이미 로스쿨로 진학 계획을 짠 후 어렵게 공부하고 있는 학생들에게는 공부하기 가장 어려운 민법과 민사소송법을 미리 공부하게 하여 로스쿨 입학 후 공부 과정과 졸업 후 변호사시험에서 우수한 성적을 담보하게 하고 싶었다. 이것이 본서 출판을 기획하게 된 동기이다.

이를 위하여 본서를 집필함에 있어 제일 먼저 고려한 것은 '어떻게 하면 민법과 민사소송법에 관한 기본 지식을 쉽게, 그리고 재미있게 배우게 할 수 있을까'이었다. 그 결과 본서는 다음과 같은 특징을 띠고 있다.

첫째, 통합형 교재를 추구하였다. 대부분의 민법과 민사소송법 교재는 민법과 민사소송법을 따로 출판하고, 강의도 별개로 진행하고 있는 실정이다. 그러나 실무에서는 민법과 민사소송법은 마치 바늘과 실 같아서 서로 독립적으로 존재하는 것이 아니라 하나로 통합되어 이루어지고 있다. 그에 따라 교재와 강의도 민법과 민사소송법을 하나로 하여 함께 공부할 때, 그 어려운 민사법도 쉽게 이해할 수 있음은 물론 흥미까지 느낄 수 있다. 이는 30년 이상 판사와 변호사 그리고 대학교수로 법학을 공부하고, 법률사무를 취급하면서 저자가 절실히 깨달은 바이다. 아마도 대다수 법조인도 같은 생각일 것이다. 그러함에도 민법과 민사소송법을 함께 아우르는 강의나 교재가 부족하였기에 조금씩이나마 법조 실무계와 대학 강단을 모두 경험한 저자가 민법과 민사소송법을 함께 설명하는 통합형 교재로 집필하였다.

둘째, 가장 적절한 판례 소개와 설명이다. 법학은 이론적으로만 접근할 경우, 반쪽짜리 지식만 습득할 수밖에 없는데, 관련 판례를 찾아 소개함으로써 학생으로 하여금 법이론과 제도가 실제 사건에서는 어떻게 작동되고 이루어지는지를 자연스럽게 체득할 수 있게 하였다. 특히 단순히 관련 판례의 소개에 그치지 않고 당해 판례의 핵심을 쉽게 설명해줌으로써 학생의 이해도를 더욱 높일 수 있도록 하였다.

셋째, 심화학습 코너를 만들었다. 어려운 민사법을 가장 쉽게 소개하고 설명하는 것에 그치지 않고 좀 더 많은 법학 지식과 능력을 갖춘 우수 학생을 위하여 곳곳에 심화학습 코너를 신설하여, 어렵고 전문적인 내용을 함께 익힐 수 있게 하였다. 이를 통하여 법학을 처음 배우는 학생은 물론 이미 상당한 법학 지식을 가지고 있는 우수 학생 모두를 아우를 수 있게 하였다.

결국 본서는 실체법과 절차법을, 이론과 실무를 동시에 배움으로써 현장감이 생겨 이해하기 쉬울 뿐만 아니라 실제 사례에 적용함에 매우 용이하도록 하였다는 점이 가장 큰 특징이라고 할 수 있다. 모쪼록 본서를 통하여 공부한 학생들에게 조금이나마 도움이 되었으면 좋겠다는 바람이다.

본서가 나오기까지 많은 분의 도움이 있었다. 특별히 교정의 수고를 아끼지 않은 충남대 법학전문대학원 강사 홍승희 박사와 충남대학교 법률센터 우새롬 선생, 편집을 맡아 준 박영사 심성보 편집위원에게 깊은 감사의 마음을 전한다.

2025. 2.

대덕 캠퍼스에서 저자 씀

차 례

제1장 사적자치와 계약

1. 사적자치(私的自治) 일반 ·· 3
2. 헌법과 사적자치 ·· 4
3. 근대 민법의 3대 원칙 ·· 5
4. 법률행위자유의 원칙 ··· 6
5. 법률행위 유형 ··· 12
   가. 단독행위 ··· 12
   나. 계약 ·· 17
6. 계약자유의 내용과 한계 ·· 26
   가. 계약자유의 내용 ·· 26
   나. 계약자유의 한계 ·· 35

제2장 사적자치와 민사소송

1. 처분권주의(處分權主義) ··· 55
   가. 의의 ·· 55
   나. 절차의 개시 ·· 61
   다. 심판의 대상과 범위 ··· 63
   라. 절차의 종결 ··· 107
   마. 처분권주의 위배의 효과 ··· 111

2. 변론주의 ··· 111
   가. 일반 ··· 111
   나. 변론주의의 내용 ··· 113
   다. 변론주의의 한계 ··· 127
   라. 변론주의의 보완과 수정 ··· 127
   마. 변론주의의 예외(제한) ··· 129
   바. 변론절차에서의 심리에 관한 제 원칙 ······························ 136
   사. 변론의 의의 및 종류 ·· 142
3. 사적자치와 석명권 ··· 148
   가. 일반 ··· 148
   나. 석명권의 범위 ·· 151
   다. 석명의 대상 ··· 153
   라. 석명권의 행사 ·· 156
   마. 석명처분 ·· 157
4. 사적자치와 적시제출주의(공격방어방법의 제출 시기) ·············· 158
   가. 일반 ··· 158
   나. 실효성 확보제도 ··· 160
5. 변론의 진행과 내용 ·· 164
   가. 본안의 신청(청구취지) ··· 164
   나. 공격방어방법(주장과 증거신청) ······································· 164
   다. 항변 ··· 170
   라. 소송상 형성권의 행사 ·· 173
6. 소송행위와 법률행위 ·· 176
   가. 소송행위의 의의 ··· 176
   나. 소송상 합의(소송계약) ··· 177
   다. 소송행위의 철회와 의사의 하자 ······································· 181
7. 증거 ··· 184
   가. 증거의 의의 ··· 184
   나. 증거능력과 증거력 ·· 184

다. 증거의 종류 ·· 188

라. 증명과 소명 ·· 191

마. 엄격한 증명과 자유로운 증명 ·· 192

8. 서증 ·· 192

가. 의의 ·· 192

나. 문서의 종류 ·· 193

다. 문서의 증거능력 ·· 196

라. 문서의 증거력 ·· 197

9. 증명책임 ·· 201

가. 의의 ·· 201

나. 증명책임의 분배 ·· 203

다. 증명책임의 전환과 완화 ·· 207

라. 법률상의 추정 ·· 208

마. 유사적 추정 ·· 211

바. 일응의 추정 내지 표현증명 ·· 212

사. 간접반증 ·· 213

10. 소송요건과 소송판결 ·· 213

가. 소송요건 ·· 213

나. 소송판결 ·· 241

11. 소의 이익(권리보호요건) ·· 253

가. 소권이론 ·· 253

나. 소의 이익의 의의(권리 보호의 이익) ·· 253

다. 권리보호의 자격(공통의 소의 이익) ·· 255

라. 권리보호의 이익이나 필요(각종의 소에 특수한 소의 이익) ·············· 260

마. 소의 이익의 소송상 취급 ·· 282

참고문헌 ·· 283

제 1 장

사적자치와 계약

1. 사적자치(私的自治) 일반

근대 민법의 대원칙은 개인의 독립된 존재를 전제로 하여, 이 개인에게 권리를 취득하고 의무를 부담할 수 있는 자격 혹은 능력을 부여한다. 그리고 이러한 능력자를 권리주체라고 부르면서, 권리주체가 타 권리주체와 자유롭게 법률관계를 맺게 하는 것이다. 즉 고대 가부장제에 의한 신분제도를 갖고 규율되던 사회관계가 점차 그 구속에서 벗어나 개인과 개인의 자유로운 계약으로 관계가 구축되는 것이다. '신분에서 계약으로(from status to contract)'라는 말이 잘 표현하여 주듯이, 계급(신분) 대 계급(신분)의 관계에서 개인 대 개인의 관계로 사회관계가 변모하면서 각 개인이 사회생활관계인 법률관계의 주체로 자리매김한 것이다.[1]

이는 바로 개인도 법인격(法人格)을 갖는 주체로서 권리의 주체가 될 수 있는 능력인 권리능력을 갖는다는 것을 의미한다.[2] 이러한 권리능력을 갖는 개인은 권리를 취득하고 의무를 부담하는 모든 사회적, 경제적 활동을 원칙적으로 자신의 의사와 판단에 따라 자유롭게 형성할 수 있는 자유를 갖는다. 이를 사적자치(私的自治)라 부르고, 사적자치를 경제와 사회 활동[3]의 원칙으로 삼는 것을 사적자치의 원칙이라고 하는 것이다.

✎ **심화학습**

개인에게 법인격을 부여한다는 것과 관련하여, 법인격은 인위적으로 만들어낸 가공의 대상으로, 자연의 산물은 아니다. 그러나 인간의 신체와 영혼이 하나임을 전제하며, 인간을 생물학적 존재나 정신적 존재로만 국한시키지 않게 하는 표상으로 이해된다. 그리고 이것은 오늘날 인간을 단순한 계산 단위로 인식하고 짐승(물건)처럼 취급하거나 순수한 추상체로 취급하여 법주체성을 깎아내리려는 것을 방지할 수 있다.[4]

---

1) 자세한 것은 우치다 타카시(정종휴 역), 법학의 탄생, 박영사, 2022, 101면 이하 참조.
2) 사람은 생존한 동안 권리와 의무의 주체가 된다(민법 제3조).
3) 경제와 사적 활동을 통한 관계가 법적인 의미를 갖게 될 때, 이러한 관계를 법률관계라고 한다.
4) 자세한 것은, 알랭 쉬피오(박제성/배영란 옮김), 법률적 인간의 출연, (주)글항아리, 2015, 18면 참조.

2. 헌법과 사적자치

이러한 사적자치의 원칙은 단순히 개인 간의 법률관계를 다루는 사법(私法)의 영역인 민법(民法)에서만 그 근원을 두고 있는 것은 아니고, 더 깊게는 최고법인 헌법(憲法)에 기초하는 원칙이다. 즉 헌법 제10조의 "모든 국민은 인간으로서의 존엄과 가치를 가지며, 행복을 추구할 권리를 가진다."라는 인간 존엄성과 행복추구권 조항에서 사적자치 원칙이 기원하는 것이다. 그리고 여기서 이어지는 헌법 제15조의 직업선택의 자유 규정과 제23조 제1항 전문의 "모든 국민의 재산권은 보장된다."라는 재산권 보장 규정, 제32조 제1항의 "모든 국민은 근로의 권리를 갖는다."라고 선언한 근로의 권리, 제34조 제1항의 모든 국민의 인간다운 생활을 할 권리라는 헌법상의 개별 기본권 조항을 통하여 사적자치를 뒷받침하고 있다.

또한 경제적 질서로서, 헌법 제119조 제1항의 "대한민국 경제질서는 개인과 기업의 경제상의 자유와 창의를 존중함을 기본으로 한다."라는 규정이야말로 자유시장 경제체제를 우리나라의 경제 대원칙으로 삼았음을 선언한 규정인바, 이는 바로 우리 헌법이 사적자치를 인간 생활의 가장 중요한 영역이라 할 수 있는 경제 영역에서 선언한 것으로 볼 수 있다.

판례

대법원 2007. 7. 12. 선고 2006두4554 판결 [과징금부과처분취소]

구 부동산 실권리자명의 등기에 관한 법률(2007. 5. 11. 법률 제8418호로 개정되기 전의 것) 제3조, 제5조, 제6조, 제7조가 조세포탈이나 법령위반의 목적 유무를 떠나 모든 명의신탁을 금지하고 그 위반자를 행정적·형사적 제재대상으로 삼고 있다 하더라도, 헌법 제119조 제1항의 자본주의적 시장경제질서 및 제10조의 행복추구권에 내재된 사적자치 원칙의 본질에 반하거나 헌법 제23조 제1항의 재산권보장 원칙의 본질을 침해하는 것이라 할 수 없고, 나아가 부동산에 관한 권리를 실체적 권리관계에 부합하도록 등기하게 함으로써 투기·탈세·탈법행위 등을 방지하고 부동산 거래의 정상화와 부동산 가격의 안정을 도모하고자 하는 입법목적이 정당하고 그 입법목적을 달성하기 위한 수단도 적절하며, 현재 상태에서는 위 입법목적을 달성하기 위하여 명의신탁의 효력을 부인하고 행정적·형사적 제재를 가하는 방법이 불가피하고, 명의신탁자는 궁극적으로 소유권을 이전받거나 부당이득의 법리에 의하여 금전적인 반환을 받는 구제방법을 가지고 있어 위 법률에 의하여 달성되는 공익에 비하여 제한받는 기본권의 정도가 과하다고 볼 수 없으므로, 헌법 제37조 제2항의 과잉금지 원칙에 위반된다고 볼 수 없다.

3. 근대 민법의 3대 원칙

이러한 사적자치의 원칙에 근거하여 근대 민법의 3대 원칙이 도출될 수 있다. 우리 민법 제105조 "법률행위의 당사자가 법령 중의 선량한 풍속 기타 사회질서에 관계없는 규정과 다른 의사를 표시한 때에는 그 의사에 의한다."라는 규정과 제103조, 제104조 등이 사적자치에 기반한 규정으로 이해되고 있다. 즉 원칙적으로 법률행위는 당사자의 의사에 따라 자유롭게 결정할 수 있다는 것을 의미한다. 근대 민법은 개인의 존재와 자유 전제 및 재산권 보장을 위하여, 소위 3대 원칙을 정립하였다. 법률행위자유(法律行爲自由)의 원칙, 재산권보장(財産權保障) 내지는 소유권절대(所有權絶對)의 원칙, 과실책임(過失責任)의 원칙이 바로 그것이다. 판례도 같은 입장으로 보인다.

심화학습

민법의 최고원리가 사적자치의 원칙이라는 점에 대하여는 다른 견해가 존재한다. 이 견해는 민법의 최고원리는 공공복리(公共福利)이며, 이 공공복리를 실현하기 위하여 신의성실의 원칙, 권리남용금지의 원칙과 같은 주요 기본원칙이 있고, 그 아래에 비로소 근대 민법의 3대 원칙이 존재한다고 본다.

판례

대법원 2016. 8. 24. 선고 2014다9212 판결 [대여금]
우리의 사법질서는 개인이 자신의 법률관계를 그의 자유로운 의사에 의하여 형성할 수 있다는 사적자치의 원칙과 개인은 자기에게 귀책사유가 있는 행위에 대하여만 책임을 지고 그렇지 아니한 타인의 행위에 대하여는 책임을 지지 아니한다는 자기책임의 원칙 등을 근간으로 한다. 따라서 타인의 채무에 대한 변제책임이 인정되는 것은 채무인수와 같이 당사자가 스스로의 결정에 따라 책임을 부담할 의사를 표시한 경우에 한정되는 것이 원칙이고, 예외적으로 법률의 규정에 의하여 당사자의 의사와 관계없이 타인의 채무에 대한 변제책임이 인정될 수 있으나, 그러한 법률규정을 해석·적용할 때에는 가급적 위와 같은 원칙들이 훼손되지 않도록 배려하여야 하고 특히 유추적용 등의 방법으로 그 법률규정들을 확대적용하는 것은 신중히 하여야 한다.

4. 법률행위자유의 원칙

사적자치 원칙에 따른 민법의 3대 원칙 중 그 첫째는 법률행위자유(法律行爲自由)의 원칙이다. 이는 권리 주체이자 존엄한 존재인 각 개인은 타인과의 법률관계를 자유롭게 형성할 수 있다는 원칙을 말한다. 즉 개인이 자기의 책임하에 자유로운 의사에 따라 타인과의 법률관계를 형성할 수 있다는 원칙이다. 그런데 타인과의 법률관계는 대부분 법률행위를 통하여 이루어지기에 이를 '법률행위자유의 원칙'이라고 부르는 것이다. 여기서 법률행위란 의사표시(意思表示)를 핵심 내지는 필수 요소로 하는 법률요건의 하나로서 일정한 법률효과를 발생시키는 행위를 의미한다.

민법전, 특히 재산법 관련 규정을 살펴보면, 민법의 각 조문은 '… 하면, … 하다' 혹은 '… 있으면, … 이 발생한다'라는 형식으로 규정되어 있는데, 여기서 앞부분의 '… 하면'인 전제 요건을 법률요건(法律要件)이라 부르고, 뒷부분의 결론 부분을 법률효과(法律效果)라고 부른다. 예를 들어, 甲과 乙이 부동산 매매계약을 체결한 경우에, 매도인(賣渡人)인 甲은 매매대금(賣買代金)을 받을 권리인 매매대금청구권이라는 채권을 취득하고, 이에 대하여 매수인(買受人)인 乙은 소유권을 넘기라는 소유권이전등기청구권과 부동산을 넘겨 달라는 부동산 인도청구권이라는 채권을 취득하게 된다.

이를 의무라는 각도에서 살펴보면, 甲에게는 乙에게 소유권을 넘겨주고 물건을 인도해줄 채무인 의무가 발생하고, 乙에게는 甲에게 매매대금을 지급할 채무인 의무가 발생하게 되는 것이다. 여기서 매매계약 체결이라는 전제 부분이 법률요건에 해당하고, 이전등기청구권이나 매매대금지급의무와 같은 권리와 의무의 발생에 관한 부분이 법률효과이다. 이를 매매계약을 규정하고 있는 민법 제563조의 조문에서는 "매매는 당사자 일방이 재산권을 상대방에게 이전할 것을 약정하고 상대방이 그 대금을 지급할 것을 약정함으로써 그 효력이 발생한다."라고 표현하고 있다. 여기서 '약정함으로써' 부분이 법률요건에 해당하고, '그 효력이 발생한다' 부분이 법률효과이다.

이처럼 민법 규정은 사실상 권리와 의무에 관한 규정이고, 이를 좀 더 구체적으로 보면, 권리와 의무의 발생요건과 그 효과를 규정한 것이라고 정의할 수 있다. 그래서 흔히 민법을 민사(民事)에 관한 권리와 의무에 관한 법이라고 부르기도 한다. 이를 다시 법률행위와 연결하여 살펴보면, 법률행위는 바로 위 전제 부분, 즉 '… 이면(하면)'에 해당하는 법률요건이다. 그러므로 법률행위란 '의사표시를 핵심 요소로 하여 일정한 법률효과를 발생시키는 법률요건'의 하나라고 정의할 수 있다. 여기서 주목할 점은 법률행위는 법률요건의 하나라는 것이다. 다시 말하면, 법률행위는 법률요건의 하나로, 법률행위 이외에 다른 것도 얼마든지 법률요건이 될 수 있고, 그에 따라 일정한 법률효과가 발생할 수 있다는 것을 의미한다.

그러면 법률행위 이외에 법률요건이 되는 것은 무엇이 있을까? 여러 가지로 유형화 내지는 분류할 수 있지만, 가장 쉽게 설명한다면 '법률의 규정'이라고 할 수 있다. 법률의 규정이라고 하면 조금 막연하고 동어반복이라는 생각이 들 수도 있다. 이를 좀 더 쉽게 설명하면, 민법 특히 재산법에 관한 조문 중에는 법률행위가 아니라 민법의 규정(법조문) 자체에 의하여 일정한 법률효과, 즉 권리와 의무가 발생하는 경우가 있다. 다시 말하면, 의사표시에 따른 아무런 법률행위를 하지 않아도 일정한 경우에 민법 규정 자체에 의하여 일정한 법률효과가 발생하는 경우를 말하는 것이다.

예를 들어, 민법 제750조를 살펴보면 쉽게 이해할 수 있을 것이다. 민법 제 750조는 불법행위(不法行爲)에 관한 규정으로, "고의 또는 과실로 인한 위법행위로 타인에게 손해를 가한 자는 그 손해를 배상할 책임이 있다."로 되어 있다. 이를 풀어 보면, 일부러(또는 알면서, 고의) 또는 일정한 주의의무를 다하지 못한(게을리한, 과실) 법질서에 반하는 행위로 인하여 다른 사람에게 손해가 발생한 경우에는 손해를 입은 자에게 그 손해를 배상할 책임(의무)이 발생한다는 것이다.

甲이라는 사람이 술집에서 친구들과 즐겁게 술을 마시던 중 옆자리에 앉은 乙이라는 사람과 시비가 붙었고, 이에 흥분한 甲이 乙의 얼굴을 때려서 코뼈가 부러지고 이로 인하여 乙이 코뼈 수술을 하느라 돈 2백만 원의 치료비를 지급하는 사건이 발생한 경우를 가정해 보자. 甲의 폭행이라는 행위로 인하여 乙의 치료비 상당액의 손해가 발생한 것으로, 이때 위 제750조라는 법률 규정에 의하여, 甲에게는 그 손해를 배상할 책임, 즉 치료비 지급 의무가 발생하고, 乙에게는 치료비 상당의 손해배상을 청구하는 치료비 청구권이라는 권리가 발생하게 되는 것이다. 그런데, 여기서는 일정한 법률효과의 발생을 의욕하는 의사표시가 전혀 없고, 그에 따라 법률행위가 없었음에도 甲과 乙에게는 일정한 의무와 권리가 발생하는 법률효과가 있는 것이다. 즉 법률행위가 아님에도 법률의 규정에 따라서 일정한 법률효과가 발생하는 경우가 있는바, 이를 법률의 규정에 의한 법률효과의 발생이라고 하는 것이다.

관련 법조문
민법 제750조(불법행위의 내용) 고의 또는 과실로 인한 위법행위로 타인에게 손해를 가한 자는 그 손해를 배상할 책임이 있다.

이러한 법률의 규정에 의한 법률효과 발생의 또 다른 예로는 민법 제741조를 들 수 있다. 민법 제741조는 "법률상 원인 없이 타인의 재산 또는 노무로 인하여 이익을 얻고 이로 인하여 타인에게 손해를 가한 자는 그 이익을 반환하여야 한다."라고 규정되어 있다. 이 규정은 '부당이득(不當利得)'에 관한 규정으로 매매계약이나 고용계약 등과 같은 법률상 원인이 없이 타인의 재산이나 노무를 갖고 이득을 얻고, 그로 인하여 재산 소유자 등에게 손해를 가하였을 때에는 법질서적 관점에서 이러한 이득은 정당하지 않은 부당한 이득이기에 공평이나 정의의 차원에서 이득을 얻은 자는 손해를 입은 자에게 받은 이익을 돌려줄 의무가 발생한다는 내용이다.

예를 들어, 甲이 乙 소유의 건물을 사용하는 경우에, 만일 甲이 乙과 임대차계약을 체결하고 그에 따라 그 건물을 사용하거나 乙의 호의로 아무런 대가 없이 무상으로 사용하는 것(이를 사용대차라고 함)이라면, 이는 바로 임대차계약이나 사용대차계약이라는 법률행위를 통하여 사용권이 발생하는 것이어서 전형적인 법률행위에 의한 법률효과의 발생 결과라고 할 수 있다. 그에 따라 乙에게는 임대차계약에 의하여 발생한 임차권 등을 통하여 위 건물을 사용하는 것이어서 법률상의 정당한 원인을 갖는 적법한 사용이 된다.

그러나 만일 甲이 乙과 임대차계약 등의 법률행위 없이 일방적으로 乙의 건물을 사용하는 것이라면, 甲에게는 위 건물을 사용할 법률상의 정당한 원인이 없기에 부당하게(혹은 위법하게) 사용하는 것이고, 이러한 甲의 부당한 사용으로 인하여 甲은 위 건물의 임대료에 상응하는 정도의 이익을 얻지만, 반면에 乙은 위 건물을 甲이 사용하고 있지 않다면, 본인이 직접 사용하거나 제3자에게 임대하여 임대료를 받을 수 있음에도 甲의 사용으로 인하여 임대료 상당의 수입을 얻을 수 없으므로 결국 임대료 상당의 손해를 입게 된다.

그에 따라 결국 甲은 乙의 재산으로 인하여 임대료 상당의 이익을 얻고, 乙은 이로 인하여 임대료 상당의 손해를 입은 것이고, 민법 제741조에 따라 甲은 본인이 받은 임대료 상당의 이익을 乙에게 반환하여야 하는 것이다. 이때 이를 돌려받을 乙의 권리를 부당이득반환청구권이라고 하는데, 이 권리는 甲과 乙 사이의 법률행위에 의하여 발생한 권리가 아니라 민법 제741조라는 법률의 규정에 의하여 발생한 것이다.

관련 법조문

민법 제741조(부당이득의 내용) 법률상 원인없이 타인의 재산 또는 노무로 인하여 이익을 얻고 이로 인하여 타인에게 손해를 가한 자는 그 이익을 반환하여야 한다.

위 예는 법률의 규정에 의하여 법률효과로 채권이라는 권리가 발생하는 경우인데, 이러한 예로는 채권만이 아니라 물권법의 영역에서도 찾아볼 수 있다. 민법 제245조의 취득시효(取得時效)에 관한 규정이 가장 전형적인 예라고 할 수

있다. 즉 민법 제245조 제1항은 "20년간 소유의 의사로 평온, 공연하게 부동산을 점유한 자는 등기함으로써 그 소유권을 취득한다."라고 규정하고 있다. 그에 따라 만일 甲이 乙 소유의 토지를 20년 이상 소유의 의사로 평온, 공연하게 점유 (占有)하게 되면, 비록 甲은 乙로부터 위 토지를 매수하는 등의 법률행위가 없지만, 乙을 상대로 위 토지에 관한 소유권이전등기를 청구할 수 있는 권리5)가 발생하고, 그 권리를 토대로 甲이 자기 명의로 소유권이전등기를 하면, 甲은 위 토지에 대한 물권인 소유권을 취득하게 되어 결국 甲이 위 토지의 소유자가 된다.

만일 甲이 乙과의 사이에 乙의 토지를 1억 원에 매수하기로 하는 토지매매 계약을 체결한 경우라면, 이는 매매계약(賣買契約)이라는 법률행위를 한 것이고, 위 매매계약이라는 법률행위의 결과, 그 법률효과로서 甲은 乙에게 매매를 원인으로 한 소유권이전등기청구권이라는 채권을 취득한 것이고, 이 청구권을 갖고 소유권이전등기를 마치게 되면 甲은 위 토지에 대한 소유권이라는 물권을 취득하는 것이다. 그런데, 위 취득시효 사례에서는 매매계약의 체결 없이, 즉 계약이라는 법률행위 없이 단지 일정 기간 토지를 점유한 사실에 기초하여 소유권이전등기청구권이라는 채권이 발생하고, 이 권리를 행사하여 등기를 마치면, 소유권이라는 물권을 취득하는 것이다. 즉 위의 사례에서 알 수 있듯이 甲과 乙 사이에는 의사표시가 포함된 그 어떠한 법률행위가 없지만, 민법 제245조 제1항이라는 법률의 규정에 의하여, 甲에게 법률효과로서 소유권이전등기청구권이라는 권리가 발생한 것이고, 이에 기하여 소유권이전등기를 마치면 소유권이라는 물권을 취득하는 것이다. 이러한 것을 우리는 법률의 규정에 의한 물권 변동, 권리 발생이라고 부른다. 여기서 '20년간 소유의 의사로 평온, 공연하게 부동산을 점유하는' 부분과 '등기함으로써' 부분이 법률요건이고, 그로 인하여 '그 소유권을 취득한다'라는 부분이 법률효과가 되는 것이다.

판례

대법원 2000. 3. 16. 선고 97다37661 전원합의체 판결 [건물철거등]
점유취득시효제도가 법률행위로 인한 부동산 물권취득제도가 아니라 법률의 규정에 의한 부동산 물권취득제도인 점에 관하여는 이견이 없고, 한편 점유로 인한 부동산물

---

5) 이를 취득시효 완성을 원인으로 한 소유권이전등기청구권이라고 한다.

권의 취득은 법률의 규정에 의한 물권변동이지만 민법 제187조의 예외로서 점유기간 완성 후에 등기를 하여야 비로소 그 물권의 취득이 이루어지도록 마련되어 있어서 시효기간을 완성시킨 점유자로서는 그 완성으로써 등기 없이 바로 그 점유부동산의 소유권을 취득하게 되는 것이 아니라 채권적 청구권인 당해 부동산의 소유권이전등기청구권을 취득함에 그치는 것이고, 또한 반대의견처럼 점유취득시효완성을 주장하는 사람이 등기를 수반하는 점유를 하는 것을 그 시효완성의 요건으로 삼는다면 그 시효완성 후에라야 그 시효기간 완성의 효과로서 등기청구권을 취득하게 되는 점유취득시효 제도에 있어서 그 등기를 할 수 있기 위한 요건으로서 등기를 수반해야 한다는 순환론적 모순에 빠지고 만다.

이처럼 법률의 규정에 의한 법률효과의 발생에는 취득시효와 같이 권리의 취득과 의무의 발생만 있는 것이 아니다. 반대로 권리자는 기존의 권리를 상실하고, 의무자는 의무가 소멸하는 것도 있다. 소멸시효(消滅時效)가 바로 그것이다. 민법 제162조 제1항은 "채권은 10년간 행사하지 아니하면 소멸시효가 완성한다."라고 규정하고 있다. 이는 예를 들어, 甲이 乙에게 천만 원을 빌려준 사실이 있어 이를 돌려받을 권리, 즉 반환받을 권리인 채권을 갖고 있다. 그런데 이를 돌려받지 못한 상태에서 10년이 경과하면, 즉 10년간 위 반환청구권을 행사하지 아니하면, 소멸시효가 완성되어 甲은 반환청구권이라는 채권으로서의 권리를 상실하고, 乙은 이를 반환할 채무가 소멸하여 반환의무를 면하는 것이다. 여기서 甲과 乙 사이에 위 반환청구권을 소멸시키기로, 또는 반환채무를 면제해주기로 하는 합의라는 법률행위가 없었지만, 제162조 제1항이라는 법률의 규정에 의하여 10년간 권리를 행사하지 않았다는 사실만으로 채권이라는 권리가 소멸하는 법률효과가 발생한 것이다.

관련 법조문
민법 제162조(채권, 재산권의 소멸시효) ①채권은 10년간 행사하지 아니하면 소멸시효가 완성한다.
②채권 및 소유권 이외의 재산권은 20년간 행사하지 아니하면 소멸시효가 완성한다.

판례

대법원 1990. 8. 28. 선고 90다카9619 판결 [사원확인]

소멸시효기간의 만료로 인한 권리소멸의 효과는 그 시효의 이익을 받는 자가 시효완성의 항변을 하지 않는 한 그 의사에 반하여 이를 인정할 수가 없는 것인바, '조건부 징계해임처분에 승복하여 그 효력을 다투지 아니한 채 약 10년이 경과한 뒤에 새삼스럽게 소를 제기하여 징계처분의 효력을 다투는 것은 신의칙에 반하여 허용될 수 없다'는 주장에는 소멸시효의 주장도 포함된 것으로 볼 수 없다.

5. 법률행위 유형

이와 같이 법률효과를 발생시키는 법률요건으로서의 법률행위 유형은 크게 세 가지가 있다. 이는 법률행위의 핵심요건인 '의사표시'의 숫자와 내용에 따른 분류이다. 단독행위, 계약, 합동행위6)가 그것인데, 주로 단독행위와 계약만이 많이 다루어진다.

가. 단독행위

1) 의의

먼저 단독행위(單獨行爲)가 있다. 단독행위란 글자 그대로 당사자 일방의 의사표시만으로 법률요건을 충족하여 의사표시에 따른 일정한 권리의무의 변동이라는 법률효과가 발생하는 것이다. 단독행위는 하나의 의사표시만으로 성립하는 법률행위라고 할 수 있어 일방행위라고도 부른다. 예를 들어, 甲이 乙에게 돈 천만 원을 빌려준 경우,7) 乙은 이를 갚을 채무, 즉 반환채무가 발생한다. 이 경우 甲이 乙의 어려운 경제적 입장을 이해하여 돈 천만 원을 갚지 않아도 된다고 하는 것을 '채무면제(債務免除)'라고 하는데, 甲이 乙의 채무를 면제하면, 乙의 의사

---

6) 합동행위는 의사표시가 복수인 점에 착안하여 계약의 한 유형으로 보기도 하지만, 복수의 의사표시가 계약과는 달리 서로 대립하는 방향이 아니라 하나의 방향을 목적으로 한다는 점에 기초하여, 계약과는 구별되는 별도의 법률행위로 보고 있다. 합동행위의 전형적 모습은 수인이 설립하는 사단법인의 설립행위를 들 수 있다.

7) 이를 '대여'라고 부르고, 이러한 계약을 '소비대차'라고 한다.

나 입장과는 아무 관계없이, 극단적으로는 乙이 채무면제를 원하지 않는다 할지라도 채권자 甲이 채무를 면제한다는 의사표시를 하고, 이 의사표시가 채무자인 乙에게 도달하는 순간 법률효과가 발생하여 甲은 반환받을 채권을 상실하고, 乙은 반환채무가 소멸하여 이를 갚을 의무가 없어지게 된다. 여기서 채무를 면제한다는 甲의 일방적인 의사표시만으로 채무가 소멸하는 법률효과가 발생하는 것으로, 이러한 채무면제의 의사표시를 단독행위라 한다. 이러한 단독행위를 통하여 채무 소멸이라는 법률효과가 발생하는 것이다.

관련 법조문

민법 제506조(면제의 요건, 효과) 채권자가 채무자에게 채무를 면제하는 의사를 표시한 때에는 채권은 소멸한다. 그러나 면제로써 정당한 이익을 가진 제삼자에게 대항하지 못한다.

판례

대법원 2003. 10. 10. 선고 2003도3516 판결

민법 제506조는 "채권자가 채무자에게 채무를 면제하는 의사를 표시한 때에는 채권은 소멸한다."고 규정하고 있으므로, 채무면제나 채권의 포기로 채권이 소멸하기 위하여는 채권자가 채무자에 대하여 채무를 면제하거나 채권을 포기하는 의사표시를 하여야 한다 할 것인바, 가지급금이 회사에 반제된 것처럼 회계전표를 허위 작성하는 방법으로 허위의 회계처리를 한 것만으로 보성인터네셔널이 피고인 9에 대하여 위 가지급금 반환채무를 면제하거나 그 청구권을 포기하는 의사를 표시한 것으로는 볼 수 없고 (위 피고인들은 가계정을 정리하지 않을 경우 회사의 신인도가 하락할 것을 우려하여 위와 같이 허위의 회계처리를 한 것이지 피고인 9의 채무를 면제하여 줄 목적으로 한 것은 아니고, 피고인들이 그 후에 공소외 1 소유의 부동산을 가지급금의 변제를 위한 담보로 확보한 점에 비추어 보아도 위 허위의 회계처리를 들어서 채무면제의 의사표시를 한 것으로 볼 수 없다), 달리 기록상 보성인터네셔널이 피고인 9에 대하여 위 가지급금 반환채무를 면제하는 의사표시를 하였거나 피고인 9에 대한 채권을 포기하였음을 인정할 자료를 발견할 수 없다.

단독행위의 또 다른 예로는 법률행위의 취소(取消)를 들 수 있다. 즉 법률행위가 착오(錯誤)에 의하여 이루어지거나 상대방의 기망(欺罔)이나 협박(脅迫)에 의하여 이루어진 경우, 또는 미성년자가 법정대리인(法定代理人)인 부모의 동의 없이 법률행위는 한 경우에도, 이들 법률행위는 일단 유효하게 성립하지만, 사후에 이를 취소할 수 있고(취소라는 의사표시를 한 것임), 법률행위가 취소될 경우에 그 법률행위는 소급하여 법률행위를 한 당시부터, 즉 처음부터 무효인 법률행위로 취급된다.

여기서 법률행위를 취소할 수 있는 권리를 '취소권'이라고 하는데, 이러한 취소권은 취소권자가 취소권을 행사하여 법률행위를 취소한다는 의사표시를 하고, 그 의사표시가 상대방에게 도달하는 순간, 상대방의 의사나 뜻과는 아무런 관계없이(즉 동의나 합의 없이도) 그 법률행위에 취소의 효과가 발생하여 그 법률행위가 소급하여 처음부터 무효가 되는 것이다. 이처럼 취소는 취소권자의 일방적인 하나의 의사표시만으로 기존 법률행위가 무효로 되는 법률효과가 발생하기에 법률행위 중 단독행위가 되는 것이다.

관련 법조문

민법 제110조(사기, 강박에 의한 의사표시) ①사기나 강박에 의한 의사표시는 취소할 수 있다.

제141조(취소의 효과) 취소된 법률행위는 처음부터 무효인 것으로 본다.

여기서 하나 덧붙인다면, 이와 같이 당사자의 일방적인 의사표시만으로 법률효과가 발생하는 권리를 형성권(形成權)이라 부르고, 이러한 형성권의 예로는 위의 취소권이나 계약 해제권, 해지권, 철회권 등이 있다. 형성권의 특징은 권리의 행사로써 바로 법률효과가 발생하는 것이어서 상대방에게 의무 이행의 여지가 전혀 없다는 것이다.[8] 즉 형성권과는 달리 가장 흔한 권리라 할 수 있는 청구권의 경우에는 비록 청구권을 행사하더라도 그 자체로 권리의 목적이 달성되는 것이 아니고, 그 청구에 따라 상대방인 채무자가 이를 이행하였을 때(즉 청구 내

---

8) 이처럼 형성권은 일방적 의사표시만으로 법률관계가 변동되지만, 형성권의 행사로 인한 법률관계 변동이 제3자에게 주는 영향이 큰 경우에는 법률로써 법원의 재판이 있을 것을 요구하고 있다. 즉 당사자의 일방적 의사표시만으로는 권리관계의 변동이 생기지 아니하고, 여기에 법원의 재판이 있을 때 비로소 권리관계 변동이라는 법률효과가 발생하는 경우이다. 이러한 예로는 재판상 이혼권, 채권자취소권, 혼인 취소권 등이 있어, 이들 권리는 법원에 의하여 이혼재판, 사해행위취소재판의 확정판결이 있을 때 비로소 이혼 등의 법률효과가 발생한다. 이처럼 반드시 소로써만 형성권을 행사할 수 있는 권리를 형성소권(形成訴權)이라고 부른다.

용에 따라 일정한 행위[9]를 하였을 때) 비로소 권리자는 권리 만족을 얻게 된다.

예를 들어, 甲이 乙에게 돈 천만 원을 대여하여 이를 돌려받을 권리[10]를 행사하여 갚으라고 요구(청구)하더라도 빌려 간 乙이 이를 갚지 않는 한 甲은 만족을 얻을 수 없고, 위 청구에 따라 乙이 천만 원을 갚을 때, 즉 乙의 채무이행이 있을 때 비로소 권리 만족을 얻게 되는 것이고, 이의 이행이 없으면, 乙은 단지 채무불이행에 따른 책임을 부담하는 것뿐이다. 결국 청구권을 행사한 경우에는 상대방인 채무자에게 의무 이행의 여지가 있는 반면에, 형성권을 행사한 경우에는 상대방에게 의무 이행의 여지가 전혀 없다는 점에서[11] 양자 사이에는 극명한 차이가 있다.

판례

서울고등법원 2012. 10. 18. 선고 2011나64944 판결 [신탁위반처분행위]
수익자취소권은 수탁자와 그 상대방에 대한 의사표시를 요하는 형성권의 일종이므로, 취소의 의사표시가 수탁자와 그 상대방에게 도달한 때에 비로소 효력을 발생함이 사법상의 원칙이고, 수익자가 취소의 의사표시를 담은 소장부본을 수탁자와 그 상대방에게 송달함으로써 수익자취소권을 재판상 행사하는 경우에는 그 소장부본이 수탁자와 그 상대방에게 도달할 때에 비로소 수익자취소권 행사의 효력이 발생하여 수익자, 수탁자 및 그 상대방 사이에 취소의 효력이 생기므로, 취소의 의사표시가 담긴 소장부본이 1개월 또는 1년의 제척기간 내에 송달되어야만 수익자가 제척기간 내에 적법하게 수익자취소권을 행사하였다고 할 것이다.

판례

대법원 2024. 4. 12. 선고 2023다309020, 309037 판결 [토지인도·매매대금]
건물 소유를 목적으로 한 토지임대차계약의 기간이 만료함에 따라 지상건물 소유자가 임대인에 대하여 민법 제643조에 따른 지상물매수청구권을 행사한 경우에 그 건물의 매수가격은 건물 자체의 가격 외에 건물의 위치, 주변 토지의 여러 사정 등을 종합적

---

9) 이를 '급부'라고 부른다.
10) 금전소비대차계약에 기한 반환청구권.
11) 왜냐하면, 형성권의 행사로 이미 취소 등의 권리 만족을 달성하였기 때문이다.

으로 고려하여 매수청구권의 행사 당시 건물이 현재하는 대로의 상태에서 평가된 시가를 말한다. 그런데 민법 제643조에서 정한 지상물매수청구권은 이른바 형성권이므로, 그 행사로써 곧바로 임대인과 임차인 사이에 임차 토지 지상의 건물에 관하여 매수청구권 행사 당시의 건물 시가를 대금으로 하는 매매계약이 체결된 것과 같은 효과가 발생한다. 따라서 지상물매수청구의 대상이 된 건물의 매수가격에 관하여 당사자 사이에 의사합치가 이루어지지 않았다면, 법원은 위와 같은 여러 사정을 종합적으로 고려하여 인정된 매수청구권 행사 당시의 건물 시가를 매매대금으로 하는 매매계약이 성립하였음을 인정할 수 있을 뿐, 그와 같이 인정된 시가를 임의로 증감하여 직권으로 매매대금을 정할 수는 없다.

2) 단독행위의 유형

이처럼 단독행위는 상대방의 의사 유무와는 관계없이 당사자 일방의 의사표시만으로 법률효과가 발생하는 법률행위로, 이에는 상대방 있는 단독행위와 상대방 없는 단독행위가 있다. 상대방 있는 단독행위는 앞의 채무면제나 취소처럼 상대방이 존재하는 단독행위이고, 상대방 없는 단독행위는 소유권의 포기나 유언 등과 같이 상대방이 존재하지 않는 단독행위이다. 상대방 없는 단독행위는 의사표시를 받을 상대방이 없기에 당연히 의사표시만으로 법률효과가 발생하지만, 상대방 있는 단독행위는 그 의사표시가 상대방에게 도달하여야만 그에 따른 법률효과가 발생한다는 점에서 양자는 차이가 있다.

그러면 앞의 사적자치 원칙상 단독행위는 언제나 자유롭게 할 수 있는지도 문제 된다. 여러 견해가 있지만, 소유권의 포기처럼 상대방이나 타인의 권리의무에 아무런 영향을 미치지 않는 경우에는 자유롭게 할 수 있지만, 법률행위의 취소나 해제처럼 타인의 권리나 의무에 영향을 미치는 단독행위는 비록 그것이 타인에게 이익만을 주는 경우라 할지라도 법률이 허용할 때만 가능하다고 보아야 할 것이다.[12]

---

12) 송덕수, 민법총칙, 박영사, 2018, 128면.
13) 대법원 1996. 11. 8. 선고 96다20581 판결.

심화학습

이와 같이 소유권의 포기는 상대방 없는 단독행위이지만, 소유권 포기의 효과가 따르는 기부채납은 일종의 증여계약이다. 즉 기부채납은 기부자가 그의 소유재산을 지방자치단체의 공유재산으로 증여하는 의사표시를 하고 지방자치단체는 이를 승낙하는 채납의 의사표시를 함으로써 성립하는 증여계약이고, 증여계약의 주된 내용은 기부자가 그의 소유재산에 대하여 가지고 있는 소유권, 즉 사용·수익권 및 처분권을 무상으로 지방자치단체에게 양도하는 것이므로, 증여계약이 해제된다면 특별한 사정이 없는 한 기부자는 그의 소유재산에 처분권뿐만 아니라 사용·수익권까지 포함한 완전한 소유권을 회복한다.[13)]

나. 계약

1) 의의

두 번째 법률행위의 유형으로는 '계약(契約)'을 들 수 있다. 이는 법률관계에서 가장 흔하고 우리 주변에서도 쉽게 경험할 수 있는 법률행위이다. 계약이란 쌍방 당사자의 서로 합치하는 의사표시가 있을 때 법률효과가 발생하는 법률행위이다. 즉 한쪽 당사자의 의사표시만으로 법률효과가 발생하는 것이 아니라 서로 대립하는 쌍방의 의사표시가 서로 합치될 때 비로소 법률효과가 발생한다.[14)] 단독행위가 하나의 의사표시만으로 법률효과가 발생하는 법률행위이기에 앞서 설명한 것과 같이 상대방이 없는 경우도 있을 수 있음에 비하여 계약은 반드시 서로 대립하는 둘 이상의 의사표시가 있고, 그 의사표시가 서로 합치될 때 비로소 법률효과가 발생하는 것이기에 언제나 상대방이 존재하게 된다.

이를 조금 더 자세히 설명하면, 당사자 일방인 甲이 상대방 乙에게 일정한 법률행위(계약)를 하자는 의사표시를 하고, 이에 대하여 상대방 乙이 그렇게 하자고 응답하는 의사표시가 이루어지면, 그때 비로소 법률행위가 성립하는 것이다. 여기서 甲의 의사표시를 청약(請約)이라 하고, 乙의 의사표시를 승낙(承諾)이라고 한다. 결국 계약은 청약이라는 의사표시와 이에 대한 상대방의 승낙이라는

---

14) 일반적으로 민법에서 계약이라 하면, 채권의 발생을 목적으로 하는 채권계약을 의미하지만, 넓은 의미로는 반드시 채권계약에 한정되지 않고, 혼인의 합의나, 소유권이전의 합의와 같이 물권계약이나 가족법상의 계약을 포함하여 두루 일컬어 사용된다.

의사표시가 만나 이루어지는 법률행위이다. 예를 들면, 甲이라는 사람이 乙에게 乙 소유의 아파트를 사겠다는 매수 의사표시(청약)를 하고, 이에 대하여 乙이 甲에게 그렇게 하겠다고(즉 甲에게 아파트를 팔겠다고) 매도 의사표시(승낙)를 하면 비로소 매매계약이라는 법률행위가 성립한다.

✒ 심화학습

계약과 관련하여 중요한 법격언(法格言, 法格諺)[15]이 있다. "약속(계약)은 지켜져야 한다."는 격언이 바로 그것이다. 계약의 구속력, 즉 말의 구속력은 공동체가 유지되는 기반으로, 말의 약속인 계약이 인간의 법에 있어 확고한 기반이 되었다는 점이 근대사회의 특징으로 꼽힌다. 즉 계약과 그에 따른 구속력은 인간이 신분의 예속에서 벗어나 자유의 길로 다가가는 역사적 진보의 귀결점으로 생각되었다. 그에 따라 인간은 스스로 정한 제약 이외의 다른 구속요건은 존재하지 않는 해방된 세계로 인도된다. 계약 문화가 정착되지 못한 국가에 있어서 계약 문화로의 접근은 바로 근대사회로 진입하고 국가 사이의 협력에 의한 조건이 된다. 이러한 계약문화는 신의 모습을 본떠 만들어진 인간이 그 자신을 위해 신의 말씀에 대한 입법자적 권력을 지닐 수 있으며, 말로써 미래를 유폐할 수 있다고 생각했던 것은 오직 서구문화권밖에는 없었다고 한다.[16]

---

2) 전형계약과 비전형계약

이러한 채권계약으로 우리 민법이 규정하고 있는 것은 모두 15개이다.[17] 여기서 민법전에 규정된 계약을 전형계약(典型契約) 또는 유명계약(有名契約)이라고 부른다. 그런데 우리가 지금 배우고 있는 사적자치에 기초한 법률행위 자유의 원칙에 따라 민법전에서 규정하고 있지 않은 계약도 원칙적으로 당사자 사이의 합의로 얼마든지 만들어 낼 수 있다. 이처럼 민법전에는 규정되어 있지는 않지만 사적자치의 원칙에 따라 당사자 사이의 합의로 만들어지는 계약을 비전형계약(非典型契約)이라고 부르고, 비전형계약은 정해진 이름이 없는 계약이라는 의미에서 무명계약(無名契約)이라고도 한다. 비전형계약의 예로는 은행계약, 시설대여

---

15) 이를 줄여서 흔히 법언이라고 부른다.
16) 위 부분은 알랭 쉬피오(박제성/배영란 옮김), 법률적 인간의 출연, (주)글항아리, 2015, 144~146면 내용을 요약한 것이다.
17) 종전에는 모두 14개의 계약에 관하여 규정하고 있었지만 민법 개정을 통하여 여행계약이 민법전에 들어와서 현재는 모두 15개 계약이 민법전에 규정되어 있다.

계약 등을 들 수 있다.18)

3) 매매형계약과 대차형계약

민법이 인정하고 있는 주요 전형계약으로는 우리가 흔히 알고 있는 매매, 소비대차, 임대차, 증여, 도급, 고용 등이 있는데, 전형계약을 다시 유형화하면, 매매형계약, 대차형계약, 노무공급형계약으로 나누어 볼 수 있다.

먼저 매매형계약(賣買形契約)이란 재산의 소유권이 상대방에게 넘어가는 유형의 계약이다. 이에 해당하는 계약으로는 매매, 증여, 교환 등이 있다. 이에 반하여 대차형계약(貸借形契約)이란 재산의 소유권이 상대방에게 넘어가지 않은 상태에서 일정 기간 그 재산을 빌려 사용할 수 있는 권리를 목적으로 하는 계약이라고 할 수 있다. 예를 들어, 아파트에 세를 들어 거기서 거주하면서 아파트를 사용하거나, 상가를 빌려 영업하면서 그 상가를 사용하는 경우와 같이 대차형계약에서는 사용권만이 발생하지 아파트나 상가의 소유권이 상대방에게 이전되지는 않는다.

대차형계약의 또 다른 특징은 계약 성립 후 원칙적으로 빌린 사람은 일정 기간 경과 후 이를 다시 반환할 의무가 있다는 것이다. 즉 매매형계약에서는 소유권이 매수인 등 상대방에게 넘어가고, 소유권을 취득하기에, 상대방은 이를 다시 매도인 등에게 반환할 의무가 있을 수 없지만, 대차형계약에서는 글자 그대로 일정 기간 빌려 사용하는 것에 불과하여, 특정 시점에는 이를 다시 소유자에게 돌려줄 의무가 있는 것이다.

마지막으로 노무공급형계약(勞務供給形契約)이 있다. 앞의 매매형계약과 대차형계약의 거래 내용이 모두 재산권만의 문제임에 비하여, 노무공급형계약은 거래의 내용에 인간의 노무(노동력, 일)가 반드시 주된 내용으로 들어간다는 점에 특징이 있다. 고용계약, 도급계약, 위임계약 등이 이에 해당하는 전형적인 노무공급형계약이다.

4) 쌍무계약과 편무계약

그런데, 학문적으로 더욱 의미 있고 중요한 계약의 분류는 위와 같은 분류

---

18) 여행계약의 경우 민법 개정으로 전형계약이 되었지만, 종전에는 대표적인 비전형계약이었다.

보다는 아래에서 설명하는 분류이다. 그중에서 먼저 살펴보려고 하는 분류는 쌍
무계약과 편무계약이다. 쌍무계약(雙務契約)이란 글자 그대로 계약 당사자 쌍방
모두에게 계약에 따른 대가적 의미를 갖는 채무가 발생하는 계약을 말한다. 다시
말하면, 계약이 성립할 경우, 양쪽 당사자가 모두 일정한 행위를 할 대가적 채무
를 부담하는 계약을 의미한다. 그리고 여기서 쌍방의 채무는 서로 대가관계(對價
關係)를 이루어야 한다. 대가관계란 서로 상대방의 채무가 있기에 본인도 채무를
부담한다는 것으로, 만일 상대방에게 채무가 존재하지 않으면, 본인도 채무를 부
담하지 않는 것을 의미한다.

예를 들어, 甲과 乙 사이에 쌍무계약이 체결된 경우에, 甲에게는 A라는 채
무가 발생하고, 乙에게는 B라는 채무가 발생하며, 위 A 채무와 B 채무는 서로
대가관계를 형성한다. 그에 따라 甲에게 A 채무가 존재하기에 乙도 B 채무를 지
는 것이고, 乙에게 B 채무가 존재하기에 甲도 A 채무를 부담하는 것을 말한다.
그에 따라 만일 甲에게 A 채무가 존재하지 않으면, 乙도 B 채무를 부담하지 않
는다.

쌍무계약의 가장 전형적인 계약을 하나 든다면, 그것은 매매계약이다. 甲과
乙 사이에 甲 소유의 A 토지를 1억 원에 사고파는 매매계약을 체결한 경우를 가
정해 보자. 甲에게는 乙에게 자신이 판 A 토지를 인도하고, 위 토지에 관한 소유
권을 넘겨줄 채무[19]가 발생하고, 乙에게는 甲에게 위 토지에 대한 매매대금 1억
원을 지급할 채무가 발생한다. 그리고 甲과 乙의 두 채무는 서로 대가관계를 이
루어 甲으로서는 乙로부터 1억 원을 매매대금으로 받기에 위 토지를 넘겨줄 채
무를 부담하는 것이고, 乙로서는 甲으로부터 위 토지를 넘겨받기에 甲에게 1억
원을 지급하는 채무를 부담하는 것이다.

이러한 쌍무계약에 대비되는 계약이 편무계약이다. 편무계약(片務契約)은 계
약 당사자 쌍방 중 일방 당사자만이 계약에 따른 채무를 부담하는 계약이다. 즉
한쪽 당사자만이 채무를 부담하고, 상대방은 이에 대한 대가적 채무를 부담하지
않는 계약을 말한다. 편무계약의 가장 전형적인 것은 증여계약이다. 증여계약(贈
與契約)은 당사자 일방이 무상으로 재산을 상대방에게 수여하는 의사를 표시하
고, 이에 대하여 상대방이 이를 승낙함으로써 성립하는 계약이다.[20]

---

19) 이를 토지인도의무, 소유권이전등기의무라고 한다.
20) 민법 제554조.

예를 들어, 甲이 그 아들인 乙에게 자신의 소유 아파트를 공짜로(무상으로) 주기로 하는 계약을 乙과 체결할 경우(이것이 바로 증여계약임)를 가정해 보자. 이러한 증여계약이 이루어지면, 법률효과로서 甲은 아들인 乙에게 자신의 아파트 소유권을 넘겨줄 채무가 있지만, 乙로서는 위 아파트를 넘겨받는 것으로 족하지, 대금지급채무와 같이 별도로 위 아파트와 대가관계를 이루는 채무가 없어서 아무런 채무도 부담하지 않게 된다. 그래서 앞의 매매계약에서는 매수인인 乙도 매매대금을 지급할 대가적 채무가 존재하지만, 증여계약에서는 乙은 매매대금과 같은 대가를 지급할 채무가 없다. 그 결과 乙에게는 아파트 소유권에 상응하는 대가적 채무가 없는 것이고, 그렇기 때문에 甲만이 채무를 부담하는 편무계약이 되는 것이다.

관련 법조문

민법 제554조(증여의 의의) 증여는 당사자 일방이 무상으로 재산을 상대방에 수여하는 의사를 표시하고 상대방이 이를 승낙함으로써 그 효력이 생긴다.

제563조(매매의 의의) 매매는 당사자 일방이 재산권을 상대방에게 이전할 것을 약정하고 상대방이 그 대금을 지급할 것을 약정함으로써 그 효력이 생긴다.

---

5) 유상계약과 무상계약

또 다른 계약의 분류로는 유상계약과 무상계약이 있다. 유상계약(有償契約)이란 계약이 체결되어 성립할 때부터 계약의 성립에 따른 법률효과가 발생하는 모든 단계에 걸쳐서 계약 당사자 쌍방이 모두 상호 대가적 의미를 갖는 일정한 재산을 내놓는(즉 지급하는)21) 것이 필요한 계약이다. 반면에 무상계약(無償契約)은 한쪽 당사자에게만 출연행위가 있을 뿐 상대방은 아무런 대가적 의미를 갖는 출연행위가 없는 계약을 의미한다.

앞의 쌍무계약 중 매매계약에서 살펴보았듯이 매매에서는 매도인은 자기 소유의 재산을 넘겨주는 출연행위가 있고, 매수인은 이에 대하여 대가적으로 매매대금을 지급하는 출연행위가 필요하기에 매매계약은 쌍방 당사자 모두의 대가적 출연행위가 있는 유상계약에 해당한다. 이에 반하여 증여계약은 가장 전형적인

---

21) 이를 출연행위(出捐行爲) 또는 출재행위(出財行爲)라고 한다. 출연에서의 '연'은 주다, 기부하다, 바치다는 뜻을 갖고 있다.

무상계약이라고 할 수 있다. 즉 증여계약에서 증여자는 자기의 재산을 상대방인 수증자에게 넘겨주어야 하는 출연행위가 있지만, 수증자는 이를 무상으로 받고 아무런 재산의 출연행위가 없기에 무상계약인 것이다. 여기서 '대가적'이라는 의미에 주목할 필요가 있다. 비록 당사자 일방이 어느 정도의 출연을 한다 할지라도 그것이 상대방의 출연에 비하여 대가관계가 인정될 정도의 출연이 아니라면, 이를 유상계약으로 볼 수는 없는 것이다.

그러면 쌍무계약과 유상계약은 같은 개념이고, 편무계약과 무상계약은 같은 개념으로 양자는 언제나 일치하는 것일까? 그렇지 않다. 유사하고, 겹치기도 하지만 양자는 서로 다른 개념이고, 일치하지 않을 수도 있다. 즉 쌍무계약은 당연히 유상계약이고, 유상계약은 대부분 쌍무계약으로 인정받을 수 있지만, 예외적으로 유상계약임에도 쌍무가 아닌 편무계약일 수도 있다. 즉 쌍무계약은 모두 유상계약이지만, 모든 유상계약이 반드시 쌍무계약인 것은 아니다.

이는 다음과 같은 이유에서 그 답을 찾을 수 있다. 쌍무와 편무는 모두 법률요건이 갖추어진 상태에서 법률효과로서 서로 대가적 채무를 부담하느냐 아니냐의 문제이다. 즉 법률효과 단계에서 상호 대가적 채무를 부담하는지에 관한 문제이다. 이에 비하여, 유상과 무상은 법률효과로서의 대가적 채무 발생 유무를 포함하여 계약의 성립단계부터 법률효과 발생이라는 계약의 모든 단계에 걸쳐서 어느 단계에서든지 상호 대가적 출연행위가 있느냐, 없느냐의 문제이다. 그렇기 때문에 논리적으로 법률효과만을 문제 삼는 쌍무라는 개념보다는 계약의 모든 단계를 포괄하는 유상이라는 개념이 더 넓은 개념이다. 그래서 쌍무계약은 모두 유상계약이지만, 모든 유상계약이 당연히 쌍무계약이 되는 것은 아니다. 달리 말하면, 유상계약이기는 하지만 쌍무계약은 아닌 계약도 존재할 수 있는 것이다.

이처럼 비록 유상계약이지만 쌍무계약이 아닌 편무계약인 계약으로는 현상광고라는 계약을 들 수 있다. 현상광고(懸賞廣告)란 예를 들어, 범인을 잡은 자에게 일정한 포상금을 지급하겠다고 광고하거나 잃어버린 물건을 찾아주면 일정한 돈을 지급하겠다고 알리고, 이에 대하여 어떤 사람이 위 광고에 응하여 범인을 잡아주거나 물건을 찾아주면, 그에 따라 광고자가 약속한 돈을 지급하는 계약이다. 이를 조금 더 법률적으로 표현하면, "광고자가 어느 행위를 한 자에게 일정한 보수를 지급할 의사를 표시하고 이에 응한 자가 그 광고에 정한 행위를 완료함으로써 그 효력이 생기는"[22] 계약이라고 정의할 수 있고, 이렇게 볼 경우 광고자의 광고행위가 일종의 청약이 되고 이에 응한 자의 지정행위 완료가 일종의 승낙이 된다.

여기서 현상광고라는 계약은 광고자가 일정 행위를 한 자에게 보수를 지급하겠다는 의사를 표시하고,[23] 이에 대하여 어떤 자가 이에 응한 경우(즉 범인을 잡은 경우)[24]에 계약이 비로소 성립하고, 즉 광고자의 광고가 일종의 청약이 되고, 이에 응한 자의 범인 검거가 일종의 승낙이 되어, 이때 비로소 현상광고라는 계약이 성립하는 구조이다. 그리고 이에 따른 법률효과로서 광고자는 광고에 응한 자에게 보수를 지급하는 의무(보수지급채무)를 부담하는 것이어서 광고자만이 보수지급채무가 있고, 이에 대하여 광고에 응한 자는 아무런 대가적 채무가 없기에 (왜냐하면, 범인 검거라는 행위는 채무가 아닌 계약 성립단계에서의 일종의 승낙에 해당하므로) 쌍무계약이 아닌 편무계약에 해당한다.

그러나 상대방에게도 범인을 잡는다거나 광고에서 요구하는 일정한 행위를 하여야 하기에 비록 법률효과로서의 채무는 아니지만, 계약의 성립단계에서 범인을 잡는 등의 행위를 하는 것이다. 그리고 이 또한 재산적 가치가 있는 행위이기에 일종의 재산적 출연행위가 있는 것으로 볼 수 있기에 광고에 응한 자에게도 출연이 있는 것이다. 그에 따라 결국 광고자와 그에 응한 자 쌍방 모두 출연행위가 있고, 이는 상호 대가적 관계를 이루기에 편무계약이지만 무상계약이 아닌 유상계약이 되는 것이다.

> **관련 법조문**
>
> 민법 제675조(현상광고의 의의) 현상광고는 광고자가 어느 행위를 한 자에게 일정한 보수를 지급할 의사를 표시하고 이에 응한 자가 그 광고에 정한 행위를 완료함으로써 그 효력이 생긴다.

---

22) 민법 제675조.
23) 이것이 바로 청약이다.
24) 이것이 일종의 승낙에 해당한다.

이처럼 일반적으로 현상광고를 계약으로 보면서 편무계약이면서도 유상계약이라는 입장을 취하고 있지만, 현상광고를 계약이 아닌 단독행위로 파악하는 견해도 있다. 이 견해에 따르면, 현상광고를 계약으로 볼 경우, 광고 내용을 모른 상태에서 광고에서 정한 행위를 완료하는 경우(즉 범인의 검거)도 있을 수 있는데, 이런 경우에는 결국 아무런 승낙의 성격을 띠는 행위가 없는데(즉 의사표시가 없는데, 어떻게 이를 계약으로 볼 수 있느냐는 의문을 해소할 수 없기에 현상광고를 계약으로 볼 수는 없다고 본다. 그에 따라 현상광고는 광고자의 일방적인 광고행위(의사표시)만으로 법률행위가 완성되는, 즉 지정행위를 완료한 자에게 일정한 보수를 지급하겠다는 불특정 다수인에 대한 일방적 의사표시인 단독행위라는 입장이다.

현상광고를 계약으로 볼 경우 논리적 일관성을 유지한다면, 원칙적으로는 광고를 모른 상태에서 지정행위를 완료한 경우에는 계약이 성립되지 아니한 것으로 보아 보수청구권이 인정되지 않는다고 해석하여야 하지만, 계약설을 취하는 입장에서도 이러한 경우에는 법률행위가 아닌 법률규정에 의하여 채권관계가 생기고, 여기서 보수청구권이 발생한다고 보고 있다.[25] 즉 광고 부지(不知) 상태에서의 지정행위를 완료한 경우에는 계약이라는 법률행위가 아닌 민법 제677조라는 법률의 규정에 의한 법률효과로 보수청구권이라는 권리가 발생하는 것으로 이해한다.

한편 우리 민법은 제677조(광고부지의 행위)에서 "전조의 규정은 광고 있음을 알지 못하고 광고에 정한 행위를 완료한 경우에 준용한다."라고 하여, 광고 있음을 알지 못한 상태에서 지정행위를 완료한 자에게도 보수청구권을 인정하고 있다.

판례

대법원 2000. 8. 22. 선고 2000다3675 판결 [현상광고보수금]

[1] 민법 제675조에 정하는 현상광고라 함은, 광고자가 어느 행위를 한 자에게 일정한 보수를 지급할 의사를 표시하고 이에 응한 자가 그 광고에 정한 행위를 완료함으

---

25) 자세한 것은 곽윤직, 채권각론, 박영사, 1984, 433~435면; 송덕수, 채권법각론, 박영사, 2016, 353면 등 참조.

로써 그 효력이 생기는 것으로서, 그 광고에 정한 행위의 완료에 조건이나 기한을 붙일 수 있다.

[2] '검거'라 함은, 수사기관이 범죄의 예방·공안의 유지 또는 범죄수사상 혐의자로 지목된 자를 사실상 일시 억류하는 것으로서, 반드시 형사소송법상의 현행범인의 체포·긴급체포·구속 등의 강제처분만을 의미하지는 아니하고 그보다는 넓은 개념이라고 보아야 한다.

[3] 경찰이 탈옥수 소외인을 수배하면서 '제보로 검거되었을 때에 신고인 또는 제보자에게 현상금을 지급한다.'는 내용의 현상광고를 한 경우, 현상광고의 지정행위는 소외인의 거처 또는 소재를 경찰에 신고 내지 제보하는 것이고 소외인이 '검거되었을 때'는 지정행위의 완료에 조건을 붙인 것인데, 제보자가 소외인의 소재를 발견하고 경찰에 이를 신고함으로써 현상광고의 지정행위는 완료되었고, 그에 따라 경찰관 등이 출동하여 소외인이 있던 호프집 안에서 그를 검문하고 나아가 차량에 태워 파출소에까지 데려간 이상 그에 대한 검거는 이루어진 것이므로, 현상광고상의 지정행위 완료에 붙인 조건도 성취되었다고 본 사례.

판례

서울중앙지방법원 2017. 8. 11. 선고 2016가단80756 판결 [신고보상금]

지방검찰청과 지방경찰청이 여객선 '세월호'의 소속 선박회사인 갑 주식회사의 회장으로서 특정경제범죄 가중처벌 등에 관한 법률 위반죄의 혐의를 받고 수배 중인 피의자 을에 관하여 신고보상금을 5억 원으로 하는 내용의 광고를 하였는데, 병이 자신의 밭에 일을 하러 갔다가 한쪽 구석 풀밭 위에 부패된 상태로 놓여 있는 시신 1구를 발견하고 112에 전화를 하여 '신원을 알 수 없는 변사자'를 발견하였다고 신고하였고, 그 후 수사기관이 부검과 감정 등의 절차를 진행한 결과 변사체의 신원이 을임이 밝혀졌으며, 이에 병이 국가를 상대로 신고보상금의 지급을 구한 사안에서, 병의 변사자 신고가 현상광고에서 정한 '을을 신고'한 행위에 해당한다고 볼 수 없으므로 병의 청구는 이유 없다고 한 사례

6. 계약자유의 내용과 한계

가. 계약자유의 내용

이처럼 법률행위가 주요한 법률요건이 되지만, 그중에서도 가장 많이 사용되는 법률행위가 계약이다. 그에 따라 사적자치 원칙에 따라 법의 제한에 어긋나지 않는 한, 즉 법률이 허용하는 범위 내에서는 당사자가 자유롭게 법률행위인 계약을 할 수 있다는 법률행위자유의 원칙은 '계약자유의 원칙'이라고도 할 수 있다. 계약자유의 원칙은 아래와 같이 네 가지 모습으로 표현된다.

> **판례**
>
> **대법원 2012. 11. 29. 선고 2012다69654 판결 [손해배상(기)]**
> 계약자유의 원칙은 계약체결 여부, 계약 상대방의 선택, 계약내용의 결정, 계약방식의 결정에 있어서 계약 당사자가 자유를 가진다는 것을 의미하는데, 그 중 계약체결자유의 원칙에 따르면 당사자는 계약을 체결할 것인지 여부를 스스로 결정할 수 있는 자유를 가진다. 그리고 이러한 계약자유의 원칙은 계약 당사자가 자신의 이익을 보호하기 위하여 거래할 계약의 내용, 권리관계 등에 대하여 사전에 조사·확인할 기본적 책임이 있음을 전제로 하고 있다.

> **판례**
>
> **대법원 2020. 5. 14. 선고 2018다298409 판결 [매매대금반환]**
> 국가를 당사자로 하는 계약에 관한 법률에 따라 국가가 당사자가 되는 이른바 공공계약은 사경제 주체로서 상대방과 대등한 위치에서 체결하는 사법상 계약으로서 본질적인 내용은 사인 간의 계약과 다를 바가 없으므로, 그에 관한 법령에 특별한 정함이 있는 경우를 제외하고는 사적자치와 계약자유의 원칙 등 사법의 원리가 그대로 적용된다.

1) 체결의 자유

먼저, 당사자는 계약을 체결할 것인가, 말 것인가를 자유롭게 결정할 자유가 있다. 이를 계약체결(契約締結)의 자유라고 한다. 즉 청약과 승낙의 자유가 있다는 것이다. 다시 말하면, 자기 재산을 팔고 싶지 않으면 팔지 않을 수 있고, 마음에 들지 않아 사고 싶지 않으면 사지 않을 자유가 있다는 것이다. 이것이 얼마나 중요한 자유인지는 다음과 같은 예를 통하여 쉽게 알 수 있다. 한동네에 사는 권력자가 농사도 잘되고 풍경도 좋은 자기의 땅에 욕심을 내서 그 땅을 팔라고 요구할 때, 이 체결의 자유가 없으면 좋은 땅을 가지고 있는 자는 울며 겨자 먹기로 그 땅을 팔 수밖에 없게 되는 것이다. 이러한 계약체결의 자유에 대한 예외로는 바로 국가나 지방자치단체 등이 공공의 이익을 위한 도시 개발 등을 위하여 필요한 토지를 사인(私人)으로부터 반강제적으로 또는 강제적으로 살 수 있는(즉 사인이 팔고 싶지 않을 때에도) 제도 등을 들 수 있다. 이러한 제도로는 공공 목적을 위한 토지의 협의매수, 토지수용 등이 있다.

관련 법조문

토지보상법 제19조(토지등의 수용 또는 사용) ①사업시행자는 공익사업의 수행을 위하여 필요하면 이 법에서 정하는 바에 따라 토지등을 수용하거나 사용할 수 있다.

판례

대법원 1993. 1. 19. 선고 91누8050 전원합의체 판결 [토지수용재결처분취소]

가. 토지수용에 관한 중앙 또는 지방토지수용위원회의 수용재결이 그 성질에 있어 구체적으로 일정한 법률효과의 발생을 목적으로 하는 점에서 일반의 행정처분과 전혀 다를 바 없으므로 수용재결처분이 무효인 경우에는 그 재결 자체에 대한 무효확인을 소구할 수 있다.

나. 토지수용법 제73조 내지 제75조의2의 각 규정과 관련하여, 중앙 또는 지방토지수용위원회의 수용재결에 대하여 불복이 있는 자는 중앙토지수용위원회에 이의신청을 하고, 중앙토지수용위원회의 이의재결에도 불복이 있으면 수용재결이 아닌 이의재결을 대상으로 행정소송을 제기하도록 해석·적용한 것은 어디까지나 토지수용에 관한 재결이 위법 부당함을 이유로 그 취소를 소구하는 경우에 한하는 것이지, 수용재결 자체가 당연무효라 하여 그 무효확인을 구하는 경우에까지 그와 같이 해석할 수는 없다.

2) 상대방 선택의 자유

다음으로는 상대방 선택의 자유가 있다. 이는 계약을 체결하려고 할 때 누구와 계약을 체결한 것인지를 자유롭게 정할 수 있는 자유를 의미한다. 즉 자기가 원하는 사람과 계약을 체결할 수 있고, 원하지 않는 자와는 계약을 체결하지 않을 자유가 있는 것이다. 예를 들어, 甲이 자신의 토지를 팔려고 할 때 자기 땅을 사려고 하는 자로 乙과 丙이 있을 경우에 甲은 자신이 원하는 자와 계약을 체결할 수 있는 선택의 자유가 있다.

3) 내용 결정의 자유

세 번째로는 계약 내용 결정의 자유가 있다. 어쩌면 이 내용 결정의 자유야말로 계약의 자유에 있어서 가장 큰 의미를 갖는 자유라 할 것이다. 이 자유는 매매계약의 예를 들어, 여러 물건 중에 어느 것을 사고팔며, 매매대금을 얼마로 할 것인지, 매매대금은 언제, 어떻게 지급할 것인지, 상대방이 계약을 지키지 않으면(이행하지 않으면) 어떤 불이익을 주기로 할 것인지와 같은 계약의 내용을 당사자 사이의 합의로 자유롭게 정할 수 있는 자유이다.

민법 제105조는 "법률행위의 당사자가 법령 중의 선량한 풍속 기타 사회질서에 관계없는 규정과 다른 의사를 표시한 때에는 그 의사에 의한다."라고 하여, 원칙적으로 강행규정이 아닌 임의규정의 경우에는 당사자 사이의 합의로 법 규정 내용과 다른 내용의 계약을 체결할 수 있음을 밝히고 있다. 또한 제103조에서는 "선량한 풍속 기타 사회질서에 위반한 사항을 내용으로 하는 법률행위는 무효로 한다."라고 규정하고 있는바, 이를 반대해석하면, 계약의 내용이 선량한 풍속이나 사회질서에 반하지 않기만 하면 얼마든지 유효한 계약이 된다는 점에서 이도 간접적이나마 계약 내용 결정의 자유 원칙을 밝히는 규정이라고 할 수 있다. 그리고 민법 제104조는 "당사자의 궁박, 경솔 또는 무경험으로 인하여 현저하게 공정을 잃은 법률행위는 무효로 한다."라고 규정하고 있는데, 이도 비록 계약 내용이 한쪽 당사자에게 불리한 내용이라 할지라도 그것이 당사자의 궁박한 사정 등을 이용하여 현저하게 불이익한 내용으로 결정된 것이 아닌 한 유효한 계약으로 인정된다는 점에서 역시 내용 결정의 자유 원칙을 표현하는 규정으로 볼 수 있을 것이다.

4) 방식의 자유

마지막으로 방식의 자유가 있다. 이를 계약방식(契約方式)의 자유라고 하는데, 계약을 체결할 때에는 아무런 형식이 없이 자유롭게 체결할 수 있다는 것을 의미한다. 즉 아무런 형식이나 방식을 요구하지 않기에 어떠한 형식으로 하더라도 계약이 유효하게 성립하는 것이다. 그에 따라 계약을 체결하려고 하는 당사자들은 계약을 서면으로 할지 단지 말(구두)로써 할지,[26] 공증인을 세워 그 앞에서 할지, 당사자만이 있는 상태에서 할지, 임대차계약서를 중개 사무실을 통하여 체결, 작성할 것인지, 본인이 직접 작성할 것인지 등을 자유롭게 정할 수 있는 것을 말한다. 그렇기 때문에 원칙적으로 구두계약(口頭契約)도 계약으로 유효하게 성립함에 아무런 지장이 없는 것이다.

판례

대법원 2014. 2. 27. 선고 2011도9457 판결

구 증권거래법 제188조의2 제1항 제4호가 '당해 법인과 계약을 체결하고 있는 자'라고 규정하고 있을 뿐 그 계약을 서면계약으로 한정하고 있지 않은 점을 고려하면, 법인과 계약을 체결함으로써 그 법인의 미공개 중요정보에 용이하게 접근하여 이를 이용할 수 있는 지위에 있다고 인정되는 자는 비록 위 계약이 그 효력을 발생하기 위한 절차적 요건을 갖추지 아니하였다고 하더라도 '당해 법인과 계약을 체결하고 있는 자'에 해당한다고 봄이 상당하며(대법원 2010. 5. 13. 선고 2007도9769 판결 참조), 계약 체결을 교섭하는 정도에 그친 경우에는 이에 해당하지 아니할 것이지만 위 계약이 구두에 의하여 이루어졌다고 하여 달리 볼 것은 아니다.

따라서 구 증권거래법 제188조의2 제1항 제4호의 '계약'에 구두계약이 포함된다고 본 같은 취지의 원심판단에 상고이유의 주장과 같이 위 규정에 관한 법리를 오해하거나 죄형법정주의를 벗어난 위법이 없다.

다만 계약의 중요성 특히 제3자 등에 대한 피해 방지, 법원의 심사 용이 등을 이유로 일정한 경우에는 반드시 서면으로 하여야 하고, 그렇지 않을 경우에는 그 계약을 무효로 한다든가, 아니면 법률효과를 달리하는 경우도 있다. 이러한

---

26) 이를 구두계약이라고 한다.

법률행위를 일정한 형식을 필요로 하는 법률행위라는 점에서 요식행위(要式行爲)라고 부르는 것이다. 그리고 요식행위 이외의 모든 법률행위는 형식을 필요로 하지 않는 행위라 하여, 불요식행위(不要式行爲)라고 부른다. 대부분의 법률행위 그 중에서도 계약은 원칙적으로 불요식행위이다.

민법상 대표적인 요식행위로는 비록 계약은 아니고 단독행위이지만 유언을 들 수 있다. 유언(遺言)이란 유언자가 자신의 사망으로 인하여 일정한 법률효과를 발생시키는 것을 목적으로 하는 단독행위이다.[27] 유언도 법률행위이기에 기본적으로 법률행위 자유의 원칙에 따라 유언의 자유가 인정된다. 즉 유언자는 자신이 원하는 내용의 유언을 자유롭게 할 수 있는 것이다.

그러나 유언은 유언자의 사망에 따라 법률효과(즉 유언의 효과)가 발생하는 것이어서 그 성실상 유언을 둘러싼 법적 분쟁이 유언자의 사후에 발생하는 것이 태반인데, 분쟁이 발생하였을 때는 유언자는 이미 사망한 관계로 유언의 유무, 진위와 내용 등에 관하여 유언자의 의사를 확인할 길이 없다는 점에서 유언자의 진의를 명확히 하고 그에 따른 분쟁과 혼란을 피할 필요가 있다. 또한 유언은 그 내용에 따라 상속인 등의 지위에 상당한 영향을 주는 관계로 신중하게 유언을 할 필요도 있다. 이러한 점을 고려하여 민법은 유언행위를 일정한 방식에 따라야만 그 효력이 발생하는 요식행위로 규정하고 있는 것이다. 그에 따라 민법은 유언의 방식을 자필증서, 녹음, 공정증서, 비밀증서와 구수증서의 5종으로 한정하고, 그 이외의 방식에 의한 유언은 설사 그 유언이 유언자의 진의에 따른 유언이라 할지라도 이를 모두 무효로 보고 있다.

관련 법조문

민법 제1060조(유언의 요식성) 유언은 본법의 정한 방식에 의하지 아니하면 효력이 생하지 아니한다.

제1065조(유언의 보통방식) 유언의 방식은 자필증서, 녹음, 공정증서, 비밀증서와 구수증서의 5종으로 한다.

---

27) 윤진수, 친족상속법강의, 박영사, 2016, 465면.

판례

대법원 2014. 9. 26. 선고 2012다71688 판결 [소유권이전등기말소등기][28]
민법 제1065조 내지 제1070조가 유언의 방식을 엄격하게 규정한 것은 유언자의 진의를 명확히 하고 그로 인한 법적 분쟁과 혼란을 예방하기 위한 것이므로, 법정된 요건과 방식에 어긋난 유언은 그것이 유언자의 진정한 의사에 합치하더라도 무효이다. 따라서 자필증서에 의한 유언은 민법 제1066조 제1항의 규정에 따라 유언자가 전문과 연월일, 주소, 성명을 모두 자서하고 날인하여야만 효력이 있고, 유언자가 주소를 자서하지 않았다면 이는 법정된 요건과 방식에 어긋난 유언으로서 효력을 부정하지 않을 수 없으며, 유언자의 특정에 지장이 없다고 하여 달리 볼 수 없다. 여기서 자서가 필요한 주소는 반드시 주민등록법에 의하여 등록된 곳일 필요는 없으나, 적어도 민법 제18조에서 정한 생활의 근거되는 곳으로서 다른 장소와 구별되는 정도의 표시를 갖추어야 한다.

판례

대법원 2008. 2. 28. 선고 2005다75019,75026 판결 [유언무효확인및상속회복·유류분반환]
[1] 민법 제1068조에 정한 공정증서에 의한 유언은 유언자가 증인 2인이 참여한 공증인의 면전에서 유언의 취지를 구수(구수)하고 공증인이 이를 필기 낭독하여 유언자와 증인이 그 정확함을 승인한 후 각자 서명 또는 기명날인하여야 하는 것인바, 여기서 '유언취지의 구수'라고 함은 말로써 유언의 내용을 상대방에게 전달하는 것을 뜻하는 것으로서 이를 엄격하게 제한 해석하는 것이 원칙이므로 어떠한 형태이든 유언자의 구수는 존재하여야 하나, 실질적으로 구수가 이루어졌다고 보기 위하여 어느 정도의 진술이 필요한지는 획일적으로 정하기 어렵고 구체적인 사안에 따라 판단하여야 한다.
[2] 제3자에 의하여 미리 작성된 유언의 취지가 적혀 있는 서면에 따라 유언자에게 질문을 하고 유언자가 동작이나 한두 마디의 간략한 답변으로 긍정하는 경우에는 원

---

28) 위 사건은 자필증서에 의한 유언으로, 비록 '암사동'이라고 작성연월일 옆에 기재하였지만, 암사동은 유언자의 주민등록법상의 주소나 민법상의 생활의 근거지가 아니어서 결국 유언자의 주소가 없는 자필증서 유언이므로, 위 유언은 모두 무효라는 취지의 판결이다.

칙적으로 민법 제1068조에 정한 '유언취지의 구수'라고 보기 어렵지만, 공증인이 사전에 전달받은 유언자의 의사에 따라 유언의 취지를 작성한 다음 그 서면에 따라 유증 대상과 수증자에 관하여 유언자에게 질문을 하고 이에 대하여 유언자가 한 답변을 통하여 유언자의 의사를 구체적으로 확인할 수 있어 그 답변이 실질적으로 유언의 취지를 진술한 것이나 마찬가지로 볼 수 있고, 유언자의 의사능력이나 유언의 내용, 유언의 전체 경위 등으로 보아 그 답변을 통하여 인정되는 유언취지가 유언자의 진정한 의사에 기한 것으로 인정할 수 있는 경우에는, 유언취지의 구수 요건을 갖추었다고 볼 수 있다.

판례

헌법재판소 2011. 9. 29. 선고 2010헌바250등 결정

이 사건 법률조항은 유언자의 인적 동일성을 명확히 함으로써 유언자의 사망 후 그 진의를 확보하고, 상속재산을 둘러싼 이해 당사자들 사이의 법적 분쟁과 혼란을 예방하여 법적 안정성을 도모하고 상속제도를 건전하게 보호하기 위한 것이므로 그 입법목적은 정당하고, 성명의 자서로 유언자의 인적 동일성이 1차적으로 특정될 것이지만 특히 동명이인의 경우에는 유언자의 주소가 그 인적 동일성을 확인할 수 있는 간편한 수단이 될 수 있을 뿐만 아니라 전문, 성명의 자서에다 주소의 자서까지 요구함으로써 유언자로 하여금 보다 신중하고 정확하게 유언의 의사를 표시하도록 하기 위한 것이므로 입법목적을 달성할 수 있는 적절한 수단이다.

한편, 자필증서에 의한 유언에서 자서를 요구하는 주소는 유언자의 생활의 근거가 되는 곳이면 되고, 반드시 주민등록법에 의하여 등록된 곳일 필요가 없으므로 자필증서에 의한 유언을 할 정도의 유언자라면 쉽게 이를 기재할 수 있을 뿐만 아니라, 주소의 기재는 반드시 유언전문과 동일한 지편에 하여야 하는 것은 아니며, 유언증서로서의 일체성이 인정되는 이상 주소는 유언증서를 담은 봉투에 기재하여도 무방하므로 유언의 자유에 대한 침해를 최소화할 수 있고, 유언의 요식주의를 취하는 이상, 유언을 하는 자가 당연히 작성할 것이라고 기대되는 '유언의 전문, 유언자의 성명' 등과 같은 최소한의 내용 이외에 다른 형식적인 기재 사항을 요구하는 것은 유언의 요식주의를 관철하기 위한 불가피한 선택이라고 볼 수 있으며, '주소의 자서'는 다른 유효요건과는 다소 다른 측면에서 의연히 유언자의 인적 동일성 내지 유언의 진정성 확인에 기여하

는 것이므로 기본권침해의 최소성원칙에 위반되지 않을 뿐 아니라 법익균형성의 요건
도 갖추고 있다.

따라서 이 사건 법률조항은 유언자의 재산권과 일반적 행동자유권을 침해하지 아니한다.

재판관 김종대, 재판관 이동흡, 재판관 송두환, 재판관 이정미의 반대의견

동명이인의 경우에 유언자의 주소가 기재되지 않았더라도 그 유언의 내용 등에 비추
어 보면 누구의 유언인지를 쉽게 확인할 수 있을 것이고, 이를 확인할 수 없는 경우란
쉽게 생각할 수 없으므로 이 사건 법률조항이 주소를 반드시 기재하도록 요구하는 것
은 유언자의 인적 동일성을 확인하기 위한 적절한 방법이라고 보기는 어렵고, 설령 주
소의 기재가 유언자의 인적 동일성의 확인을 위해 적절한 방법이라고 하더라도 유언
장 전문의 자서와 성명의 자서, 그리고 유언의 내용에 의해서 유언장의 실제 작성자와
유언장의 명의자의 동일성을 확보할 수 있음은 물론, 유언이 그의 진의에 의한 것임을
충분히 밝힐 수 있는 등 누가 한 유언인지를 밝혀내는 것은 그리 어려운 문제가 아니
므로 주소를 반드시 기재하도록 요구하는 것은 불필요하게 중복적인 요건을 과하는
것으로 침해의 최소성원칙에 위반되며, 주소의 자서가 흠결되면 유언이 무효로 되고
유언자의 진의가 관철될 여지는 전혀 없게 될 것이므로 주소의 자서를 추가로 요구하
는 것은 침해되는 법익과 보호되는 공익 사이에 현저한 불균형을 초래하고 있어 법익
의 균형성의 원칙에도 위반된다.

민법상의 계약 중에서 요식행위를 찾는다면, 비록 재산법상의 계약이 아닌
신분법상의 계약이기는 하지만, 혼인을 들 수 있다. 혼인(婚姻)이란 일반적으로
법률적으로 승인된 남녀의 생활공동체적 결합관계를 말하는 것으로,[29] 혼인하려
고 하는 남녀의 의사의 합치에 의하여 이루어진다는 점에서 계약이다.

그런데, 민법은 혼인은 당사자 사이의 혼인의사의 합치만으로 성립하여 혼
인의 효력이 발생하는 것이 아니라 반드시, 가족관계의 등록 등에 관한 법률이
정한 바에 따른 신고가 있어야 비로소 그 효력이 발생하는 것으로 규정하고 있
다. 즉 법률이 정한 방식에 따를 것을 요구하는 소위 법률혼주의(法律婚主義)를
취하는 관계로, 비록 부부로서의 실체가 있는 남녀의 결합이라 할지라도 법률에
따른 혼인신고가 없을 경우에는 혼인의 효력은 발생하지 않고, 단지 사실혼이란

---

29) 윤진수, 친족상속법강의, 박영사, 2016, 18면.

이름으로 일정한 경우 법률의 규정이나 판례 등을 통하여 법적 효과를 부여받거나 권리나 의무를 취득하고 부담하게 될 뿐이다.

관련 법조문

민법 제812조(혼인의 성립) ①혼인은 「가족관계의 등록 등에 관한 법률」에 정한 바에 의하여 신고함으로써 그 효력이 생긴다.

②전항의 신고는 당사자 쌍방과 성년자인 증인 2인의 연서한 서면으로 하여야 한다.

　　판례에 의하여 인정되는 사실혼에 있어서의 법률효과로는 재산분할을 들 수 있다. 즉 재산분할은 당연히 혼인(신고)한 법률상의 부부가 이혼시에 갖게 되는 권리이지만, 판례는 비록 혼인신고를 마치지는 못하였지만, 부부로서 혼인생활의 실체가 있는 사실혼의 경우에는 민법상의 재산분할 규정을 유추적용하여, 사실혼 관계 해소시 그 재산분할청구권을 인정하고 있다.

　　법률의 규정에 따라 사실혼 배우자에게 인정되는 권리로는 공무원연금법상의 유족급여청구권이 있다. 즉 공무원이었던 자가 사망하는 경우에, 그 유족은 유족급여를 받을 수 있는 유족급여청구권이 있는데, 이 유족의 범위와 관련하여 공무원연금법 제3조 제2호에서는 "유족"이란 공무원이거나 공무원이었던 사람이 사망할 당시 그가 부양하고 있던 다음 각 목의 어느 하나에 해당하는 사람을 말한다.

　　가. 배우자(재직 당시 혼인관계에 있던 사람으로 한정하며, 사실상 혼인관계에 있던 사람을 포함한다. 이하 같다)라고 규정하여, 공무원과 사실혼 관계에 있던 배우자에게도 유족급여청구권을 인정하고 있다.

　　그 이외에 주택임대차보호법 제9조에서도 주택 임차권의 승계 제도를 두어서 임차인 사망시 그 주택에서 가정 공동생활을 하던 사실상의 혼인관계에 있는 자에게 임차인의 임차권에 관하여 단독 또는 상속인과의 공동 상속권을 인정하고 있다.

관련 법조문

주택임대차보호법 제9조(주택 임차권의 승계) ①임차인이 상속인 없이 사망한 경우에는 그 주택에서 가정공동생활을 하던 사실상의 혼인 관계에 있는 자가 임차인의 권리와 의무를 승계한다.

②임차인이 사망한 때에 사망 당시 상속인이 그 주택에서 가정공동생활을 하고 있지 아니한 경우에는 그 주택에서 가정공동생활을 하던 사실상의 혼인 관계에 있는 자와 2촌 이내의 친족이 공동으로 임차인의 권리와 의무를 승계한다.

③제1항과 제2항의 경우에 임차인이 사망한 후 1개월 이내에 임대인에게 제1항과 제2항에 따른 승계 대상자가 반대의사를 표시한 경우에는 그러하지 아니하다.

④제1항과 제2항의 경우에 임대차 관계에서 생긴 채권·채무는 임차인의 권리의무를 승계한 자에게 귀속된다.

판례

대법원 1995. 3. 10. 선고 94므1379, 1386(반소) 판결

사실혼이라 함은 당사자 사이에 혼인의 의사가 있고, 객관적으로 사회관념상으로 가족 질서적인 면에서 부부공동생활을 인정할 만한 혼인생활의 실체가 있는 경우이므로 법률혼에 대한 민법의 규정 중 혼인신고를 전제로 하는 규정은 유추적용할 수 없으나, 부부재산의 청산의 의미를 갖는 재산분할에 관한 규정은 부부의 생활공동체라는 실질에 비추어 인정되는 것이므로 사실혼관계에도 준용 또는 유추적용할 수 있다.

나. 계약자유의 한계

이와 같이 계약자유의 원칙이야말로 사적자치의 경제, 사회적 구현이라는 근대 민법이 인류사에 기여한 크나큰 공적이라고 할 수밖에 없다. 그러나 계약의 자유는 아무런 제한이 없는 무제한의 자유를 의미하지는 않고, 법률의 규정이나, 해석 등을 통하여 일정 부분 제한이 있을 수 있기에, 이러한 한도 내에서 인정되는 자유라고 할 수 있다. 즉 사적자치 원칙이 성립되기 이전은 물론 사적자치 원칙이 근대 민법의 대원칙으로 자리매김하여 개인이 자유롭게 법률행위를 할 수 있게 된 이후에도 아무런 제한 없이 어떠한 내용의 계약을 체결하더라도 이를 모두 유효로 보고, 여기에 법적 구속력을 부여하여 권리나 의무를 발생하게 할 수는 없고, 일정한 한계를 둘 수밖에 없다. 이러한 한계로는 다음과 같은 것들을 들 수 있다.

1) 헌법적 한계

헌법 전문에서 "자율과 조화를 바탕으로 자유민주적 기본질서를 더욱 확고히 하여"라고 규정하고 있는 점과 제119조 제1항에서 "대한민국의 경제질서는 개인과 기업의 경제상의 자유와 창의를 존중함을 기본으로 한다."라고 되어 있는 점에서도 알 수 있듯이 우리 헌법은 사적자치 원칙을 헌법적 원리로 하여 모든 법규범의 원칙으로 삼고 있다. 그러나 다른 한편, 헌법은 사적자치 원칙, 특히 계약자유의 원칙을 제한하는 규정 또한 두고 있다. 이에 관한 대표적인 헌법 조항이 바로 제9장 경제 장의 각 조항으로 그중에서도 제119조 제2항을 들 수 있다. 즉 헌법 제119조 제2항은 "국가는 균형있는 국민경제의 성장 및 안정과 적정한 소득의 분배를 유지하고, 시장의 지배와 경제력의 남용을 방지하며, 경제주체간의 조화를 통한 경제의 민주화를 위하여 경제에 관한 규제와 조정을 할 수 있다."라고 규정하여, 제1항에서 사적자치 원칙을 천명하는 한편, 바로 다음 항에서는 그 한계를 인정하고 있다. 또한 제120조 이하에서도 경제활동의 자유와 사적자치를 제한할 수 있는 근거 조항을 마련하고 있다.

다른 한편 재산권에 관한 규정인 헌법 제23조는 "① 모든 국민의 재산권은 보장된다. 그 내용과 한계는 법률로 정한다. ② 재산권의 행사는 공공복리에 적합하도록 하여야 한다. ③ 공공필요에 의한 재산권의 수용·사용 또는 제한 및 그에 대한 보상은 법률로써 하되, 정당한 보상을 지급하여야 한다."라고 규정하여, 재산권의 보호를 대원칙으로 천명하여 사유재산권을 보장하고, 사유재산권의 자유로운 처분과 취득 등의 거래 자유를 위하여 사적자치 원칙을 전제로 하면서도 역시 그 한계를 인정하고 있는바, 이도 계약자유의 원칙을 제한할 수 있는 헌법적 근거라고 볼 수 있다.

2) 대법원의 입장

대법원도 "계약자유의 원칙은 사적소유권절대의 원칙 및 과실책임의 원칙과 더불어 근대사법의 기초를 이루고 있으나 계약자유의 무제한한 허용은 경제적 약자의 지위에 있는 계약당사자를 부당하게 압박하여 가혹한 결과를 초래할 수 있으므로 국가는 당사자 사이의 실질적 불평등을 제거하고 공정성을 보장하기

위하여 계약의 체결 또는 그 내용에 간섭할 필요가 생기며, 민법 제398조 제2항
이 규정하고 있는 손해배상예정액의 감액도 위와 같은 계약자유의 원칙에 대한
제한의 한가지 형태에 다름 아니다. 그러므로 계약자유의 원칙의 제한은 민법의
지배 원리인 신의성실의 원칙의 바탕 위에서 공정성 보장을 위하여 필요한 한도
내에서 이루어져야 하며 이러한 한도를 외면한 자의적인 제한은 계약자유의 본
질을 침해하는 것이어서 허용될 수 없음을 유념하여야 할 것이다."라고 하여,[30)]
계약자유의 원칙이 근대사법의 기초를 이루고 있다고 하면서도 계약자유 원칙에
도 일정한 한계가 있음을 분명히 인정하면서, 법조문의 해석이나 계약 내용을 해
석함에 있어서 일정한 경우 법조문과 계약의 내용을 제한하거나 변경하는 판결
을 선고하고 있다.

판례

대법원 2018. 5. 17. 선고 2016다35833 전원합의체 판결 [약정금]

[다수의견] 변호사의 소송위임 사무처리 보수에 관하여 변호사와 의뢰인 사이에 약정
이 있는 경우 위임사무를 완료한 변호사는 원칙적으로 약정 보수액 전부를 청구할 수
있다. 다만 의뢰인과의 평소 관계, 사건 수임 경위, 사건처리 경과와 난이도, 노력의 정
도, 소송물 가액, 의뢰인이 승소로 인하여 얻게 된 구체적 이익, 그 밖에 변론에 나타
난 여러 사정을 고려하여, 약정 보수액이 부당하게 과다하여 신의성실의 원칙이나 형
평의 관념에 반한다고 볼 만한 특별한 사정이 있는 경우에는 예외적으로 적당하다고
인정되는 범위 내의 보수액만을 청구할 수 있다. 그런데 이러한 보수 청구의 제한은
어디까지나 계약자유의 원칙에 대한 예외를 인정하는 것이므로, 법원은 그에 관한 합
리적인 근거를 명확히 밝혀야 한다.
이러한 법리는 대법원이 오랜 시간에 걸쳐 발전시켜 온 것으로서, 현재에도 여전히 그
타당성을 인정할 수 있다.
[대법관 김신, 대법관 조희대의 별개의견] 민법은 반사회질서의 법률행위(제103조),
불공정한 법률행위(제104조) 등 법률행위의 무효사유를 개별적·구체적으로 규정하고
있다. 또한 '손해배상의 예정액이 부당히 과다한 경우에는 법원은 적당히 감액할 수
있다'고 하는 민법 제398조 제2항과 같이 명시적으로 계약의 내용을 수정할 수 있다

---

30) 대법원 1991. 3. 27. 선고 90다14478 판결.

고 규정하는 법률 조항도 존재한다.

그러나 신의칙과 관련하여서는 민법 제2조 제1항에서 "권리의 행사와 의무의 이행은 신의에 좇아 성실히 하여야 한다."라고 규정하고, 제2항에서 "권리는 남용하지 못한다."라고 규정할 뿐 이를 법률행위의 무효사유로 규정하고 있지는 않다. 그러므로 민법 제2조의 신의칙 또는 민법에 규정되어 있지도 않은 형평의 관념은 당사자 사이에 체결된 계약을 무효로 선언할 수 있는 근거가 될 수 없다.

그럼에도 신의칙 또는 형평의 관념 등 일반 원칙에 의해 개별 약정의 효력을 제약하려고 시도하는 것은 사적 자치의 원칙, 자유민주적 기본질서, 시장경제질서 등 헌법적 가치에 정면으로 반한다.

3) 강행규정(强行規定)

가) 의의 및 위반시 효력

법 규정 중에서 선량한 풍속 기타 사회질서에 관계되는 규정으로, 당사자 사이의 합의가 있다는 이유로 법 규정의 내용을 배제하거나 제한할 수 없는 규정을 강행규정이라 한다. 반면에 그 이외의 규정으로 당사자 사이의 합의로 법 규정의 내용을 배제, 또는 제한하는 것이 가능한 규정을 임의규정(任意規定)이라고 하는데, 이는 바로 법률행위 목적의 적법성에 관한 문제이다. 앞서 말한 대로 개인은 본인들이 원하는 내용으로 계약을 체결할 수 있지만, 그렇게 체결된(합의된) 계약 내용이나 목적이 선량한 풍속에 반하거나 사회질서에 위반하는 경우까지 계약자유의 원칙이라는 이름으로 허용할 경우 법적 정의에 반함은 물론 법질서 전체의 취지에 반하게 된다. 그래서 법 규정 중 사회질서나 선량 풍속에 관계되는 규정에 대하여는 비록 당사자가 상호 합의하였다 할지라도 이를 계약자유의 원칙으로 인정하여 유효로 하지 아니하고, 법률행위 목적의 적법성 요건을 충족하지 못할 경우 무효로 하는 것이다. 즉 법률행위가 유효하려면 그 목적이 적법하여야만 한다.

이에 관한 민법 규정이 앞서 설명한 제103조이다. 즉 제103조의 "선량한 풍속 기타 사회질서에 위반한 사항을 내용으로 하는 법률행위는 무효로 한다."라는 규정은 법률행위 자유나 계약자유의 원칙을 표명한 근거 규정으로 기능하는 한편, 법 문언 그대로 원칙적으로 각 개인은 자유롭게 계약 내용을 결정할 수 있지만, 그 내용이 선량한 풍속이나 사회질서에 반할 경우에는 예외적으로 그 법률행위를 무효로 한다는 것은 계약자유의 원칙의 한계로도 기능한다고 볼 수 있다. 결국 계약자유의 원칙, 그중에서도 내용 결정의 자유는 강행규정이 아닌 임의규정에 한하여 가능하여 당사자 합의로 법 규정의 내용과는 다른 내용의 계약을 체결할 수 있는바, 이는 반대로 강행규정에 관한 한 계약 내용 결정의 자유에 대한 한계로 작용한다고 볼 수 있다.

> **판례**
>
> **대법원 2020. 8. 27. 선고 2016다248998 전원합의체 판결 [손해배상등]**
>
> [1] [다수의견] 단체협약이 민법 제103조의 적용대상에서 제외될 수는 없으므로 단체협약의 내용이 선량한 풍속 기타 사회질서에 위배된다면 그 법률적 효력은 배제되어야 한다. 다만 단체협약이 선량한 풍속 기타 사회질서에 위배되는지를 판단할 때에는 단체협약이 헌법이 직접 보장하는 기본권인 단체교섭권의 행사에 따른 것이자 헌법이 제도적으로 보장한 노사의 협약자치의 결과물이라는 점 및 노동조합 및 노동관계조정법에 의해 이행이 특별히 강제되는 점 등을 고려하여 법원의 후견적 개입에 보다 신중할 필요가 있다.
>
> 헌법 제15조가 정하는 직업선택의 자유, 헌법 제23조 제1항이 정하는 재산권 등에 기초하여 사용자는 어떠한 근로자를 어떠한 기준과 방법에 의하여 채용할 것인지를 자유롭게 결정할 자유가 있다. 다만 사용자는 스스로 이러한 자유를 제한할 수 있는 것이므로, 노동조합과 사이에 근로자 채용에 관하여 임의로 단체교섭을 진행하여 단체협약을 체결할 수 있고, 그 내용이 강행법규나 선량한 풍속 기타 사회질서에 위배되지 아니하는 이상 단체협약으로서의 효력이 인정된다.
>
> 사용자가 노동조합과의 단체교섭에 따라 업무상 재해로 인한 사망 등 일정한 사유가 발생하는 경우 조합원의 직계가족 등을 채용하기로 하는 내용의 단체협약을 체결하였다면, 그와 같은 단체협약이 사용자의 채용의 자유를 과도하게 제한하는 정도에 이르거나 채용 기회의 공정성을 현저히 해하는 결과를 초래하는 등의 특별한 사정이 없는 한 선량한 풍속 기타 사회질서에 반한다고 단정할 수 없다. 이러한 단체협약이 사용자의 채용의 자유를 과도하게 제한하는 정도에 이르거나 채용 기회의 공정성을 현저히 해하는 결과를 초래하는지는 단체협약을 체결한 이유나 경위, 그와 같은 단체협약을

통해 달성하고자 하는 목적과 수단의 적합성, 채용대상자가 갖추어야 할 요건의 유무와 내용, 사업장 내 동종 취업규칙 유무, 단체협약의 유지 기간과 준수 여부, 단체협약이 규정한 채용의 형태와 단체협약에 따라 채용되는 근로자의 수 등을 통해 알 수 있는 사용자의 일반 채용에 미치는 영향과 구직희망자들에 미치는 불이익 정도 등 여러 사정을 종합하여 판단하여야 한다.

[대법관 이기택, 대법관 민유숙의 반대의견] 노사가 업무상 재해로 사망한 근로자의 가족을 보호하기 위한 대책을 마련해 두는 것은 권장할 일이지만 그러한 대책은 실질적으로 공평하며 법질서에 맞는 것이어야 한다. 그러한 대책이 유족과 같은 입장에서 절실하게 직장을 구하는 구직희망자를 희생하거나, 사망 근로자 중 일부의 유족만 보호하고 다른 유족은 보호에서 제외하는 방식이어서는 안 된다.

특정한 목적을 달성하기 위해 기업의 필요성이나 업무능력과 무관한 채용기준을 채택하기로 노사가 합의하였고 그러한 기준이 기업의 규모와 근로자 수, 해당 기업의 일반적인 채용방식, 특정한 목적 달성을 위한 채용기준의 적합성, 관련 법령의 규정, 채용기회의 공정에 대한 사회적 인식 등에 비추어 볼 때 해당 기업에 대한 구직희망자들이나 다른 조합원을 합리적 이유 없이 차별하는 것이어서 공정한 채용에 관한 정의관념과 법질서를 벗어난 경우에는 민법 제103조가 정하는 사회질서에 위반되는 법률행위로 평가할 수 있다.

[2] 갑 주식회사 등이 노동조합과 체결한 각 단체협약에서 업무상 재해로 인해 조합원이 사망한 경우에 직계가족 등 1인을 특별채용하도록 규정한 이른바 '산재 유족 특별채용 조항'이 민법 제103조에 의하여 무효인지 문제 된 사안에서, ① 업무상 재해에 대해 어떤 내용이나 수준의 보상을 할 것인지의 문제는 그 자체로 중요한 근로조건에 해당하고, 갑 회사 등과 노동조합은 이해관계에 따라 산재 유족 특별채용 조항이 포함된 단체협약을 체결한 것으로 보이는 점, ② 산재 유족 특별채용 조항은 사회적 약자를 배려하여 실질적 공정을 달성하는 데 기여한다고 평가할 수 있고, 보상과 보호라는 목적을 달성하기 위해 유효적절한 수단이라고 할 수 있는 점, ③ 갑 회사 등이 산재 유족 특별채용 조항에 합의한 것은 채용의 자유를 적극적으로 행사한 결과인데, 법원이 이를 무효라고 선언한다면 갑 회사 등의 채용의 자유를 부당하게 제한하는 결과가 될 수 있는 점, ④ 갑 회사 등의 사업장에서는 노사가 오랜 기간 산재 유족 특별채용 조항의 유효성은 물론이고 그 효용성에 대해서도 의견을 같이하여 이를 이행해 왔다고 보이므로 채용의 자유가 과도하게 제한된다고 평가하기 더욱 어려운 점, ⑤ 산

재 유족 특별채용 조항으로 인하여 갑 회사 등이 다른 근로자를 채용할 자유가 크게 제한된다고 단정하기 어렵고, 구직희망자들의 현실적인 불이익이 크다고 볼 수도 없는 점, ⑥ 협약자치의 관점에서도 산재 유족 특별채용 조항을 유효하게 보아야 함이 분명한 점을 종합하면, 산재 유족 특별채용 조항이 갑 회사 등의 채용의 자유를 과도하게 제한하는 정도에 이르거나 채용 기회의 공정성을 현저히 해하는 결과를 초래하였다고 볼 특별한 사정을 인정하기 어려우므로, 선량한 풍속 기타 사회질서에 위반되어 무효라고 볼 수 없는데도, 이와 달리 본 원심판단에 법리오해의 잘못이 있다고 한 사례

나) 강행규정과 임의규정의 구별

그렇다면, 법규정 중 어느 규정이 강행규정이고, 어느 규정이 임의규정일까? 법에서 명시적으로 강행규정이라고 밝힌 규정은 당연히 강행규정으로 보아야 하지만, 실제 법률에서는 당해 규정이 강행규정인지 여부를 밝히는 경우보다는 밝히지 않고 있는 경우가 더 많이 있다. 이 경우 강행규정 여부의 판단은 결국 법 해석의 영역에 속하는 것이어서 해석을 통하여 판단하게 된다. 법조문 해석시 일반적으로 당해 규정이 강행규정 여부인지에 대한 판단은 입법 배경과 취지, 법이 보호하려는 이익(이를 보호이익이라고 함), 위반시의 상대방을 비롯한 사회, 경제적 중대성 등 제반 사정을 종합하여 하여야 한다.

판례

대법원 2021. 9. 30. 선고 2016다252560 판결 [소유권이전등기등]
계약 등 법률행위의 당사자에게 일정한 의무를 부과하거나 일정한 행위를 금지하는 법규에서 이를 위반한 법률행위의 효력을 명시적으로 정하고 있는 경우에는 그 규정에 따라 법률행위의 유·무효를 판단하면 된다. 법률에서 해당 규정을 위반한 법률행위를 무효라고 정하고 있거나 해당 규정이 효력규정이나 강행규정이라고 명시하고 있으면 이러한 규정을 위반한 법률행위는 무효이다.
이와 달리 이러한 규정을 위반한 법률행위의 효력에 관하여 명확하게 정하지 않은 경우에는 규정의 입법 배경과 취지, 보호법익과 규율대상, 위반의 중대성, 당사자에게 법규정을 위반하려는 의도가 있었는지 여부, 규정 위반이 법률행위의 당사자나 제3자에

게 미치는 영향, 위반행위에 대한 사회적·경제적·윤리적 가치평가, 이와 유사하거나 밀접한 관련이 있는 행위에 대한 법의 태도 등 여러 사정을 종합적으로 고려해서 효력을 판단해야 한다.

구 임대주택법 제21조 제1항, 제2항은 임대사업자에게 임대주택을 임차인에게 우선분양전환할 의무를 부과하면서도, 임대사업자가 이를 위반하여 임대주택을 임차인 아닌 제3자에게 분양전환한 경우에 그 법률행위의 효력에 관하여 명확하게 정하지 않고 있다. 구 임대주택법의 입법 취지와 보호법익, 위반행위의 중대성과 비난가능성, 거래안전에 미치는 영향 등을 종합적으로 고려하면, 공공건설임대주택의 임대사업자의 우선분양전환의무에 관한 구 임대주택법 제21조 제1항, 제2항은 강행규정에 해당하고, 이를 위반하여 임대사업자가 우선분양전환권이 있는 임차인이 있음에도 임대주택을 제3자에게 분양전환한 경우 그 분양전환계약은 사법적(사법적)으로 무효라고 보아야 한다.

심화학습

강행규정과 관련하여 함께 알아둘 것이 바로 단속규정(금지규정)이다. 강행규정과 단속규정의 관계나 구별에 관하여는 여러 견해가 있지만, 강행규정에는 법률행위의 효력 여부(즉 무효 여부)에 관계되는 효력규정과 법률행위의 효력 여부와는 관계없이 일정한 행위를 하지 못하게 하거나 제한하는 단속규정이 있다고 볼 수 있다. 그에 따라 위에서 밝힌 바와 같이 강행규정 중 효력규정에 위배되는 당사자 사이의 계약은 무효이어서 그 효력이 없음에 비하여, 강행규정 중 단속규정은 단속 목적의(주로 행정 목적 달성을 위하여) 규정이기에 비록 금지 내지는 위배되는 사법상의 행위라 할지라도 위반행위에 대한 벌칙 적용은 가능하지만, 그로 인하여 사법상의 행위의 효력이 무효로 되지는 않는다.

실생활에서 가장 흔히 접할 수 있는 단속규정의 전형적인 예로는 무허가 음식점의 유흥영업행위나 음식물 판매행위를 들 수 있다. 이들 행위는 비록 사람의 신체 건강 보호와 사회질서 유지 등을 위하여 금지되고 있으며, 이러한 행위가 이루어진 경우, 영업주는 관련 법에 따라 형사처벌을 받거나 영업정지와 같은 행정제재를 받을 수 있지만, 그렇다고 하여 영업주와 이용 손님 사이의 사법상 행위인 음식 판매계약 등에는 아무런 영향을 주는 것은 아니기에 당해 판매계약이 무효로 되지는 않는다.

어떠한 규정이 효력규정인지, 아니면 단순한 단속규정인지를 구별하는 것은 매우 중요한 일이지만 결코 쉽지 않은 일이다. 경우에 따라서 법문에서 " … 경우에는 이를 무효로 한다(또는 무효이다)."와 같이 당해 규정이 효력규정임을 밝히고 있는 규정도 있지만 대부분은 그렇지 않기 때문이다. 이때는 법해석의 방법론에 따라야 할 것인데, 결국 가장 기본적인 구별기준은 당해 법규정의 입법취지에 따라 판단하여야 한다. 그에 따라 만일 당해 법규정의 입법취지나 목적이 단순히 일정한 행위 자체를 금지하려고 하는 데 있는 경우에는 단속규정으로, 그렇지 않고 더 나아가 당해 법규가 정하는 내용의 실현을 완전히 금지하려고 하는 데에 있는 경우에는 효력규정으로 해석하여야 할 것이다.

여기서 하나 더 알아두어야 할 것이 있다. 바로 탈법행위(脫法行爲)에 관한 문제이다. 이는 효력규정의 위반의 한 모습으로, 당해 법률행위가 효력규정에 정면으로(직접적으로) 위반되어 무효로 되는 것이 아니라, 직접적으로 효력규정이 위반되지는 않지만, 효력규정이 금지하고 있는 것을 회피수단을 통하여 결과적으로(실질적으로) 실현하는 행위를 말한다. 이러한 탈법행위는 비록 효력규정의 직접적인 위배는 아니어도, 결과적으로 법이 금지하고자 하는 내용을 실현하는 행위이기에 역시 무효이다.

다만 효력규정이 금지하고 있는 것을 회피하는 행위 모두가 당연히 탈법행위가 되어 무효로 되는 것은 아니라는 점이다. 즉 회피행위 중 탈법행위로 인정되는 행위에 한하여 무효로 되는 것이다. 그렇다면, 일반 회피행위와 탈법행위의 구별기준은 어떻게 될까? 당해 효력규정의 취지가 법규정 위반행위로 인한 결과 발생을 용납하지 않겠다는 의미일 때(즉 어떤 수단이나 행위이든 관계없이 결과 그 자체의 발생 금지에 초점이 맞추어져 있을 때)는 탈법행위로, 그렇지 않고 법이 정한 특정한 수단이나 행위에 의한 결과발생만을 금지하려고 하는 취지일 때는, 이는 단순한 회피행위로 당해 법률행위는 유효하게 성립한다. 보통 경제적, 사회적 약자 보호를 목적으로 하는 효력규정의 회피행위는 탈법행위로 인정되고, 거래의 안전 보호를 목적으로 하는 효력규정의 회피행위는 유효하다고 새겨진다.[31)]

아래 법조문에서 보는 바와 같이 명의신탁약정과 그로 인한 등기행위자, 또는 고리의 이자를 받는 자에 대한 처벌이나 제재에 그치지 아니하고 더 나아가 명의신탁행위 그 자체나 고율의 이자약정행위 그 자체의 실현을 금지하고자, 위 법률에서는 행위 자체를 무효로 한다고 법이 명문으로 규정하고 있다.

관련 법조문

부동산 실권리자명의 등기에 관한 법률 제3조(실권리자명의 등기의무 등) ①누구든지 부동산에 관한 물권을 명의신탁약정에 따라 명의수탁자의 명의로 등기하여서는 아니 된다.

---

31) 송덕수, 민법총칙, 박영사, 2018, 194면.

제4조(명의신탁약정의 효력) ①명의신탁약정은 무효로 한다.

②명의신탁약정에 따른 등기로 이루어진 부동산에 관한 물권변동은 무효로 한다. 다만, 부동산에 관한 물권을 취득하기 위한 계약에서 명의수탁자가 어느 한쪽 당사자가 되고 상대방 당사자는 명의신탁약정이 있다는 사실을 알지 못한 경우에는 그러하지 아니하다.

③제1항 및 제2항의 무효는 제3자에게 대항하지 못한다.

제7조(벌칙) ①다음 각 호의 어느 하나에 해당하는 자는 5년 이하의 징역 또는 2억원 이하의 벌금에 처한다.

1. 제3조제1항을 위반한 명의신탁자

이자제한법 제2조(이자의 최고한도) ①금전대차에 관한 계약상의 최고이자율은 연 25퍼센트를 초과하지 아니하는 범위 안에서 대통령령으로 정한다.

②제1항에 따른 최고이자율은 약정한 때의 이자율을 말한다.

③계약상의 이자로서 제1항에서 정한 최고이자율을 초과하는 부분은 무효로 한다.

④채무자가 최고이자율을 초과하는 이자를 임의로 지급한 경우에는 초과 지급된 이자 상당금액은 원본에 충당되고, 원본이 소멸한 때에는 그 반환을 청구할 수 있다.

제8조(벌칙) ①제2조제1항에서 정한 최고이자율을 초과하여 이자를 받은 자는 1년 이하의 징역 또는 1천만원 이하의 벌금에 처한다.

②제1항의 징역형과 벌금형은 병과(倂科)할 수 있다.

판례

대법원 2003. 8. 22. 선고 2003다19961 판결 [임대료]

민법 제651조 제1항은 그 입법취지가 너무 오랜 기간에 걸쳐 임차인에게 임차물의 이용을 맡겨 놓으면 임차물의 관리가 소홀하여지고 임차물의 개량이 잘 이루어지지 않아 발생할 수 있는 사회경제적인 손실을 방지하는 데에 있는 점 및 약정기간이 20년을 넘을 때는 그 기간을 20년으로 단축한다는 규정형식에 비추어 볼 때, 위 규정은 개인의 의사에 의하여 그 적용을 배제할 수 없는 강행규정이라고 봄이 상당하며, 민법 제651조 제1항이 민법 제652조에 포함되어 있지 않다거나, 임차물이 견고한 철근콘크리트 건물이고 임대인이 임차인으로부터 관리비를 징수하면서 임차물을 관리하고 있다거나, 민법 제651조 제1항이 제정될 당시에 비하여 현재 건축기술이 발달하여 건물이 훨씬 견고해졌다는 사유만으로 달리 해석할 것은 아니다.

이러한 계약 내용 결정의 자유는 예외적으로 임대차보호법과 같은 특별법 등에 의하여 일정 부분 제한되거나 법원의 해석에 의하여 수정될 수 있다.[32]

판례

대법원 1965. 11. 25. 선고 65다1422 전원합의체 판결 [양수채권]

이식제한령과 같은 민법의 계약자유의 원칙에 대한 예외 규정은 유추해석에 의하여 그 적용범위를 확대할 것이 아니라는 공식론을 들고나올 수도 있겠으나 근대 민법의 3대 기본원칙의 하나인 계약자유의 원칙이라 할지라도 후생국가와 복지국가, 문화국가를 지향하는 현대에 와서는, 그 일부 수정이 불가피하게 되었다는 것은 세계가 공인하는 바이며, 우리나라 판례의 기반이 될 우리나라의 여건이 이상과 같으므로 이식제한령을 해석적용함에 있어 금전에 관한 소비대차에 그치지 않고 식량의 소비대차에도 유추적용 하여야 할 것으로 봄이 복지국가와 문화국가의 건설을 지향하는 우리나라 국민의 인권과 생활을 보호하게 되는 국민을 위한 법해석의 길이 될 것으로 믿는 바이다.

---

4) 목적의 사회적 타당성

법률행위가 유효하기 위해서는 앞의 법률행위 목적의 적법성을 갖추어야 할 뿐만 아니라 목적의 사회적 타당성도 있어야 한다. 법률행위 목적의 사회적 타당성 근거 조항도 바로 앞서 거론한 민법 제103조이다. 즉 민법 제103조는 "선량한 풍속 기타 사회질서에 위반한 사항을 내용으로 하는 법률행위는 무효로 한다"라고 규정하고 있는바, 이 규정에 따라 만일 당사자가 체결한 계약의 내용이 사회적 타당성이 없다면, 당해 계약은 무효로 처리된다.

앞의 강행규정에 반하는 내용의 계약이 무효로 되는 것은 개개의 강행규정 위반으로 목적의 적법성 여부에 관한 것임에 비하여 여기서의 무효는 비록 개개의 강행규정에 위반하는 것은 아니지만, 그 내용 자체가 사회적 타당성을 갖추지 못하면 이를 유효로 보지 않고 무효로 본다는 것이다. 즉 비록 개별 강행규정 위반이 아니라 할지라도 무효가 된다는 점에 그 차이가 있다.

---

32) 예를 들어, 주택임대차보호법에서는 임대 기간을 최소 2년으로 하여, 비록 임대인과 임차인이 1년의 임대 기간을 정하였다 하더라도 임차인은 임대 기간을 2년으로 주장할 수 있다.

여기서 제103조상의 선량(善良)한 풍속(風俗)과 사회질서(社會秩序)가 무엇을 의미하고 위 둘의 관계는 어떻게 되는지도 문제 된다. 이에 대하여는 여러 학설이 대립하고 있지만, 크게 보면 사회질서가 상위개념으로 선량한 풍속은 사회질서의 하나라고 보는 견해, 선량한 풍속은 윤리개념이고 사회질서는 공익개념으로 이 둘은 병존개념이라고 보는 견해, 이 둘의 구별은 무의미하여 이들 모두를 사회적 타당성 개념으로 이해하면 족하다는 견해로 나뉘고 있다.[33]

이러한 선량한 풍속이나 사회질서라는 개념은 사실 추상적이고도 일반적이어서 구체적으로 개념을 정의하기가 매우 어렵고, 다양하게 해석될 수밖에 없는 바, 이러한 조항을 일반조항(一般條項)이라고 부른다. 그에 따라 과연 어느 경우에 선량한 풍속이나 사회질서에 반하는지를 판단하는 것은 매우 어려운 문제로 결국에는 개별 사건에서의 법원의 판결을 통하여 구체화될 수밖에 없다.

판례

대법원 2015. 7. 23. 선고 2015다200111 전원합의체 판결 [부당이득금]
형사사건에 관하여 체결된 성공보수약정이 가져오는 여러 가지 사회적 폐단과 부작용 등을 고려하면, 구속영장 청구의 기각, 보석 석방, 집행유예나 무죄 판결 등과 같이 의뢰인에게 유리한 결과를 얻어내기 위한 변호사의 변론 활동이나 직무수행 그 자체는 정당하다 하더라도, 형사사건에서의 성공보수약정은 수사·재판의 결과를 금전적인 대가와 결부시킴으로써, 기본적 인권의 옹호와 사회정의의 실현을 사명으로 하는 변호사 직무의 공공성을 저해하고, 의뢰인과 일반 국민의 사법제도에 대한 신뢰를 현저히 떨어뜨릴 위험이 있으므로, 선량한 풍속 기타 사회질서에 위배되는 것으로 평가할 수 있다.

위 대법원판결은 비록 변호사와 의뢰인 당사자 사이에 자유롭게 형사사건의 성공보수약정을 하였다 할지라도 형사사건에서의 성공을 금전적 대가와 연계시키는 것은 변호사 직무의 공공성에 부합되지 않을 뿐만 아니라 사법제도에 대한 국민의 신뢰를 현저히 저하시킬 위험이 있는 것으로 선량한 풍속 기타 사회질서에 반하는, 즉 법률행위 목적이 사회적 타당성을 잃은 것으로 평가할 수 있어 형

---

33) 자세한 것은 송덕수, 민법총칙, 박영사, 2018, 197면 이하 참조.

사사건에서의 성공보수 약정계약은 무효라는 취지의 전원합의체판결이다. 위 판결이 있기 전까지는 형사사건은 물론 민사사건 등 모든 종류의 사건에서 변호사와 의뢰인 사이에 일정한 내용 이상의 판결을 받는 경우, 이를 성공으로 보아 일정한 보수를 더 지급하기로 하는 약정을 하여 왔고, 이러한 성공보수 약정에 대하여 대법원은 그것이 무효라는 판결을 선고하지 않아 사실상 적법한 약정으로 인식되어 왔다.[34] 그러나 위 대법원판결로 적어도 형사사건에서의 성공보수약정은 민법 제103조의 선량한 풍속 기타 사회질서에 위반되는, 즉 목적의 사회적 타당성이 없는 계약으로 무효라고 볼 수 있다.

5) 불공정한 법률행위

각 개인이 자유로운 의사의 합치에 의하여 일정한 내용의 계약을 체결하였지만, 그 내용이 어느 누가 보더라도 심히 불균형하여, 정의의 관념에 반하는 경우가 있다.[35] 또한 계약 당사자 일방이 사회 경험이 없거나 부족하여, 제대로 사리 판단을 하기가 어려운 경우에, 그리고 경제적 궁핍함에 빠져 있는 상태에서 자신에게 매우 불리한 내용의 계약을 체결하고, 이로 인하여 상대방은 폭리를 취하는 경우도 있다. 이러한 불공정한 계약의 경우에도 계약 내용 결정의 자유의 원칙에 따라 유효로 하여야 할 것인지 문제 된다. 이처럼 당사자 일방의 궁박이나 경솔, 무경험으로 인하여 현저하게 공정을 잃은 법률행위를 불공정(不公正) 법률행위 또는 폭리행위(暴利行爲)라고 하는데, 민법은 이러한 불공정 법률행위를 무효로 하고 있다.

> **관련 법조문**
> 민법 제104조(불공정한 법률행위) 당사자의 궁박, 경솔 또는 무경험으로 인하여 현저하게 공정을 잃은 법률행위는 무효로 한다.

그에 따라 민법 제104조에 해당하는 불공정한 계약이 체결되었다면, 계약 내용 결정의 자유는 제한되어 당해 계약의 전부 또는 일부가 무효로 되기에, 이

---

34) 다만 그 액수가 너무 과다하다고 판단될 경우에 한하여 다음에서 살펴보는 바와 같이 신의성실의 원칙 등에 따라 이를 적정한 금액으로 감액시킬 수 있다고 판단하여 왔다.
35) 이를 급부와 반대급부가 현저히 공정을 잃었다고 표현한다.

러한 점에서 민법 제104조의 불공정 법률행위도 계약 내용 결정의 자유를 제한하는 규정으로 작용한다고 볼 수 있다. 이 점에서 민법 제104조는 계약자유 원칙의 민법적 근거이기도 하지만, 다른 한편 계약자유의 원칙, 그중에서도 계약 내용 결정의 자유를 제한하거나 한계 짓는 규정으로도 기능한다고 볼 수 있다.

판례

대법원 1979. 4. 10. 선고 79다275 판결 [소유권이전등기]

노파로서 무학문맹이며, 남편 및 자녀들과 사별하여 오직 14세 된 나이 어린 외손녀 하나만을 데리고 본건 가옥의 일부를 임대하여 그 수입으로서 생계를 이어오던 터이고, 1977년 봄 고혈압으로 쓰러진 이래 언어와 보행이 자유롭지 못하고 이에 겹쳐 동맥경화성 정신증의 징후로 인하여 때로 정신이 혼미한 증세를 나타내고 있지만 빈한하여 치료를 제대로 받지 못하고 있었던 사실과, 복덕방을 경영하며 본건 매매계약을 소개한 소외 1 및 소외 2와 원고는 인근에 거주하고 있어 피고의 위와 같은 사정을 평소에 잘 알고 있었고, 피고는 유일한 생활 근거인 본건 부동산을 매도한 후에 있어서의 생활대책도 강구함이 없이 사건 매매계약을 체결한 사실 등이다.

그렇다면 피고의 주장과 같이 본건 매매계약 당시 피고는 궁박, 경솔 또는 무경험한 처지로서 원고도 이러한 사정을 알고 있었다고 할 것이므로, 본건 부동산의 시가와 매매가액 사이에 피고 주장과 같은 현저한 차이가 있다고 한다면 일응 이 사건 매매계약은 민법 제104조 소정의 불공정한 법률행위라고 인정될 수도 있다고 할 것이다.

판례

대법원 2010. 7. 15. 선고 2009다50308 판결 [부당이득금반환]

민법 제104조의 불공정한 법률행위는 피해 당사자가 궁박, 경솔 또는 무경험의 상태에 있고 상대방 당사자가 그와 같은 피해 당사자측의 사정을 알면서 이를 이용하려는 폭리행위의 악의를 가지고 객관적으로 급부와 반대급부 사이에 현저한 불균형이 존재하는 법률행위를 한 경우에 성립한다.

여기서 '궁박'이란 '급박한 곤궁'을 의미하고, 당사자가 궁박 상태에 있었는지 여부는 당사자의 신분과 상호관계, 피해 당사자가 처한 상황의 절박성의 정도, 계약의 체결을 둘러싼 협상과정 및 거래를 통한 피해 당사자의 이익, 피해 당사자가 그 거래를 통해

추구하고자 한 목적을 달성하기 위한 다른 적절한 대안의 존재 여부 등 여러 상황을 종합하여 구체적으로 판단하여야 한다. 또한 급부와 반대급부 사이의 '현저한 불균형'은 단순히 시가와의 차액 또는 시가와의 배율로 판단할 수 있는 것은 아니고 구체적·개별적 사안에 있어서 일반인의 사회통념에 따라 결정하여야 한다. 그 판단에 있어서는 피해 당사자의 궁박·경솔·무경험의 정도가 아울러 고려되어야 하고, 당사자의 주관적 가치가 아닌 거래상의 객관적 가치에 의하여야 한다.

다만 주의할 것은 폭리행위가 되어 그 계약이 민법 제104조에 의하여 무효로 되기 위해서는 단순히 계약 내용이 폭리로 판단되는 것만으로는 부족하고, 여기서 더 나아가 상대방에게 피해 당사자 측의 궁박, 경솔, 무경험과 같은 사정을 알면서 이용하려는 의사, 즉 폭리행위의 악의(惡意)가 있어야 한다는 점이다. 따라서 비록 피해 당사자가 궁박, 경솔, 또는 무경험의 상태에 있었고, 그로 인한 계약 내용이 심히 불균형하여 결과적으로 폭리를 취한다 할지라도 만일 상대방 당사자에게 폭리행위의 악의가 없다면, 불공정 법률행위는 성립하지 않는다.

여기서 하나 문제 되는 것은 불공정 법률행위를 무효로 한다는 민법 제104조와 앞에서 설명한 민법 제103조의 반사회질서적 법률행위의 무효 사이의 관계이다. 이에 대하여는 두 조문을 별개의 조항에 따른 별개의 제도라고 이해하는 견해도 있지만, 제104조의 폭리행위는 제103조의 사회질서 위반 법률행위의 일종으로 이해하여야 할 것이다. 즉 폭리행위는 사회질서 위반행위에 포함된다고 이해할 수 있을 것이다.

그에 따라 비록 일부 요건의 흠결로 인하여 민법 제104조의 폭리행위에 해당하지 않는다 할지라도 반사회질서적 법률행위에 위반하는 것으로 보아 민법 제103조로 당해 법률행위를 무효로 볼 수도 있다고 할 것이다.

판례

대법원 2024. 6. 17. 선고 2020다291531 판결 [부당이득금]

민법 제103조에 의하여 무효로 되는 반사회질서 행위는 법률행위의 목적인 권리의무의 내용이 선량한 풍속 기타 사회질서에 위반되는 경우뿐만 아니라, 그 내용 자체는 반사회질서적인 것이 아니라고 하여도 법률적으로 이를 강제하거나 법률행위에 반사회질서적인 조건 또는 금전적인 대가가 결부됨으로써 반사회질서적 성질을 띠게 되는 경우 및 표시되거나 상대방에게 알려진 법률행위의 동기가 반사회질서적인 경우를 포함한다. 그리고 민법 제104조에 규정된 불공정한 법률행위는 객관적으로 급부와 반대급부 사이에 현저한 불균형이 존재하고, 주관적으로 그와 같이 균형을 잃은 거래가 피해 당사자의 궁박, 경솔 또는 무경험을 이용하여 이루어진 경우에 성립하는 것으로서, 약자적 지위에 있는 자의 궁박, 경솔 또는 무경험을 이용한 폭리행위를 규제하려는 데 그 목적이 있는바, 피해 당사자가 궁박, 경솔 또는 무경험의 상태에 있었다고 하더라도 그 상대방 당사자에게 위와 같은 피해 당사자 측의 사정을 알면서 이를 이용하려는 의사, 즉 폭리행위의 악의가 없었다면 불공정 법률행위는 성립하지 않는다.

판례

대법원 1993. 5. 25. 선고 93다296 판결 [약정금]

민법 제104조 소정의 불공정한 법률행위는 객관적으로 급부와 반대급부 사이에 현저한 불균형이 존재하고 주관적으로 위와 같은 균형을 잃은 거래가 피해당사자의 궁박, 경솔, 또는 무경험을 이용하여 이루어진 경우에 한하여 성립하는 것인바, 사실관계가 원심이 인정한 바와 같다면 원고가 피고들의 궁박 등을 이용하여 이 사건 계약을 체결한 것으로 볼 수 없고, 또 이 사건 특약이 피고들의 궁박, 경솔, 무경험으로 인하여 이루어진 것이라고 인정할 수도 없으므로, 이 사건 특약이 불공정한 법률행위가 아니라고 본 원심의 조처도 정당하다.

6) 신의성실의 원칙 위반과 계약자유의 원칙

　　민법 제2조에서는 신의성실의 원칙과 권리남용금지의 원칙을 천명하고 있다. 즉 권리자라 할지라도 그 권리는 남용하지 못하며, 권리의 행사와 의무의 이행시에는 신의에 좇아 성실히 하여야 한다고 밝히고 있는바, 이를 신의성실(信義誠實)의 원칙과 권리남용금지의 원칙이라고 부른다.

> **관련 법조문**
> 민법 제2조(신의성실) ①권리의 행사와 의무의 이행은 신의에 좇아 성실히 하여야 한다.
> ②권리는 남용하지 못한다.

　　여기서 당사자 사이의 자유로운 의사의 합치에 의하여 이루어진 계약에 따른 권리와 의무의 내용을 신의성실의 원칙이나 형평이라는 관념으로 수정 내지는 제한할 수 있느냐가 문제 된다. 즉 신의성실의 원칙도 계약 내용 결정의 자유를 한계 짓는 요소로 작용할 수 있는지의 문제이다.

　　예를 들어, 변호사와 의뢰인 사이에 소송사건 위임계약을 체결하면서 보수약정을 하였는데, 사건 종결 후 의뢰인이 약정 보수금액이 너무 과다하다고 주장하는 경우에 신의성실의 원칙 위반을 이유로 이를 감액할 수 있는지, 아니면 계약자유의 원칙을 신의성실의 원칙으로 제한할 수 없어 감액이 불가능한 것인지의 문제이다. 대법원은 다수의견으로 "약정 보수액이 부당하게 과다하여 신의성실의 원칙이나 형평의 관념에 반한다고 볼 만한 특별한 사정이 있는 경우에는 예외적으로 적당하다고 인정되는 범위 내의 보수액만을 청구할 수 있다."라고 하여, 일정한 경우 신의성실의 원칙에 의한 계약 내용의 제한, 즉 금액 감경을 인정하고 있다. 즉 비록 앞의 불공정한 법률행위가 아니라 할지라도 신의성실의 원칙에 의거하여 보수금액 일부를 감액할 수 있는 것으로 해석하고 있다.

판례

대법원 2018. 5. 17. 선고 2016다35833 전원합의체 판결 [약정금]

[다수의견] 변호사의 소송위임 사무처리 보수에 관하여 변호사와 의뢰인 사이에 약정이 있는 경우 위임사무를 완료한 변호사는 원칙적으로 약정 보수액 전부를 청구할 수 있다. 다만 의뢰인과의 평소 관계, 사건 수임 경위, 사건처리 경과와 난이도, 노력의 정도, 소송물 가액, 의뢰인이 승소로 인하여 얻게 된 구체적 이익, 그 밖에 변론에 나타난 여러 사정을 고려하여, 약정 보수액이 부당하게 과다하여 신의성실의 원칙이나 형평의 관념에 반한다고 볼 만한 특별한 사정이 있는 경우에는 예외적으로 적당하다고 인정되는 범위 내의 보수액만을 청구할 수 있다. 그런데 이러한 보수 청구의 제한은 어디까지나 계약자유의 원칙에 대한 예외를 인정하는 것이므로, 법원은 그에 관한 합

리적인 근거를 명확히 밝혀야 한다.

이러한 법리는 대법원이 오랜 시간에 걸쳐 발전시켜 온 것으로서, 현재에도 여전히 그 타당성을 인정할 수 있다.

[대법관 김신, 대법관 조희대의 별개의견] 민법은 반사회질서의 법률행위(제103조), 불공정한 법률행위(제104조) 등 법률행위의 무효사유를 개별적·구체적으로 규정하고 있다. 또한 '손해배상의 예정액이 부당히 과다한 경우에는 법원은 적당히 감액할 수 있다'고 하는 민법 제398조 제2항과 같이 명시적으로 계약의 내용을 수정할 수 있다고 규정하는 법률 조항도 존재한다.

그러나 신의칙과 관련하여서는 민법 제2조 제1항에서 "권리의 행사와 의무의 이행은 신의에 좇아 성실히 하여야 한다."라고 규정하고, 제2항에서 "권리는 남용하지 못한다."라고 규정할 뿐 이를 법률행위의 무효사유로 규정하고 있지는 않다. 그러므로 민법 제2조의 신의칙 또는 민법에 규정되어 있지도 않은 형평의 관념은 당사자 사이에 체결된 계약을 무효로 선언할 수 있는 근거가 될 수 없다.

그럼에도 신의칙 또는 형평의 관념 등 일반 원칙에 의해 개별 약정의 효력을 제약하려고 시도하는 것은 사적 자치의 원칙, 자유민주적 기본질서, 시장경제질서 등 헌법적 가치에 정면으로 반한다.

제 2 장

사적자치와 민사소송

1. 처분권주의(處分權主義)

가. 의의

당사자(當事者)란 자기의 이름으로 재판절차에 의한 권리보호를 법원에 청구한 자와 그 상대방을 말한다. 그리고 재판절차 중 판결절차로 좁히면, 재판을 청구한 자, 즉 소를 제기한 당사자를 원고(原告)라 하고, 그로부터 소제기를 당한 당사자를 피고(被告)라고 부른다. 민사소송은 민사에 관한 분쟁을 둘러싼 소송, 즉 민법과 상법 등 사법(私法)에 의하여 규율되는 대등한 주체 사이의 경제적 생활관계나 신분관계에 관한 민사사건에 관한 소송이다.[1] 이를 달리 말하면, 민법이나 상법과 같은 실체법상의 추상적이거나 잠재적인 권리의무를 재판절차를 통하여 이를 구체화, 현실화시키는 절차라고 할 수 있다. 이처럼 민사소송은 사적자치가 핵심 원리인 실체법으로서의 민법과 상법 등의 권리의무에 관한 소송절차이기에 민사소송법에서도 사적자치 원칙이 적용된다.

그에 따라 민사소송에서는 원칙적으로 소송의 주도권을 당사자에게 부여하고, 법원은 단순히 심판자로서의 지위에 있게 된다. 이 점에서 비록 당사자주의와 대심적 구조를 취하면서도 법원이 주도자가 되어 국가 형벌권의 존부와 범위를 판단해 가는, 즉 유·무죄를 비롯하여 처벌대상이 되는지, 대상이 된다면 형법 등 어느 법률의 어디에 위반하는 범죄인지 그리고 그 범죄에 대한 형벌의 종류와 정도(양형)는 어떻게 되는지 등을 법원 주도로 확정하는 형사소송과 비교된다고 할 수 있다. 형사사법은 국가형벌권의 발생요건인 범죄와 그 법적 효과인 형벌을 규율하고, 국가형벌권의 구체적 실현을 위하여 필요한 절차를 정함으로써 국가의 공정한 형벌권 행사를 통해 법익보호와 질서유지라는 공적인 목적을 추구하기에 당사자처분권주의를 취하지 않고 있다.

이처럼 민사소송에서는 당사자를 소송의 객체로 인식하지 않고 법원과 더불어 소송의 주체로 인정하며 당사자의 의사를 존중하고 그에게 소송의 주도권을 인정하는바, 이러한 주의를 당사자주의(當事者主義)라 부른다. 당사자주의의 구체적 표현 내용으로 처분권주의와 변론주의가 있다고 할 수 있으며, 이러한 당사자

---

1) 법원행정처 법원실무제요 민사소송(Ⅰ), 2017, 2면.

주의는 법원의 주도권을 전제로 하는 직권주의(職權主義)에 대응하는 개념으로 사용된다. 그렇기에 당사자는 단순한 소송의 객체가 아닌 주도자이기에, 민사소송에서는 당사자에게 민사소송절차상의 여러 권리를 보장하고 있다. 이러한 절차적 기본권을 당사자권(當事者權)이라고 부른다. 당사자권은 당연히 사적자치의 헌법적 원리라 할 수 있는 헌법 제10조의 인간으로서의 존엄과 가치로부터 보호되는 권리라고 할 수 있다.

판례

대법원 1983. 2. 8. 선고 82다카1258 판결 [소유권이전등기등]
변론주의, 당사자주의 또는 처분권주의를 채용하고 있는 우리 민사소송법에 있어서는 주요사실의 존부는 당사자의 주장이 없는 한 이를 판결의 기초로 삼을 수 없고 변론에서 당사자 사이에 다툼이 없는 사실에 대하여는 이와 배치되는 사실을 인정할 수 없는 기속을 받는다.

그리고 이러한 당사자주의는 기본적으로 당사자인 원고와 피고를 대등한 주체로 인정하고, 이들의 대립, 즉 원고와 피고의 상호 공격과 방어(이를 변론이라고 함)를 통하여 진실발견과 권리와 의무의 존부 및 그 범위와 내용을 파악해 나가기에 양 당사자의 대립을 전제로 하며, 이를 당사자대립주의라고 부른다. 그렇기에 당사자대립주의는 당연히 양 당사자의 평등한 지위를 보장하여야 하는데, 이는 바로 헌법 제11조의 평등원칙에 근거한다고 할 수 있다.

당사자주의의 한 표현 내용이라고 할 수 있는 처분권주의란 소송 전반의 주도권을 소송 당사자가 갖고서 소송의 대상인 소송물에 대한 당사자의 처분권을 인정하는 주의이다. 이를 좀 더 구체적으로 설명한다면, 재판절차의 개시 여부(즉 소를 제기할 것인가 말 것인가), 심판의 대상과 범위(무엇을 청구하고, 어느 정도까지 청구할 것이며, 청구의 형태와 종류를 어떻게 할 것인지 등), 절차의 종결(소송을 화해나 조정으로 끝낼 것인지, 아니면 판결을 받고 싶은지, 패소시 상소를 할 것인지 말 것인지 등)을 당사자의 처분에 맡기는 당사자 주도의 입장을 말한다고 할 수 있을 것이다. 그렇기에 민사소송에서의 당사자처분권주의는 앞서 설명한 사법(私法) 내지는 실체법의 영역에서의 사적자치의 원칙의 소송법적 측면에서의 구현이라고도 할 수 있으며, 당연히 존엄한 존재로서의 개인의 법인격성과 자유, 그리고 평등을 전제로 한다.

이러한 처분권주의의 결과에 따라 법원은 당사자가 신청 내지는 청구한 때에 한하여, 그리고 청구한 범위 내에서만 판단할 수 있을 뿐으로, 청구하지 않은 사항에 대한 것이거나 청구범위를 벗어난 것에 대하여는 판단을 할 수 없다. 민사소송법도 처분권주의를 명문으로 인정하면서 이 점을 분명히 하고 있다.

관련 법조문

민사소송법 제203조(처분권주의) 법원은 당사자가 신청하지 아니한 사항에 대하여는 판결하지 못한다.

판례

대법원 2024. 6. 13. 선고 2024다213157 판결 [건물인도]

[1] 민사소송법 제203조는 '처분권주의'라는 제목으로 "법원은 당사자가 신청하지 아니한 사항에 대하여는 판결하지 못한다."라고 정하고 있다. 민사소송에서 심판 대상은 원고의 의사에 따라 특정되고, 법원은 당사자가 신청한 사항에 대하여 신청 범위 내에서만 판단하여야 한다.

[2] 건물의 '인도'는 건물에 대한 현실적·사실적 지배를 완전히 이전하는 것을 의미하고, 민사집행법상 인도 청구의 집행은 집행관이 채무자로부터 물건의 점유를 빼앗아 이를 채권자에게 인도하는 방법으로 한다. 한편 건물에서의 '퇴거'는 건물에 대한 채무자의 점유를 해제하는 것을 의미할 뿐, 더 나아가 채권자에게 점유를 이전할 것까지 의미하지는 않는다는 점에서 건물의 '인도'와 구별된다. 그러므로 채권자가 소로써 채무자가 건물에서 퇴거할 것을 구하고 있는데 법원이 채무자의 건물 인도를 명하는 것은 처분권주의에 반하여 허용되지 않는다.

이러한 처분권주의는 변론주의와 함께 근대법의 대원칙인 불고불리의 원칙의 민사소송법상 표현이라고 할 수 있다. 불고불리(不告不理)의 원칙이란 소송법상의 개념으로 소송 당사자가 주장하거나 문제 삼지 않은 것은 법원이 개입하거나 판단하지 못한다는 것으로, 법원의 직권에 의한 판단을 중심으로 하는 중세 시대의 규문주의(糾問主義)에 대응하는 개념이라고 할 수 있다. 이러한 불고불리

의 원칙은 형사소송법에서는 검사에 의한 소추(기소)가 없으면, 즉 검사가 기소하지 않으면 법원은 재판할 수 없다는 원칙으로 표현된다. 이는 바로 재판권과 소추권(기소권)을 분리하여, 재판권은 법원에, 기소권은 검찰에 부여하는 근대 형사법의 대원칙이 표현된 것으로, "소추 없으면 심판 없다"라는 법언으로 요약될 수 있다.

관련 법조문

형사소송법 제246조(국가소추주의) 공소는 검사가 제기하여 수행한다.

　　일반적으로 처분권주의와 다음에서 살펴볼 변론주의를 합하여 당사자주의라고 하고, 이에 대립하는 주의를 직권주의라고 한다. 처분권주의가 소송물(청구)에 대한 당사자의 처분의 자유를 뜻하는 것이라면, 변론주의는 당사자의 소송자료에 대한 수집책임(소송자료의 수집, 제출책임)을 뜻하는, 즉 청구의 당부 판단에 필요한 사실과 증거의 탐색 내지는 제출을 누구의 권능이나 책임으로 할 것인가라는 '사실'의 면에 대한 문제라는 점에서 양자는 구별된다. 결국 처분권주의가 당사자의 소송물에 대한 처분의 자유를 의미한다면, 변론주의는 당사자의 소송자료에 대한 수집과 제출의 자유 내지는 주도권을 의미한다고 볼 수 있다.[2]

판례

대법원 1983. 2. 8. 선고 82다카1258 판결 [소유권이전등기등]

변론주의, 당사자주의 또는 처분권주의를 채용하고 있는 우리 민사소송법에 있어서는 주요사실의 존부는 당사자의 주장이 없는 한 이를 판결의 기초로 삼을 수 없고 변론에서 당사자 사이에 다툼이 없는 사실에 대하여는 이와 배치되는 사실을 인정할 수 없는 기속을 받는다.

---

2) 김홍엽, 민사소송법, 박영사, 2019, 423면.

판례

대법원 2023. 7. 17. 선고 2021도11126 전원합의체 판결 [교통사고처리특례법위반(치상)]

형사사법의 목적과 보호적 기능, 국가소추주의 내지 국가형벌독점주의에 대한 예외로서 반의사불벌죄의 지위 등을 감안하면, 반의사불벌죄에서 피고인 또는 피의자에 대하여 처벌을 원하지 않거나 처벌희망의 의사표시를 철회하는 의사결정 그 자체는 특별한 규정이 없는 한 피해자 본인이 하여야 한다.

범죄행위를 하여 처벌을 받아야 할 자에 대해서는 합리적 의심의 여지가 없는 증명이 있음을 전제로 그에 상응한 처벌이 이루어져야 한다는 형사사법의 보호적 기능을 담보하기 위하여 현행법은 국가소추주의 내지 국가형벌독점주의를 원칙으로 정하고 있다. 그런데 반의사불벌죄는 특정 유형의 범죄에 관하여 피해자의 의사를 최대한 존중하는 취지에서 특별히 피해자의 명시적인 의사를 소극적 소추조건으로 규정한 것인바, 이는 우리 법질서가 사인의 형사사법절차에 대한 개입을 예외적으로 인정한 부분이다. 그럼에도 법이 예정한 범위나 정도를 벗어나 사인의 형사사법절차에 대한 개입을 확대하게 되면, 궁극적으로 형사사법의 보호적 기능이 약화되고 결과적으로 국가형벌권이 불공평하게 행사되는 결과가 초래될 수 있다. 그러므로 반의사불벌죄를 해석할 때에는 피해자의 일방적인 의사에 의해 국가의 공적인 형벌기능이 좌우되는 것을 방지할 수 있도록 국가소추권·형벌권의 공평한 행사, 법익보호와 책임원칙이라는 형사사법의 대원칙까지 고려하여야 한다.

반의사불벌죄는 피해자의 일방적 의사표시만으로 이미 개시된 국가의 형사사법절차가 일방적으로 중단·소멸되는 강력한 법률효과가 발생한다는 점에서도 처벌불원의사는 피해자의 진실한 의사에 기한 것이어야 한다.

처벌불원에 관한 법정대리인의 의사표시를 피해자 본인의 의사와 같다고 볼 수는 없다. 법정대리인의 의사표시는 그 자체로 피해자의 의사가 아닐 뿐만 아니라 피해자의 진실한 의사에 부합한다는 점에 관한 담보가 전혀 없기 때문이다. 결국 피해자의 처벌불원의사는 입법적 근거 없이 타인의 의사표시에 의하여 대체될 수 있는 성질의 것이 아니므로, 일신전속적인 특성을 가진다.

친고죄와 반의사불벌죄는[3] 피해자의 '진정한 의사'를 전제로 형사사법에 대한 사인의

---

3) 이 부분은 다수의견에 대한 대법관 노정희, 대법관 천대엽의 보충의견이다.

의사개입을 예외적으로 허용하는 것이므로 명시적 근거 없이 그 적용을 확장하는 것은 경계해야 한다. 특히 '합의'가 되었다는 이유로 피해자의 진정한 의사를 함부로 추단하고 이를 근거로 범죄에 대한 국가형벌권의 실현을 원천적으로 막는 것은 더욱 신중하여야 한다. 우리 형사법이 국가형벌권의 행사에 관한 당사자처분권주의를 원칙적으로 채택하고 있지 않을 뿐만 아니라 자칫 '범죄를 저질러도 합의만 하면 된다.'라는 합의만능주의 및 범죄를 저지르고도 처벌이 이루어지지 않는 실질적 비범죄화를 조장할 우려가 있기 때문이다. 이 경우 국가는 범죄에 효과적으로 대응할 수 없게 되고 그 결과 형사법의 법익보호기능과 책임원칙 등이 후퇴하는 것은 물론 궁극적으로 법질서 전체 및 사법에 대한 국민의 신뢰가 심각하게 훼손될 수 있다.

　　다만 집단소송 형태의 현대형 소송에서는 처분권주의가 크게 수정되어 있는 바, 주주대표소송, 증권관련집단소송, 소비자단체소송, 그리고 행정소송으로서의 주민소송 등의 영역이 바로 그렇다. 예를 들어, 증권의 매매 또는 그 밖의 거래 과정에서 다수의 사람에게 피해가 발생한 경우 그중의 1인 또는 수인(數人)이 대표당사자가 되어 수행하는 손해배상청구소송을 증권관련집단소송이라고 하는데, 이러한 소송에서는 대표당사자가 되기 위하여 증권관련집단소송의 소를 제기하는 자는 법원으로부터 소송허가를 받아야만 하고, 법원은 법률이 정한 소송요건을 갖춘 경우에 한하여 소송을 허가한다.[4]

판례

대법원 2018. 7. 5. 자 2017마5883 결정 [증권관련집단소송허가신청]

증권관련집단소송의 소의 제기 및 허가 절차에 관한 증권관련 집단소송법(이하 '법'이라고 한다)의 각 규정 및 내용과 함께, 특히 ① 법 제2조 제1호에 의하면 대표당사자는 복수일 필요가 없고 1인의 대표당사자만 있어도 증권관련집단소송을 수행할 수 있는 점, ② 법 제10조 제4항에 의하면 법원이 법 제7조 제1항에 따라 소를 제기하는 자와 법 제10조 제1항 제4호에 따라 대표당사자가 되기를 원하여 신청서를 제출한 구성원 중 법에 정한 요건을 갖춘 자를 대표당사자로 선임할 수 있는 점, ③ 법 제15조 제3항에 의하면 법원은 총원의 범위를 조정하여 증권관련집단소송을 허가할 수 있

---

4) 증권관련 집단소송법 제15조 등 참조.

는 점 등을 종합하여 살펴보면, 법 제10조 제4항에 따라 법원이 대표당사자로 선임한 자가 대표당사자로서 요건을 갖추지 못한 사실이 밝혀지거나, 소송허가 절차에서 대표당사자들이 총원 범위 변경 신청을 하였고 대표당사자들 가운데 일부가 변경 신청된 총원 범위에 포함되지 않게 된 경우, 법원은 대표당사자의 요건을 갖추지 못한 자를 제외하고 증권관련집단소송의 소를 제기한 자 및 대표당사자가 되기를 원하여 신청서를 제출한 구성원 중 법에 정한 요건을 갖춘 자로서 대표당사자를 구성할 수 있는지 여부 및 증권관련집단소송의 소송허가 신청이 법 제3조(적용 범위)와 제12조(소송허가 요건)의 요건을 갖추었는지 여부를 심리하여, 소송허가 신청이 위와 같은 요건을 갖추었다면 증권관련집단소송을 허가하여야 한다.

나. 절차의 개시

민사소송은 당사자(원고)에 의한 소[5]의 제기가 있어야 비로소 절차가 개시되고, 결코 법원이 직권으로 소송절차를 개시할 수 없다. 즉 자신의 권리가 침해되었다고 판단하거나 분쟁이 발생하여 자신의 권리나 지위가 불안하다고 판단할 때, 그냥 포기하고 참을지, 아니면 다른 방법을 통하여 해결할지, 그것도 아니면 국가기관인 법원의 판단을 받기 위하여 소송을 통하여 분쟁을 해결할 것인지를 스스로 결정할 수 있는 것이다. 소의 제기 여부와 내용 그리고 범위까지도 사적자치의 원칙에 따라 본인의 의사에 맡기고 있는 것이다. 그리고 이러한 소의 제기는 소액사건 등을 제외하면은 원칙적으로 '소장'이라는 서면을 통해서만 할 수 있다. 즉 소장이라는 서면으로만 소를 제기하여야 하는 것으로 법원에 제출한 소장이 접수되면 소장이 제출된 때에 소가 제기된 것으로 본다.

이처럼 민사소송법이 소제기를 반드시 소장이라는 서면을 통해서만 할 수 있도록 한 것은 소의 제기가 갖는 소송법적, 실체법적 의미가 크고 중요하기 때문이다. 즉 당사자의 법원에 대한 소송행위는 일정한 방식을 요구하지 않기 때문에 당사자가 자유롭게 할 수 있고, 변론준비절차나 변론절차에서 말(구두)로 함이 원칙이다. 그에 따라 소송행위는 반드시 서면에 의할 필요가 없고 구두로도 가능하다. 그러나 소의 제기는 소송법상의 효과는 물론 시효중단, 제척기간의 준

---

5) 소는 법원에 대하여 일정한 내용의 재판(판결)을 해달라는 당사자의 신청으로, 당사자의 법원에 대한 소송행위이다.

수 등과 같은 실체법상의 효과까지도 발생하는 중요한 소송행위이기에 소장이라는 서면으로만 할 수 있게 한 것이다.

관련 법조문

민사소송법 제248조(소제기의 방식) ①소를 제기하려는 자는 법원에 소장을 제출하여야 한다.
②법원은 소장에 붙이거나 납부한 인지액이 「민사소송 등 인지법」 제13조제2항 각 호에서 정한 금액에 미달하는 경우 소장의 접수를 보류할 수 있다.
③법원에 제출한 소장이 접수되면 소장이 제출된 때에 소가 제기된 것으로 본다.

판례

대법원 2018. 5. 30. 선고 2017다21411 판결 [정산금등]

당사자 사이에 항소취하의 합의가 있는데도 항소취하서가 제출되지 않는 경우 상대방은 이를 항변으로 주장할 수 있고, 이 경우 항소심법원은 항소의 이익이 없다고 보아 그 항소를 각하함이 원칙이다.

청구의 교환적 변경은 기존 청구의 소송계속을 소멸시키고 새로운 청구에 대하여 법원의 판단을 받고자 하는 소송법상 행위이다. 항소심의 소송절차에는 특별한 규정이 없으면 제1심의 소송절차에 관한 규정이 준용되므로(민사소송법 제408조), 항소심에서도 청구의 교환적 변경을 할 수 있다.

청구의 변경 신청이나 항소취하는 법원에 대한 소송행위로서, 청구취지의 변경은 서면으로 신청하여야 하고(민사소송법 제262조 제2항), 항소취하는 서면으로 하는 것이 원칙이나 변론 또는 변론준비기일에서 말로 할 수도 있다(민사소송법 제393조 제2항, 제266조 제3항).

다만, 재판 중 소송비용을 누가 부담할 것인지에 관한 재판, 판결 확정 전에도 임시로 집행을 할 수 있게 하는 가집행선고에 관한 재판, 판결에 명백한 오류가 있을 때 법원이 직권으로 이를 바로 잡는 판결의 경정, 사기죄 등의 형사재판에서 사기 범행으로 인한 피해를 배상을 명하는 배상명령 등에서는 당사자의 신청이 없이도 법원이 직권으로 개시할 수 있다. 그렇기 때문에 비록 원고가 소를 제기하면서 소장에 소송비용 부담에 관한 신청이나 가집행선고에 대한 신청을 하여도 이는 법원의 직권 발동을 촉구하는 의미에 불과한 것으로, 소장에서 이들에

대한 신청이 없어도 법원은 직권으로 소송비용의 부담이나 가집행선고 부분에 대한 판단을 할 수 있다. 또한 앞에서 설명한 증권관련소송의 경우 당사자에 의한 소제기 이외에 법원의 소송허가가 있어야 본격적으로 소송절차가 개시된다.

이처럼 소의 개시 여부, 즉 소송을 제기할 것인지, 말 것인지를 당사자인 원고의 의사에 맡긴다는 점에서 소송물에 대한 당사자의 처분권을 인정하는 처분권주의야말로 개인의 재산권에 대한 처분의 자유로서 사권(私權)의 발생과 변경, 소멸을 개인에게 맡기는 사적자치의 소송법적 표현이라고 볼 수 있다.

다. 심판의 대상과 범위

당사자는 법원에 소 등을 제기하면서 심판의 대상과 범위를 정할 수 있다. 그리고 법원은 당사자가 신청하지 않은 사항에 대하여는 판결하지 못하며 항소심에서도 비록 제1심판결 전부가 잘못되었다 할지라도 당사자가 불복한 범위 내에서만 제1심판결을 바꿀 수 있다. 그러므로 당사자가 신청한 범위보다 적게 판결하는 것은 가능하지만 신청한 것보다 많게 하거나 신청 이외의 사항에 대하여 판결해서는 아니 된다. 가장 쉬운 예를 들면, 원고가 피고에게 돈 2천만 원을 빌려주었는데, 원고가 그중 1천만 원만 청구하면, 법원은 비록 변론 결과 1천만 원이 아닌 2천만 원을 빌려준 것으로 증명이 되어도 법원은 원고가 구하는 1천만 원을 지급하라고 판결할 수 있을 뿐 증거에 의하여 인정되는 2천만 원을 지급하라는 판결을 선고할 수 없다.

1) 질적 동일

가) 소송물

법원은 당사자가 '신청한 사항'에 대하여만 판단할 수 있을 뿐인데, 여기서 말하는 '신청한 사항'이란 좁게는 '소송물'을 뜻하므로, 결국 법원은 당사자가 청구한 소송물에 대하여만 판단하여야 하고, 만일 원고의 청구 대상과 다른 대상에 대하여 판단하면 처분권주의에 위배되어 위법한 판결이 된다. 즉 법원은 원고가 심판을 구하는 소송물과 별개의 소송물에 대한 판단을 해서는 안 된다.

소송물(訴訟物)이란, 소송의 대상으로 소송목적이 되는 권리나 의무란 용어로 사용되며, 보통 소송의 객체 또는 심판대상을 의미한다.[6] 소송물에서 문제

---

6) 김홍엽, 민사소송법, 박영사, 2019, 327면.

되는 주된 쟁점은 과연 무엇을 기준으로 소송물의 동일성과 개수를 판단하는가
로, 이를 소송물이론이라고 한다. 소송물이론에는 크게 세 가지 학설이 대립하고
있다.

(1) 구소송물이론(舊訴訟物理論)

먼저 구소송물이론은 소송물을 실체법상의 권리나 법률관계를 하나의 소송
물로 보는 견해이다. 실체법상의 권리를 기준으로 소송물을 판단하기에 구실체
법설이라고도 부른다. 따라서 비록 동일한 사실관계를 토대로 한다고 할지라도
실체법상의 권리 또는 법률관계를 구성하는 청구원인이 다르면, 하나의 소송물
이 아닌 별개의 소송물로 보게 된다. 예를 들어, 甲이 기차를 타고 대전에서 서
울로 가던 중 기차 전복사고로 부상을 입은 경우에, 甲은 운송계약상의 채무불이
행으로 인한 손해배생채권(A 채권)과 과실로 인한 불법행위에 기한 손해배상채권
(B 채권)이라는 실체법상의 채권을 갖게 되는바, 이 개개의 채권이 바로 하나의
소송물이어서 결국 소송물은 복수가 된다는 입장이다. 그에 따라 위 2개의 채권
으로 소를 제기할 경우에, 이는 소의 객관적 병합인 청구의 병합이 되고, 운송계
약에 기한 손해배상을 청구하는 소를 제기하였다가 불법행위를 원인으로 하는
청구로 변경할 경우, 이는 단순히 공격방법을 변경한 것이 아니라 소송물을 변경
한 것이 되어 소의 변경이 된다. 또한 위 두 청구를 각각 하여도 중복소송이 되
지는 않는다. 그리고 甲이 불법행위로 인한 손해배상을 청구하였음에도 법원이
운송계약상의 책임을 인정하는 것은 처분권주의에 어긋난다. 또한 A 권리에 기
한 소송에서의 패소 후에 B 권리에 기한 제소시 기판력에 저촉되지도 않는다.

(2) 신소송물이론(新訴訟物理論)

이에 반하여 신소송물이론은 비록 실체법상의 권리관계가 달라 여러 개의
권리가 발생하였다 할지라도 이들 권리가 하나의 목적을 이루기 위한 것이라면,
분쟁의 1회적 해결이라는 취지를 갖고 이를 하나의 소송물로 보아 하나의 소송
에서 해결하자는 입장이다. 이처럼 신소송물이론은 실체법이 아닌 소송법적으로
소송물을 판단한다고 하여 소송법설이라고도 부른다. 실체법상의 권리의 주장이
소송물이 아니고, 소송법상의 청구취지나 청구취지 및 그에 대한 사실관계에 의
하여 소송물을 구성하여야 한다는 입장이다. 즉 신소송물이론은 청구취지에 의

한 판결신청이나 그와 더불어 이를 이유 있게 하는 사실관계를 소송물이라고 한다. 이 설에 의할 경우 실체법상의 개개의 권리는 소송물이 아니라 변론에서의 법률적 관점이나 공격방법에 지나지 않게 된다.

이러한 신소송물이론은 다시 일분지설과 이분지설로 나뉜다. 일분지설은 원고가 소로써 달성하려고 하는 내용이 기재된 청구취지(신청)만이 소송물이자, 소송물의 식별기준이 된다는 입장으로 청구원인의 사실관계를 청구취지와 같은 소송물의 구성요소로 보지 않는다. 즉 청구취지만이 소송물이 하나인가 복수인가를 가르는 식별기준이라고 보는 견해이다. 이 견해에 의할 경우 소송물의 범위가 가장 넓어진다. 따라서 비록 사실관계가 복수라 할지라도 청구취지에서 하나의 판결을 신청하였으면 소송물은 하나가 된다.

예를 들어, 1억 원 상당의 물품을 판매하면서 물품대금의 지급을 위하여 매수인이 매도인에게 액면금 1억 원의 약속어음을 발행한 경우에, 매도인은 매수인에 대하여 물품 판매로 인한 물품대금청구권과 약속어음 발행에 따른 약속어음청구권이라는 두 개의 실체법상의 권리를 취득한다. 이 경우 매도인이 비록 물품 판매에 따른 대금에 기한 청구와 약속어음 발행에 따른 어음금 청구라는 두 가지 사실관계에 기하여 청구하더라도 당사자가 청구취지에서 1억 원의 지급을 구하는 하나의 판결을 청구하면 소송물은 물품대금청구권과 약속어음금청구권이라는 두 개의 소송물이 아니고, 단지 1억 원 지급청구권이라는 하나의 소송물이 된다고 본다. 다만 이 학설에 의할 경우에도 금원 지급청구소송(매매대금, 대여금, 손해배상금 등)이나 대체물 인도청구 소송시 청구취지에는 단순히 금원의 액수만이 기재될 뿐 그것이 대여금청구인지, 아니면 매매대금청구인지가 나타나지 않으므로, 이때만큼은 청구원인에 기재된 사실관계를 참작하여 하며, 이 경우에는 청구원인의 사실관계의 보충을 받아야 비로소 소송물이 특정된다고 본다. 즉 사실관계가 소송물의 구성요소가 아닌 보충적 요소라는 본다.[7]

이 학설의 가장 큰 문제점은 기판력의 범위가 너무 넓어진다는 것으로, 그로 인하여 원고가 법률 지식의 부족으로 패소한 경우에도 다시 소를 제기할 경우 기판력에 저촉되어 소를 제기할 수 없는 관계로 당사자에게 가혹한, 회복할 수 없는 손해를 입힐 수 있다는 점이다. 이에 대하여는 법원의 석명권의 강화로

---

7) 김홍엽, 민사소송법, 박영사, 2019, 327면.

해결할 수 있다고 한다.

이분지설은 신청과 그에 따른 사실관계라는 두 가지 요소에 의해서 소송물이 구성된다는 입장이다. 즉 일분지설의 청구취지만이 아닌 청구원인상의 사실관계도 소송물의 구성요소가 되어 소송물을 판단하는 기준이 된다는 입장이다. 이 견해에 따르면, 위의 물품판매와 그에 따른 약속어음의 발행의 경우에는 사실관계가 두 개이므로 두 개의 소송물이 된다는 점에서 이를 하나의 소송물로 보는 일분지설과 구별된다. 그러나 버스 사고로 승객이 부상을 입은 경우, 비록 사실관계인 교통사고는 하나이지만, 청구원인으로서는 버스 회사의 승객에 대한 채무불이행에 기한 손해배상청구권과 교통사고라는 불법행위로 인한 손해배상청구권이 성립될 수 있는데, 그렇다 할지라도 사실관계는 하나의 교통사고인 점을 고려하여 소송물은 하나로 본다.

(3) 신실체법설(新實體法說)

마지막으로 신실체법설이 있다. 이 견해는 전통적인 실체법(민법)상의 청구권 개념 자체를 수정하여 수정된 의미의 실체법상의 청구권의 주장을 소송물로 보는 입장이다. 즉 청구권을 발생시키는 개개의 청구법규와 이러한 청구법규에서 발생된 청구권을 구별하여 비록 청구권을 발생시키는 법규정은 여러 개일지라도 이들은 모두 하나의 청구권을 발생시키는 것이므로, 결국 하나의 소송물이 된다는 입장이다.

즉 일정한 금원을 청구할 수 있는 법적 지위 자체를 소송법상의 청구권으로 보아 이를 하나의 소송물로 보자는 것이다. 이에 의할 경우 금원 청구에서, 금원청구권 그 자체가 소송물로 되고, 금원청구권의 발생 근거인 개개의 실체법상의 권리는 소송물이 아닌 청구법규의 하나에 불과하다는 입장이다. 다시 말하면, 채무불이행으로 인한 손해배상청구권과 불법행위로 인한 손해배성청구권이 경합시 손해배생청구권이라는 하나의 청구권이 소송법상의 청구권으로 소송물로 될 뿐, 이를 구성하고 있는 개개의 손해배상청구권은 청구법규에 불과하여 청구권의 경합이 아니라 단지 근거가 복수인 청구법규의 경합에 지나지 않는 것으로 본다. 결론적으로는 소송법설인 신소송물이론과 별반 차이가 없다.

(4) 판례의 입장과 처분권주의

판례는 대체로 구소송물이론의 입장을 취하고 있는 것으로 보인다. 그에 따라 원칙적으로 개개의 실체법상의 청구권을 기준으로 소송물의 동일성과 개수를 판단하고 있다. 즉 청구취지가 아닌 청구원인에 의하여 소송물이 특정되고, 동일성이 식별된다고 본다. 그러나 일정한 경우에는 신소송물이론에 입각한 판례도 있다.

이처럼 판례가 취하는 구소송물이론에 의하면 개개의 실체법상의 권리마다 별개의 소송물로 보므로 비록 청구취지가 동일하다 할지라도 원고 주장과 다른 실체법상의 권리(청구원인)에 기하여 판결하는 것은 처분권주의에 위배되어 허용되지 않는다. 예를 들어, 원고가 불법행위로 인한 손해배상을 청구하는 소송에서 법원이 불법행위가 아닌 채무불이행에 의한 손해배상책임을 인정하거나, 원고가 대물변제예약에 기한 소유권이전등기를 구하는 소송임에도 법원이 임의로 매매를 원인으로 한 소유권이전등기청구로 인정하는 것은 허용되지 않는다. 재판상 이혼에 있어서도 민법상 개개의 이혼 사유마다 하나의 소송물로 보고 있다. 그에 따라 원고는 민법 제840조 제1호의 배우자의 부정행위를 이유로 이혼을 청구하였음에도 법원이 이와 달리 민법 제840조 제2호의 "배우자가 악의로 다른 일방을 유기한 때"를 이유로 이혼판결을 선고하는 것과 같이 원고가 구하는 이혼 사유 이외의 다른 이혼 사유에 의한 이혼 판결 등은 허용되지 않는다. 다만 말소등기청구소송에서는 이전등기청구권과는 달리 말소등기청구권 자체가 하나의 소송물로 보아, 개개의 말소등기청구권의 발생 원인은 단순한 공격방어방법일 뿐 소송물이 아니라는 입장을 취하고 있다.

판례

대법원 2013. 9. 13. 선고 2013다45457 판결 [손해배상]
부당이득반환청구권과 불법행위로 인한 손해배상청구권은 서로 실체법상 별개의 청구권으로 존재하고 그 각 청구권에 기초하여 이행을 구하는 소는 소송법적으로도 소송물을 달리하므로, 채권자로서는 어느 하나의 청구권에 관한 소를 제기하여 승소 확정판결을 받았다고 하더라도 아직 채권의 만족을 얻지 못한 경우에는 다른 나머지 청구권에 관한 이행판결을 얻기 위하여 그에 관한 이행의 소를 제기할 수 있다. 그리고 채권자가 먼저 부당이득반환청구의 소를 제기하였을 경우 특별한 사정이 없는 한 손해 전부에 대하여 승소판결을 얻을 수 있었을 것임에도 우연히 손해배상청구의 소를 먼저 제기하는 바람에 과실상계 또는 공평의 원칙에 기한 책임제한 등의 법리에 따라 그 승소액이 제한되었다고 하여 그로써 제한된 금액에 대한 부당이득반환청구권의 행사가 허용되지 않는 것도 아니다.

판례

대법원 1997. 4. 25. 선고 96다32133 판결 [소유권이전등기말소]
대물변제예약에 기한 소유권이전등기청구권과 매매계약에 기한 소유권이전등기청구권은 그 소송물이 서로 다르므로 동일한 계약관계에 대하여 그 계약의 법적 성질을 대물변제의 예약이라고 하면서도 새로운 매매계약이 성립되었음을 인정하여 매매를 원인으로 한 소유권이전등기 절차를 이행할 의무가 있다고 하는 것은 위법하다.

판례

대법원 1993. 6. 29. 선고 93다11050 판결 [소유권이전등기말소]
말소등기청구사건의 소송물은 당해 등기의 말소등기청구권이고 그 동일성 식별의 표준이 되는 청구원인, 즉 말소등기청구권의 발생원인은 당해 등기원인의 무효라 할 것으로서 등기원인의 무효를 뒷받침하는 개개의 사유는 독립된 공격방어방법에 불과하여 별개의 청구원인을 구성하는 것이 아니라 할 것이므로 전소에서 원고가 주장한 사유나 후소에서 주장하는 사유들은 모두 등기의 원인무효를 뒷받침하는 공격방법에 불과할 것일 뿐 그 주장들이 자체로서 별개의 청구원인을 구성한다고 볼 수 없고 모두 전소의 변론종결 전에 발생한 사유라면 전소와 후소는 그 소송물이 동일하여 후소에서의 주장사유들은 전소의 확정판결의 기판력에 저촉되어 허용될 수 없는 것이다.

판례

대법원 1963. 7. 25. 선고 63다241 판결 [매매대금]
피고(반소원고 이하 단순히 피고라고 약칭한다)들은 원고에 대한 반소 청구원인으로 원고가 보통 파 종자를 옥파 종자라고 피고를 속여서 피고에게 손해를 보게 하였음으로 그 불법행위에 의한 손해배상을 청구한다고 주장하였고 원고의 채무불이행을 주장한 사실이 없음이 기록상 명백함에도 불구하고 원심이 피고에게 본건 불법행위가 성립하지 않는다면 채무불이행을 원인으로 손해배상을 청구하는가의 여부를 석명한 사적조차도 없는데 원고의 채무불이행을 원인으로 한 손해배상 의무를 인정한 것은 당사자의 신청하지 않은 사항을 판결한 위법이 있어 이 점에 대한 상고논지는 이유 있다.

🖋 심화학습

주요 사건을 중심으로 소송물에 관한 판례의 입장을 정리하면 다음과 같다.

① 계약상의 손해배상청구권과 불법행위에 기한 손해배상청구권
위에서 설명한 것과 같이 상법 제148조에 의한 손해배상청구권과 불법행위에 의한 손해배상청구권을 동시에 주장하면 소송물이 복수인 선택적 병합(단순병합으로 보지 않음에 주의)이며, 수치인이 목적물 멸실시 계약상의 반환의무불이행으로 이한 손해배상뿐만 아니라 불법행위에 기한 손해배상에도 해당한다고 본다.
② 원인관계에 기한 채권과 어음, 수표채권에 기한 청구
대여금이나 매매대금에 대한 담보로 어음을 발행한 경우에 양자의 청구는 별개의 청구로 소송물이 다르므로 이를 동시에 주장하면 청구의 병합이 되고, 그중 어느 하나를 다른 하나로 바꾸면 소의 변경이 된다.
③ 타인이 목적물을 탈취하여 무단점유하는 경우에 소유자이자 점유자는 소유권에 기한 반환청구와 점유권에 기한 반환청구를 할 수 있고, 이는 별개의 소송물이 된다.
④ 이전등기청구
개개의 이전등기원인마다 하나의 소송물을 구성한다고 본다. 그에 따라 매매에 기한 이전등기청구소송에서 이를 취득시효 완성에 기한 이전등기로 바꾸는 것은 소의 변경이 되고 단순한 공격방법의 변경이 아니라고 본다.
⑤ 말소등기청구
그러나 이전등기와는 달리 등기의 말소를 구할 때에는 말소등기청구권 그 자체가 소송물이 된다. 즉 이때에는 피고 명의의 등기의 말소를 구하는 청구권 그 자체가 소송물로 되고, 그 말소를 구할 근거인 말소원인(사유)은 단순한 공격방법에 불과하다고 본다. 그러므로 원인 무효사유가 법률행위의 무효나 취소인 경우, 무효사유 중에서도 무권대리,

불공정법률행위 등 그 무엇이라 할지라도 이는 단순한 공격방법에 불과하고, 소송물은 하나이다.

다만 계약의 해제에 기한 원상회복으로서의 말소등기청구는 채권적청구권으로 물권적 청구권이 아니므로 소유권에 기한 말소청구와는 별개의 소송물로 본다.8) 또한 사기 등 에 의한 근저당권설정계약의 취소를 이유로 근저당권설정등기의 말소를 구하는 소송과 근저당채무의 부존재를 이유로 근저당권설정계약의 해지를 원인으로 한 근저당권설정 등기의 말소청구는 청구원인을 달리하는 별개의 소송물로서 양자는 선택적 병합관계에 있고, 단순한 공격방법을 달리하는 것이 아니다.9) 그리고 말소등기청구와 진정명의회복 으로서의 이전등기청구는 소유권의 복귀라는 목적이 같은 것에 불과하므로 동일한 소 송물로 본다.10)

⑥ 신체나 생명 침해로 인한 손해배상청구권

손해3분지설에 따라 적극적 손해, 소극적 손해, 정신적 손해가 각각 별개의 소송물이라 고 본다. 후유증에 대한 확대손해의 성질에 대하여 학설은 명시설(명시적 일부청구 뒤 의 잔부청구로 허용된다는 입장), 시적한계설(전소 표준시 당시에 예상할 수 없었던 손 해는 전소 표준시 이후에 생긴 것으로서 전소의 기판력에 저촉되지 않는다는 견해)도 있지만 판례는 종전 손해와는 다른 별개의 소송물로 보고 있다.

⑦ 이혼소송에서의 이혼사유 및 재심사유

앞에서 설명한 것과 같이 개개의 이혼사유마다 소송물이 별개이다. 또한 재심소송에서 도 개개의 재심사유마다 하나의 소송물을 구성한다.

⑧ 주주총회결의 부존재 및 무효확인청구

양자 모두 법률상 유효한 결의가 존재하지 않는다는 사실을 확인받고자 하는 점에서 동 일한 것이므로 소송물이 공통하다는 입장으로, 신소송물이론이 반영된 결론이다.

⑨ 확인의 소의 소송물

대체로 청구취지만으로 소송물의 동일성이 특정되며 청구의 원인에 의한 보충이 필요 없다고 한다. 예를 들어, 은행측이 예금관계를 부인하여 예금주가 이를 확인받기 위하여 확인의 소를 제기하는 경우에 비록 예금주가 그 예금관계를 소비대차계약으로 성질결 정을 하고 그 확인을 구하여도 법원은 이에 구속됨이 없이 소비임치계약의 확인청구로 보고 판단하여야 한다.

또한 소유권확인의 소에서 소유권취득의 원인으로 매매, 취득시효 완성 등은 단순한 소

---

8) 대법원 1993. 9. 14. 선고 92다1353 판결.
9) 대법원 1986. 9. 23. 선고 85다카353 판결.
10) 대법원 2001. 9. 20. 선고 99다37894 전원합의체 판결.

유권확인을 위한 공격방법에 불과하다. 그 결과 판례도 특정 토지에 대한 소유권확인의 본안 판결이 확정되면 그에 대한 권리 또는 법률관계가 그대로 확정되는 것이므로 그 사건의 변론종결 전에 그 확인원인이 되는 사실이 있었다 하더라도 그 확정판결의 기판력은 거기까지도 미친다고 한다.11)

⑩ 형성의 소의 소송물

판례에 의하는 한 개개의 형성소권마다 별개의 소송물이 된다고 보고, 신소송물이론에 의하면 형성되는 법률적 지위(법률관계)만이 소송물이 되고, 개개의 형성권은 형성을 구할 수 있는 법적 지위의 존부를 가리는 공격방법 내지는 법률적 관점에 불과하다고 본다. 그에 따라 판례는 이혼소송, 혼인취소소송, 재심소송, 행정처분취소소송에서도 각 이혼사유, 이혼취소사유, 각 재심사유, 각 위법사유마다 별개의 소송물이 된다. 이러한 결론은 신소송물이론 중 이분지설에 의할 경우에도 역시 동일하다.

주주총회결의 취소와 무효나 부존재확인소송에서도 무효확인소송에서 소송물은 무효확인을 구하는 주장이며, 개개의 무효 사유는 단순한 공격방법에 불과하다. 그러나 취소소송은 개개의 취소사유마다 하나의 소송물로 보아야 할 것이다. 이혼소송과 혼인취소소송도 양자의 소송물이 동일하다는 견해도 있지만 판례는 별개의 소송으로 보고, 이혼사유마다 하나의 소송물로 보고 있다. 행정처분무효확인소송에 대하여도 판례는 행정처분무효확인소송에서 소송물의 동일성은 청구의 취지만으로 특정되고 청구의 원인에서의 무효 사유에 관한 주장은 하나의 공격방법에 불과하다고 본다.

나) 소의 종류와 순서

소의 종류는 크게 이행의 소, 확인의 소, 형성의 소로 분류된다. 아래에서는 먼저 이에 대하여 살펴본다.

(1) 이행의 소

이행(履行)의 소는 원고의 이행청구권에 기하여 피고에게 일정한 의무의 이행을 명령할 것을 구하는 소이다. 예를 들어, 원고가 피고에게 돈 1천만 원을 빌려주었는데, 피고가 이를 갚지 않으니, 법원이 피고로 하여금 원고에게 돈 1천만 원을 지급할 것을 명해 달라는 소가 바로 이행의 소이다. 이행의 소에 대하여 법원이 원고의 주장을 받아들여 피고로 하여금 원고에게 돈을 지급할 것을 명하기 위해서는 먼저 원고와 피고 사이에 이행청구권과 이행의무가 존재하는지를 확인

---

11) 대법원 1987. 3. 10. 선고 84다카2132 판결.

(확정)하여야 하고, 그것이 확인될 때 그에 따라 이행할 것을 명하게 된다. 즉 이행의 소는 이행청구권의 확인과 이행명령이라는 두 가지 요소로 구성되어 있지만 주된 목적은 이행명령을 받는 데에 있다.

(2) 확인의 소
(가) 의의 및 종류

이에 비하여 확인(確認)의 소는 다툼이 있는 권리나 법률관계에 대하여 그 존부(存否)의 확정을 구하는 소이다. 당사자 사이에 다툼이 있는 권리나 법률관계를 확정하여 법적 불안을 제거하려는 데에 그 주요 목적이 있다. 확인의 소 유형에는 자신에게 소유권이 있음을 확인해 달라는 것과 같은 적극적 확인의 소와 자신은 피고에게 아무런 채무가 존재하지 않음을 확인해달라는, 즉 채무부존재확인(債務不存在確認)과 같은 소극적 확인의 소가 있다.

채무부존재확인의 소의 경우, 교통사고의 피해자가 보험회사나 금융감독기관 등에게 손해배상을 하라는 민원을 계속 제기하는 경우 보험회사 입장에서 당해 민원 제기자를 상대로 피보험자가 불법행위책임이 없어 보험회사에 지급의무가 없다는 내용의 채무부존재확인을 구하는 형식으로 많이 이루어지고 있다. 적극적 확인의 소는 토지의 진정한 소유자가 공부상 소유자임을 증명하는 아무런 자료가 없을 때 대한민국을 상대로 당해 토지가 자신의 소유임을 확인받는 형식의 토지소유권확인의 소 형태로 이루어진다. 또한 권리나 법률관계의 확인만을 구하는 것이 본래의 모습이지만 사실관계의 확인의 소가 인정되기도 한다. 증서의 진부확인을 구하는 소는 서면이 진실로 작성명의자에 의하여 작성되었는가 아니면 위조나 변조되었는가를 확정하는 소로서 사실관계의 확인이지만 예외적으로 허용된다(민사소송법 제250조).

🖋 심화학습

소유권이 누구에게 귀속하는지에 관하여 다툼이 있어 소유권 확인의 소를 제기함에 있어서는 원고는 원칙적으로 적극적으로 자기에게 소유권이 있음을 확인받는 적극적 확인의 소를 제기하여야 하지, 단순히 상대방인 피고에게 소유권이 없다는 소유권확인의 소를 제기할 수는 없다. 이는 비록 피고에게 소유권이 없음을 확인받는다 할지라도 그것으로 바로 원고에게 소유권이 있음을 확인받는 것은 아니기 때문이다.

판례

대법원 1984. 3. 27. 선고 83다카2337 판결 [소유권이전등기]
가. 소유권의 귀속에 관하여 다툼이 있는 경우에 적극적으로 자기의 소유권확인을 구하지 아니하고 소극적으로 상대방 소유권의 부존재확인을 구하는 것은 그 소유권의 귀속에 관한 분쟁을 근본적으로 해결하는 즉시확정의 방법이 되지 못하므로 확인의 이익이 없는 것이나, 다만 원고에게 내세울 소유권이 없고 피고의 소유권이 부인되면 그로써 원고의 법적 지위의 불안이 제거되어 분쟁이 해결될 수 있는 경우에는 피고의 소유권의 소극적 확인을 구할 이익이 있다고 할 것이다.
나. 건물에 대하여 아직 원고나 피고들 명의로 등기가 되지 아니한 경우 가옥대장상 공동명의로 등재되었다고 하여 피고들을 공유지분권자로 볼 수는 없는바, 원고가 청구취지 및 원인에서 피고들에게 공유지분권 "기타 권리"가 없음의 확인을 구하고 있고 여기서 기타 권리라 함은 미등기건물에 대한 피고들의 권리관계를 뜻하는 것으로 보여진다면 원심은 기타 권리라 함이 어떤 내용의 것인지 석명을 구하여 이를 분명히 한 후에 그 확인의 이익유무를 판단하여야 한다.

확인의 소에는 중간확인의 소가 있으며, 이러한 소에 대한 판결인 중간판결 제도가 있다. 중간확인(中間確認)의 소는 소송계속중에 본래의 청구의 판단에 대하여 먼저 판단하여야 할 선결관계에 있는 법률관계의 존부에 관하여 당사자 사이에 다툼이 있는 때 그 소송절차에 병합하여 그 법률관계의 확인을 구하는 소를 말한다. 그리고 중간판결이라고 함은 그 심급에 있어서 사건의 전부 또는 일부를 완결하는 재판인 종국판결을 하기에 앞서 그 종국판결의 전제가 되는 개개의 쟁점을 미리 정리·판단하여 종국판결을 준비하는 재판이다.

예를 들어, 건물명도를 구하는 소에 있어서 명도 여부에 관한 판단에 있어 선결적 법률관계인 소유권의 유무에 대하여 먼저 확인을 구하고, 이것이 인정되면 다시 건물명도를 구하는 경우가 있다. 또는 손해배상청구사건에서 당사자 사이에 손해배상청구권의 유무는 물론 손해액 모두가 다툼의 대상이 된 경우에, 손해배상청구권의 유무에 관한 판단에 있어 법리적으로나 사실 관계적으로나 매우 어렵고 장기간 시일이 요구되는 경우에 이를 구분하여 먼저 원고의 피고에 대한 손해배상청구권의 유무를 판단하고, 그것이 존재한다고 판단될 경우에 다시 구체적인 손해액에 대하여 판단이 필요할 수 있다. 이 경우 손해배상청구권의 유무에 관한 판단 부분에 대하여 중간확인의 소에 대하여 중간판결로 판결하는 것이다. 그러나 실무에서는 활용되는 예가 거의 없다.

판례

대법원 1994. 12. 27. 선고 94다38366 판결 [부동산가압류이의]

가. 중간판결이라고 함은 그 심급에 있어서 사건의 전부 또는 일부를 완결하는 재판인 종국판결을 하기에 앞서 그 종국판결의 전제가 되는 개개의 쟁점을 미리 정리·판단하여 종국판결을 준비하는 재판이라고 할 것이다.

나. 가압류이의는 이미 집행력 있는 가압류명령이 발하여져 있는 상태에서 구두변론에 의하여 가압류신청과 가압류명령의 당부에 관하여 재심사하여 줄 것을 요구하는 신청이고, 법원은 변론종결시까지의 모든 사정을 참작하여 가압류 요건의 구비 여부를 재심사하여 이미 발하여진 가압류명령을 유지하는 방법으로 가압류신청을 받아들일 것인가, 아니면 가압류신청을 기각하고 이미 발하여진 가압류명령을 취소할 것인가 등을 결정하게 되는 것이므로, 가압류신청의 당부에 관한 판단과 가압류명령의 당부에 관한 판단은 서로 표리관계에 있어서 분리될 수 있는 성질의 것이 아니고, 가압류명령을 취소하는 제1심법원의 판단에는 가압류신청을 기각하는 취지도 포함되어 있는 것이라고 보지 않을 수 없으므로, 제1심법원이 가압류명령을 취소하는 주문을 내면서 동시에 신청인의 가압류신청을 기각하는 주문을 내지 아니하였다고 하더라도 이는 제1심이 당사자에게 오해를 불러일으킬 수 있는 정도의 불명확한 판결주문을 낸 것에 불과하고, 이를 가리켜 판결이 탈루된 것이라거나 종국판결을 하기에 앞서 선결문제에 관하여 중간판결을 한 것이라고는 볼 수 없을 것이다.

판례

대법원 1995. 2. 14. 선고 93재다27, 34(반소) 전원합의체 판결

원래 종국판결이라 함은 소 또는 상소에 의하여 계속중인 사건의 전부 또는 일부에 대하여 심판을 마치고 그 심급을 이탈시키는 판결이라고 이해하여야 할 것이다. 대법원의 환송판결도 당해 사건에 대하여 재판을 마치고 그 심급을 이탈시키는 판결인 점에서 당연히 제2심의 환송판결과 같이 종국판결로 보아야 할 것이다. 따라서 위의 견해와는 달리 대법원의 환송판결을 중간판결이라고 판시한 종전의 대법원판결은 이를 변경하기로 하는바, 이 점에 관하여는 관여 대법관 전원의 의견이 일치되었다.

(나) 사실혼관계존부확인의 소의 성질

우리나라는 법률혼주의를 취하고 있기 때문에 법률이 정한 절차와 요건에 따른 혼인신고를 하여야 비로소 혼인관계가 성립되고 그에 따라 혼인의 효력이 발생한다. 즉 혼인신고로서 법률상 부부가 된다. 그러나 현실에서는 부부로서의 생활실체가 있음에도 어떠한 이유에서든지 혼인신고를 마치지 않는 경우도 볼 수 있다. 그러나 이들은 아무리 부부처럼, 가족처럼 살아간다고 할지라도 법률상 혼인관계는 발생하지 않는다. 그에 따라 상속권 등 법률상 부부가 갖게 되는 권리와 의무가 없다.

그러나 이들도 일정 부분 법적인 보호를 할 필요는 있는바, 이를 위하여 고안된 용어가 사실혼이다. 즉 사실혼(事實婚)이란 비록 혼인신고는 이루어지지 않았지만, 당사자 사이에 혼인 의사가 있고, 객관적으로도 사회통념상 부부공동생활을 인정할 만한 혼인생활의 실체가 있는 경우라고 볼 수 있다. 사실혼관계가 성립할 경우 비록 혼인신고를 전제로 한 법률효과는 발생하지 않지만, 그 이외의 혼인의 효과에 관한 규정은 사실혼관계에도 유추적용된다.[12] 가장 대표적인 예가 사실혼관계에 있던 당사자들의 사실혼이 해소된 경우에, 비록 법에 명문의 규정은 없지만, 법률혼관계에 있던 당사자들에게 인정되는 재산분할청구권을 유추적용하여 이를 인정하는 것이다.

이러한 사실혼관계에 있어서 당사자 사이에 그 존부에 대하여 다툼이 있는 경우에 당사자 일방은 타방을 상대로 사실혼관계의 존부에 대한 확인을 받을 필

---

12) 윤진수, 친족상속법강의, 박영사, 2016, 139면.

요가 있고, 이러한 소를 사실혼관계존부확인의 소라고 부른다. 그런데 이러한 소를 어떻게 볼 것인지에 대하여 문제가 된다. 이에 대하여는 확인소송설, 이행소송설, 형성소송설로 견해가 대립한다. 사실상 혼인관계가 존재하지 않음을 확인하는 부존재확인의 소는 소극적 확인의 소라는 점에 대하여 별다른 이견이 없지만, 사실혼관계가 존재함의 확인을 구하는 존재확인의 소에 대하여는 그 명칭에 불구하고, 현행 가족관계 등록 등에 관한 법률상, 확정확인판결을 받은 자는 일방적으로 혼인신고를 하여 법률상 부부가 될 수 있다는 점을 근거로 이는 확인의 소가 아니라 다음에서 살펴볼 형성의 소라는 입장이 있다. 그러나 만일 이를 형성의 소라고 하기 위해서는 사실혼관계가 존재함을 확인하는 확정판결만으로 법률혼이 되어야 하고, 그에 따른 가족관계에의 등록은 단지 보고적 성격만을 가져야 하는데, 우리 법률은 확인확정판결만으로 법률혼이 되는 것이 아니고 단지 그 판결을 근거로 일방적으로 혼인신고를 할 수 있고, 그때부터 비로소 유효한 법률혼이 된다는 점을 고려할 때 여전히 확인의 소라고 보아야 할 것이다.[13]

판례

대법원 2021. 5. 27. 선고 2020므15841 판결

사실혼은 당사자 사이에 혼인 의사가 있고 객관적으로 사회관념상 부부공동생활을 인정할 만한 혼인생활의 실체가 있는 경우이므로 법률혼에 관한 민법 규정 중 혼인신고를 전제로 하는 규정은 유추적용할 수 없다. 그러나 부부재산 청산의 의미를 갖는 재산분할 규정은 부부의 생활공동체라는 실질에 비추어 인정되는 것이므로 사실혼 관계에 유추적용할 수 있다. 부부 일방이 혼인 중 제3자에게 부담한 채무는 일상가사에 관한 것 이외에는 원칙적으로 개인의 채무로서 청산 대상이 되지 않으나 그것이 공동재산의 형성에 수반하여 부담한 채무인 경우에는 청산 대상이 된다. 따라서 사실혼 관계에 있는 부부 일방이 혼인 중 공동재산의 형성에 수반하여 채무를 부담하였다가 사실혼이 종료된 후 채무를 변제한 경우 변제된 채무는 특별한 사정이 없는 한 청산 대상이 된다.

---

13) 윤진수, 친족상속법강의, 박영사, 2016, 143~144면.

판례

대법원 1991. 8. 13. 자 91스6 결정
우리 법상 사망자 간이나 생존한 자와 사망한 자 사이의 혼인은 인정되지 아니하므로 사망자와의 사실혼관계존재확인의 심판이 있다 하더라도, 이미 당사자의 일방이 사망한 경우에는 혼인신고특례법이 정하는 예외적인 경우와 같이 그 혼인신고의 효력을 소급하는 특별한 규정이 없는 한 이미 그 당사자 간에는 법률상의 혼인이 불가능하므로 이러한 혼인신고는 받아들여질 수 없다.

    (다) 확인의 이익
    이행의 소에서는 설사 원고에게 아무런 권리가 없어도 피고를 상대로 일정한 의무의 이행을 구하는 소를 제기할 수 있다. 예를 들어, 피고가 원고로부터 돈 1천만 원을 빌린 사실이 전혀 없음에도 돈 1천만 원의 지급을 명하는 이행의 소를 제기할 수 있고, 이 경우 법원은 반드시 재판을 하여 과연 원고에게 1천만 원을 청구할 권리가 있고, 피고에게는 이를 변제할 의무가 있는지를 심리한 후에, 원고에게 그러한 청구권이 없음을 이유로(즉 빌려준 사실이 없음을 이유로) 원고 청구를 기각하는 판결을 선고할 수 있을 뿐이다. 즉 이행의 이익을 요구하지 않는다. 그러나 확인의 소에서는 확인의 이익이 반드시 존재하여야 하고, 만일 확인의 이익이 없을 때에는 법원은 원고 청구의 당부를 판단하지 않고 그 소를 각하여야만 한다. 여기서 확인의 이익이란, 다툼의 대상인 소송물인 법률관계의 존부가 당사자 사이에 불명확하여 그 관계가 즉시 확정됨으로써 원고의 권리나 법률상 지위에 현존하는 위험이나 불안정이 제거될 수 있는 이익을 말한다. 즉시확정(卽時確定)의 법률상 이익이라고도 부른다.[14]

판례

대법원 2024. 3. 12. 선고 2019다29013, 29020, 29037, 29044 판결
확인의 소에서 '확인의 이익'이란 당사자의 권리 또는 법률상 지위에 현존하는 불안·위험이 있고, 이를 제거함에 확인판결을 받는 것이 가장 유효적절한 수단일 때 인정된다.

대법원 1991. 10. 11. 선고 91다1264 판결 [소유권확인]

확인의 소에서 '확인의 이익'이란 당사자의 권리 또는 법률상 지위에 현존하는 불안, 위험이 있고 이를 제거함에는 확인판결을 받는 것이 가장 유효적절한 수단일 때에 인정되므로, 이행의 소를 제기할 수 있는데도 확인의 소를 제기하는 것은 특별한 사정이 없는 한 불안 제거에 실효가 없고 소송경제에 반하여 '확인의 이익'이 없다.

대법원 1998. 11. 27. 선고 97다4104 판결 [종중대표자확인]

종중 대표자라고 주장하는 자가 종중을 상대로 하지 않고 종중원 개인을 상대로 하여 대표자 지위의 적극적 확인을 구하는 소송은, 만일 그 청구를 인용하는 판결이 선고되더라도 그 판결의 효력은 당해 종중에는 미친다고 할 수 없기 때문에 대표자의 지위를 둘러 싼 당사자들 사이의 분쟁을 근본적으로 해결하는 가장 유효 적절한 방법이 될 수 없고 따라서 확인의 이익이 없어 부적법하다.

(라) 확인판결의 효력

원고 승소의 판결이 확정될 경우 원고가 주장한 권리나 법률관계가 존재함에 관하여 기판력이 발생하지만, 이행의 소와는 달리 집행력은 발생하지 않는다. 즉 확인판결은 권리나 법률관계의 존부에 대한 확인에 그칠 뿐, 더 나아가 이행판결처럼 이행명령은 없기에 판결로 명한 이행의무를 강제집행절차에 의하여 실현할 수 있는 효력인 집행력이 발생하지는 않는다. 또한 기왕에 존재하는 권리관계를 확인하여 주는 것뿐이라는 점에서 새로운 권리관계가 창설되는 형성의 소와도 구별된다.

(3) 형성의 소

(가) 의의

형성(形成)의 소란 판결에 의한 법률관계의 변동을 요구하는 소이다. 새로운 법률관계를 발생시키고 기존의 법률관계를 소멸, 변경시키는 내용의 판결을 구

---

14) 김홍엽, 민사소송법, 박영사, 2021, 306면.

하는 소이다. 즉 판결을 통하여 비로소 새로운 법률관계가 형성되고, 권리의 변동이 이루어진다. 이를 달리 말하면, 법원이 재판상 행사할 수 있는 형성권의 존재를 확인하여 그 내용에 따라 일정한 권리나 법률관계를 직접 발생·변경·소멸시키는 판결을 구하는 소이고, 이러한 판결을 형성판결이라고 한다.15) 이처럼 형성의 소에는 새로운 법률관계를 만들어내는 창설적 효과가 있다는 점에서 기존의 법률관계의 이행이나 확인을 구하는 이행의 소나 확인의 소와 구별된다.

(나) 형성소권과 형성권의 구별

형성의 소는 실체법상의 형성권 행사와는 구별할 필요가 있다. 형성권이란 법률행위의 취소나 계약해제와 같이 권리 그 자체의 일방적 행사만으로 일정한 법률관계가 형성되고, 상대방에게 의무이행의 여지를 남기지 않는 권리를 말한다. 그렇기 때문에 굳이 법원에 형성의 소를 제기할 필요가 없다. 그런데, 형성권 중 법률이 반드시 그 행사를 소를 통해서만 행사할 수 있도록 규정한 형성권이 있다. 이를 형성소권이라고 한다. 그렇기 때문에 형성소권에 기한 형성의 소는 원칙적으로 법률상 명문의 규정이 있는 경우에만 인정된다. 즉 일반적으로 형성권은 법정 내외에서 행사할 수 있는 권리이지만, 반드시 소를 통해서만 행사할 수 있고, 그 소에 대하여 법원의 판결이 있을 때 비로소 형성권이 효력을 발하여 새로운 법률관계가 형성되는 형성권이 있다. 이러한 때에는 형성권자는 형성권을 행사하여 법률관계의 형성을 원할 때는 반드시 법원에 소를 제기할 수밖에 없는바, 이러한 소를 형성의 소라고 하는 것이다.16)

이처럼 법률이 반드시 소를 통해서만 형성권을 행사할 수 있도록 규정한 것은 법적 안정성과 획일적 처리(대세적 효력)를 위함에 그 목적이 있는 것으로, 일정 부분 권리자로 하여금 권리행사의 방식을 한정하는 면이 있어서 사적자치의 원칙을 제한하는 것이라고 할 수 있다. 만약에 형성소권이 아닌 계약해제권과 같이 일반적인 형성권을 소로써 구하거나 행사하는 것은 소의 이익이 없어 부적법하므로 법원에 의하여 판결로 각하된다. 형성소권의 전형적인 예로는 부부간의 재판상 이혼청구권, 혼인취소권, 주주총회결의취소권, 채권자취소권, 공유물분할청구권 등을 들 수 있다.

---

15) 손종학, 강해 민사실무 Ⅰ, 충남대학교 출판문화원, 2017, 176.
16) 손종학, 강해 민사실무 Ⅰ, 충남대학교 출판문화원, 2017, 176~177면.

판례

대법원 1993. 9. 14. 선고 92다35462 판결 [소유권이전등기]

가. 기존 법률관계의 변동 형성의 효과를 발생함을 목적으로 하는 형성의 소는 법률에 명문의 규정이 있는 경우에 한하여 인정되는 것이고 법률상의 근거가 없는 경우에는 허용될 수 없다.

나. 화해조항의 실현을 위하여 부동산을 경매에 붙여 그 경매대금에서 경매비용 등을 공제한 나머지 대금을 원고들 및 피고들에게 배당할 것을 구하는 소는 그 청구의 성질상 형성의 소라 할 것인데 재판상 화해의 실현을 위하여 부동산을 경매에 붙여 대금의 분배를 구하는 소를 제기할 수 있다는 아무런 법률상의 근거가 없으므로 위와 같은 소는 허용될 수 없다.

판례

서울고등법원 2011. 8. 17. 선고 2011나14345 판결 [손해배상등]

제척기간이 붙은 형성권 중 권리자의 일방적 의사표시에 의하여 법률관계를 변동시키는 일반적 형성권의 경우에는 재판 외에서 의사표시를 하는 방법으로 권리를 행사하여 이를 보전할 수 있고, 의사표시 뿐만 아니라 형성판결을 필요로 하는 이른바 형성소권의 경우에는 그 권리의 성질상 권리행사를 위해서는 소의 제기를 요하므로 제척기간 내에 소를 제기하여야 하며, 한편 제척기간이 붙은 청구권 중 법조의 문언상 또는 그 권리의 성질상 재판상 권리행사를 요하는 경우(예건대 상속회복청구권, 점유보호청구권)에는 그 제척기간은 출소기간으로 보아야 하지만, 제척기간 내에 소를 제기하여야 한다는 특별한 규정이 없이 단순히 일정한 기간 내에 그 권리를 행사하여야 한다고 규정하거나 일정한 기한 내한 내에 권리를 행사하지 아니하면 소멸한다고 규정한 경우(예컨대 담보책임에 기한 청구권)와 같이 그 성질상 권리자의 의사표시만으로 효과가 발생하는 경우에는 제척기간 내에 재판 외에서 청구권 행사의 의사표시를 함으로써 그 권리가 보전될 수 있다고 봄이 상당하다.

(다) 종류

① 실체법상의 형성의 소

실체법상의 형성의 소에는 가사소송에서의 가류 및 나류사건(다만 가류사건은 확인소송이라는 견해도 있음), 회사관계소송에서의 각종 무효나 취소의 소, 행정소송 중 행정처분의 취소나 변경을 구하는 소송인 항고소송이 있다. 이외에 선거무효와 당선무효의 소, 헌법소원소송도 일종의 형성의 소가 된다.

✎ **심화학습**

실무상 형성의 소인지 여부에 관하여 다툼이 있는 소송이 몇 가지 있다. 대표적으로 문제되는 소로는 주주총회결의무효확인의 소와 사해행위취소의 소 등이 있다.

---

* 주주총회결의무효확인의 소

주주총회결의 취소를 구하는 소가 형성의 소임에는 다툼이 없다. 그러나 주주총회결의무효의 확인을 구하거나 결의부존재확인을 구하는 소의 성질에 대하여는 견해가 대립된다. 판례와 상법학에서의 다수설은 이를 확인의 소로 보고 있다. 판례가 이를 확인의 소로 보는 이유는 결의취소의 소와는 달리 주주총회의 무효를 주장하는 자는 누구든지, 언제나, 어떠한 방법으로도 주장할 수 있는 것이고 반드시 소로써만 한한다고 할 수 없다는 점을 들고 있다.

이에 대하여 민사소송법학자들은 주로 이를 형성의 소로 보고 있다. 즉 주주총회결의무효확인 판결의 효력이 제3자에게도 미치고(상법 제380조, 190조, 이를 대세적 효력이라고 함), 취소의 소가 절차상의 하자를, 무효의 소가 내용상의 하자를 각 공격방법으로 한다는 것일 뿐, 판결의 효력에 있어 아무런 차이가 없다는 점을 들고 있다. 반면에 일부 견해는 개정 상법에서 무효확인의 소나 부존재확인의 소에서의 판결의 효력에서 소급배제의 효과가 미치지 않으므로, 즉 소급효가 있으므로 확인의 소라는 견해도 있다(상법 380조, 제190조 단서). 개정 상법에서는 부존재확인의 소의 효력을 결의무효확인의 소와 같은 것으로 규정하고 있다.

관련 법조문

상법 제380조(결의무효 및 부존재확인의 소) 제186조 내지 제188조, 제190조 본문, 제191조, 제377조와 제378조의 규정은 총회의 결의의 내용이 법령에 위반한 것을 이유로 하여 결의무효의 확인을 청구하는 소와 총회의 소집절차 또는 결의방법에 총회결의가 존재한다고 볼 수 없을 정도의 중대한 하자가 있는 것을 이유로 하여 결의부존재의 확인을 청구하는 소에 이를 준용한다.

판례

대법원 1992. 8. 18. 선고 91다39924 판결 [소유권이전등기말소]

원래 상법 제380조에 규정된 주주총회결의부존재확인의 소는 그 법적 성질이 확인의 소에 속하고 그 부존재확인판결도 확인판결이라고 보아야 할 것이어서, 설립무효의 판결 또는 설립취소의 판결과 같은 형성판결에 적용되는 상법 제190조의 규정을 주주총회결의 부존재확인판결에도 준용하는 것이 타당한 것인지의 여부가 이론상 문제될 수 있으나, 그럼에도 불구하고 상법 제380조가 제190조의 규정을 준용하고 있는 것은, 제380조 소정의 주주총회결의 부존재확인의 소도 이를 회사법상의 소로 취급하여 그 판결에 대세적 효력을 부여하되, 주주나 제3자를 보호하기 위하여 그 판결이 확정되기까지 그 주주총회의 결의를 기초로 하여 이미 형성된 법률관계를 유효한 것으로 취급함으로써 회사에 관한 법률관계에 법적 안정성을 보장하여 주려는 법정책적인 판단의 결과이다.

* 사해행위취소의 소

채무가 많은 채무자가 자기 재산에 대한 채권자로부터의 강제집행 등을 피하기 위해서 자기 재산(이를 책임재산이라고 함)을 제3자에게 매매나 증여 형식으로 제3자 앞으로 소유명의를 옮겨 놓는 것처럼, 채무자가 채권자를 해함을 알면서 자기의 책임재산을 감소시키는 법률행위를 사해행위(詐害行爲, 속임수로 상대방에게 해를 끼치는 법률행위를 의미함, 범주와 의미는 조금 다르지만 형법에는 강제집행면탈죄가 있음)라고 한다. 사해행위가 있을 경우, 채권자는 그 사해행위를 취소할 수 있는데, 이를 채권자취소권이라고 한다.

즉 채권자취소권은 사해행위를 취소하고, 빼돌려진 채무자의 재산을 다시 원상회복시킬 수 있는 형성권이다. 그런데, 이러한 채권자취소권은 법률의 규정에 따라 반드시 소를 통해서만 행사할 수 있는 권리(형성소권)이기에 채권자는 이를 행사하기 위해서는 반드시 소를 제기하여야만 한다. 이를 사해행위취소소송이라고 하는 것이다.[17]

사해행위취소소송 결과 원고의 주장이 받아들여져 원고 승소판결을 할 경우, 법원은 먼저 채무자와 제3자 사이에 이루어진 법률행위(사해행위)를 취소하고, 그 취소의 효과에 따라 채무자의 재산에서 벗어난 재산의 원상회복을 명하는 구조로 이루어진다. 여기서, 사해행위를 취소한다는 면을 강조하면, 사해행위취소의 소는 취소권이

---

17) 손종학, 강해계약법 Ⅰ, 충남대학교출판문화원, 2020, 95면.

라는 형성소권의 행사이기에 형성의 소가 된다. 그러나 다시 재산을 원래대로 되돌려 놓는다는 원상회복의 면에서 보면 이는 형성의 소가 아니라 청구권의 행사를 통한 원상회복을 명하는 이행의 소가 된다. 판례는 채권자취소권을 형성권과 청구권이 병합된 것으로 보아 사해행위취소소송도 이행의 소와 형성의 소가 병합된 소송으로 파악한다. 그렇기 때문에 판결 주문도 " … 매매계약을 취소한다. 피고는 … 소유권이전등기의 말소절차를 이행하라."라는 형식으로 이루어진다.[18]

관련 법조문

민법 제406조(채권자취소권) ①채무자가 채권자를 해함을 알고 재산권을 목적으로 한 법률행위를 한 때에는 채권자는 그 취소 및 원상회복을 법원에 청구할 수 있다. 그러나 그 행위로 인하여 이익을 받은 자나 전득한 자가 그 행위 또는 전득당시에 채권자를 해함을 알지 못한 경우에는 그러하지 아니하다.

②전항의 소는 채권자가 취소원인을 안 날로부터 1년, 법률행위있은 날로부터 5년내에 제기하여야 한다.

판례

대법원 2019. 4. 11. 선고 2018다203715 판결 [사해행위취소]

채무자의 채권자는 수익자 또는 전득자의 관리인을 상대로 사해행위의 취소 및 그에 따른 원물반환을 구하는 사해행위취소의 소를 제기할 수 있다.

② 형식적 형성의 소

법원의 판결을 통하여 일정한 법률관계가 형성된다는 점에서 형성의 소와 유사하지만, 실질적으로는 소송이 아닌 비송사건(非訟事件)이기에 형성의 소로 볼 수 없는 경우가 있다. 이는 형식적으로는 형성의 소이지만, 실질적으로는 소가 아니기에 형식적 형성의 소라고 부른다. 공유자가 타 공유자를 상대로 공유물분할을 구하는 공유물분할청구소송, 서로 인접한 토지 소유자 사이에 토지경계에 대하여 다툼이 있을 때 토지의 경계확정을 구하는 경계확정의 소, 명예나 신용회복에 필요한 조치를 명하는 소 등이 이에 해당한다. 이러한 소는 소송이 아닌 비송이어서 당사자처분권주의나 변론주의가 원칙적으로 적용되지 않고, 법원의 직

---

18) 자세한 것은 손종학, 강해계약법 Ⅰ, 충남대학교출판문화원, 2020, 95면, 96~100면 참조.

권에 의한 심리와 판단이 들어간다. 그 결과 이러한 소에서는 원고 청구를 기각한다는 판결은 있을 수가 없다. 예를 들어, 공유물분할청구의 소에서는 법원은 원고가 구하는 방식과 다른 분할을 할 수 있고, 그것이 처분권주의에 위배 되지도 않을뿐더러 원고의 청구를 기각할 수도 없다.

판례

대법원 1996. 4. 23. 선고 95다54761 판결 [토지경계확정]

서로 인접한 토지의 경계선에 관하여 다툼이 있어서 토지 경계확정의 소가 제기되면 법원은 당사자 쌍방이 주장하는 경계선에 구속되지 않고 스스로 진실하다고 인정되는 바에 따라 경계를 확정하여야 하고, 소송 도중에 당사자 쌍방이 경계에 관하여 합의를 도출해냈다고 하더라도 원고가 그 소를 취하하지 않고 법원의 판결에 의하여 경계를 확정할 의사를 유지하고 있는 한, 법원은 그 합의에 구속되지 아니하고 진실한 경계를 확정하여야 하는 것이므로, 소송 도중에 진실한 경계에 관하여 당사자의 주장이 일치하게 되었다는 사실만으로 경계확정의 소가 권리보호의 이익이 없어 부적법하다고 할 수 없다.

(라) 형성의 소와 형성판결의 효력

형성의 소에 대하여 이루어진 형성판결도 이행판결과 같이 기판력이나 집행력을 갖는지가 문제 되어 그 존부에 대하여 논의가 있다. 그러나 패소판결 확정 후에도 패소판결을 받은 당사자에 의한 손해배상청구나 부당이득반환청구를 허용할 수는 없기에 기판력을 인정하여야 할 것이다.[19] 그리고 원고의 청구가 이유 없어 이를 기각하는 판결은 단지 형성소권의 부존재를 확정하는 확인판결에 불과하지만, 원고 청구를 인용하는 판결은 확정시에 형성력이 발생한다. 다만, 집행력은 이론적으로는 인정되지만 실질적으로는 형성력에 포함된다고 볼 수 있다. 즉 형성판결의 확정으로 판결 그 자체로 집행이 완료된 것이기에 별도로 집행력을 논의할 필요가 없어 집행력 인정은 불필요하다. 이처럼 형성의 소에 대한 판결인 형성판결이 형성력을 가지고 있는데, 이 효력은 제3자에게도 미치는 대세적 효력(이를 대세효라고 함)을 갖는다.

---

19) 김홍엽, 민사소송법, 박영사, 2021, 261면.

판례

대법원 1981. 3. 24. 선고 80다1888, 1889 판결 [공유임야분할등]
공유물분할청구소송의 승소확정판결은 기판력과 집행력이 있는 것이므로 그 확정판결
의 원본이 멸실되어 강제집행에 필요한 집행문을 받을 수 없는 등 특별한 사정이 없
는 한 그와 동일한 소를 제기할 소의 이익이 없다.

판례

대법원 2021. 7. 8. 선고 2018다225289 판결
합자회사에서 업무집행권한 상실선고제도(상법 제269조, 제205조)의 목적은 업무를
집행함에 현저하게 부적임하거나 중대한 의무위반행위가 있는 업무집행사원의 권한을
박탈함으로써 그 회사의 운영에 장애사유를 제거하려는 데 있다. 업무집행사원의 권
한상실을 선고하는 판결은 형성판결로서 그 판결 확정에 의하여 업무집행권이 상실되
면 그 결과 대표권도 함께 상실된다. 합자회사에서 무한책임사원이 업무집행권한의
상실을 선고하는 판결로 인해 업무집행권 및 대표권을 상실하였다면, 그 후 어떠한 사
유 등으로 그 무한책임사원이 합자회사의 유일한 무한책임사원이 되었다는 사정만으
로는 형성판결인 업무집행권한의 상실을 선고하는 판결의 효력이 당연히 상실되고 해
당 무한책임사원의 업무집행권 및 대표권이 부활한다고 볼 수 없다.

다) 질적 동일과 당사자처분권주의

위에서 살펴본 바와 같이, 심리의 범위와 대상에 있어서의 질적 동일에서도
당사자처분권주의가 적용된다. 그에 따라 법원은 원고가 구하는 소의 종류에도
기속되어 원고가 확인의 소를 제기하였음에도 이행판결을 할 수는 없다. 원고가
소를 제기하면서 예비적 청구를 하여 주위적 청구와 예비적 청구가 병합된 사건
에서도 법원은 반드시 원고의 주위적 청구를 먼저 판단하고 그것이 이유 없을
때 비로소 예비적 청구의 당부를 판단하여야 한다. 그러므로 주위적 청구에 대한
판단 없이 먼저 예비적 청구를 판단하여 이를 인용하는 판결을 할 수 없다. 예비
적 공동소송(주관적 예비적 병합)에서도 마찬가지이다. 다만 선택적 병합의 경우에
는 법원은 원고의 청구를 인용할 경우에는 여러 선택적 청구 중 이유 있는 하나
의 청구만 집중적으로 판단하면 되고 나머지 청구에 대하여는 판단하지 않아도

된다.

라) 질적 동일과 당사자처분권주의 예외

형식적 형성소송이란 형식은 소송사건으로 형성의 소이지만 그 실질은 소송이 아닌 비송사건인 소를 말한다. 비송사건은 소송사건과 달리 법원의 직권주의가 적용되고 처분권주의나 변론주의와 같은 당사자주의가 적용되지 않는다. 그에 따라 법원은 당사자인 원고가 구하는 주장의 범위나 내용에 구애되지 않고 자유롭게 판단할 수 있다.

공유물분할청구의 소나 경계확정의 소 등이 대표적인 형식적 형성소송의 예이다. 예를 들어, 공유자의 일부가 공유물의 분할을 원하여 나머지 공유자들을 피고로 하여 청구한 공유물분할청구 사건에서 법원은 당사자가 구하는 공유물분할의 방법이나 내용에 구애받지 않고 재량에 따라 가장 합리적인 방법과 기준으로 분할판결을 할 수 있다. 또한 서로 인접한 토지의 경계선에 관하여 다툼이 있을 때 법원의 판결에 의하여 경계를 확정하는 경계확정의 소에서는 법원은 당사자의 주장에 구애받지 않고 경계를 정할 수 있다. 그 결과 형식적 형성의 소에서는 원고의 청구가 이유 없다는 청구기각의 판결이 있을 수 없다.

판례

대법원 2020. 8. 20. 선고 2018다241410, 241427 판결 [공유물분할·소유권이전등기]

공유물분할청구의 소는 형성의 소로서 법원은 공유물분할을 청구하는 원고가 구하는 방법에 구애받지 않고 재량에 따라 합리적 방법으로 분할을 명할 수 있다. 그러나 법원은 등기의무자, 즉 등기부상의 형식상 그 등기에 의하여 권리를 상실하거나 기타 불이익을 받을 자(등기명의인이거나 그 포괄승계인)가 아닌 자를 상대로 등기의 말소절차 이행을 명할 수는 없다.

판례

대법원 2010. 2. 25. 선고 2009다79811 판결 [공유물분할]
공유물분할청구의 소는 형성의 소로서 법원은 공유물분할을 청구하는 원고가 구하는
방법에 구애받지 않고 재량에 따라 합리적 방법으로 분할을 명할 수 있으므로, 여러
사람이 공유하는 물건을 현물분할하는 경우에는 분할청구자의 지분 한도 안에서 현물
분할을 하고 분할을 원하지 않는 나머지 공유자는 공유로 남게 하는 방법도 허용된다
고 할 것이나, 그렇다고 하더라도 공유물분할을 청구한 공유자의 지분한도 안에서는
공유물을 현물 또는 경매·분할함으로써 공유관계를 해소하고 단독소유권을 인정하여
야지, 그 분할청구자 지분의 일부에 대하여만 공유물 분할을 명하고 일부 지분에 대하
여는 이를 분할하지 아니한 채 공유관계를 유지하도록 하는 것은 허용될 수 없다.

판례

대법원 1996. 4. 23. 선고 95다54761 판결 [토지경계확정]
서로 인접한 토지의 경계선에 관하여 다툼이 있어서 토지 경계확정의 소가 제기되면
법원은 당사자 쌍방이 주장하는 경계선에 구속되지 않고 스스로 진실하다고 인정되는
바에 따라 경계를 확정하여야 하고, 소송 도중에 당사자 쌍방이 경계에 관하여 합의를
도출해냈다고 하더라도 원고가 그 소를 취하하지 않고 법원의 판결에 의하여 경계를
확정할 의사를 유지하고 있는 한, 법원은 그 합의에 구속되지 아니하고 진실한 경계를
확정하여야 하는 것이므로, 소송 도중에 진실한 경계에 관하여 당사자의 주장이 일치
하게 되었다는 사실만으로 경계확정의 소가 권리보호의 이익이 없어 부적법하다고 할
수 없다.

 심화학습

이처럼 공유물분할청구의 소는 형식적 형성의 소이고, 그에 대한 판결은 형성판결이다.
여기서 공유물이 부동산인 경우에는 판결 결과에 따라 소유권의 범위 등에 변화가 오게
되어 판결 내용에 따른 소유권이전등기 등을 하여야만 한다. 민법은 부동산 물권변동에
관하여 이른바 성립요건주의를 취하고 있음에 따라 비록 부동산 매매계약을 체결하고,
그에 따른 대금을 모두 지급하였다 할지라도 소유권이전등기라는 등기절차를 마치지

않는 한 매수인은 소유권을 취득할 수 없고, 매도인이 여전히 소유권자가 된다.

그리고 이러한 법리는 매도인이 매수인에게 소유권이전등기를 해주지 않아 매수인이 매도인을 상대로 소유권이전등기를 구하는 이행의 소를 제기하고, 법원이 이를 인정하여 피고에게 소유권이전등기를 해주라는 판결을 선고한 경우에, 그 판결이 확정되었다 할지라도 원고인 매수인이 이 판결을 갖고 실제 소유권이전등기를 마치지 않은 경우에도 동일하게 매수인은 소유권을 취득할 수 없다. 즉 승소 확정판결을 갖고 있는 매수인도 등기를 마칠 때까지는 소유권자는 아닌 것이다. 이를 공유물분할에 관한 확정판결에 그대로 적용하면 공유물분할의 확정판결을 받아도 실제 그에 따라 지분이전등기 등을 마치지 않는 한 그 공유자는 판결 내용에 따른 분할 부분에 대한 소유권을 취득하지 못하게 된다. 이는 당사자의 일방적 의사표시나, 판결의 확정만으로 법률효과가 발생하여 새로운 법률관계가 형성되는 형성권이나 형성판결의 본질에 맞지 않는 결과가 된다.

이에 우리 민법은 위 부동산 물권변동에 있어서의 성립요건주의의 예외로 판결에 의한 부동산 물권의 취득은 등기를 필요로 하지 않는 것으로 규정하고 있다. 그에 따라 공유물분할판결이 확정되었을 때에는 비록 등기를 마치지 않는다 할지라도 판결 확정시 권리변동이 발생하여 당사자는 분할 부분의 소유권을 취득한다. 그러나 여기서 말하는 '판결'은 모든 판결이 아니고 공유물분할판결과 같은 형성판결만을 의미한다. 그 결과 매매계약 체결에 따른 소유권이전등기를 명하는 판결은 형성판결이 아닌 이행의 소에 대한 이행판결이기에 판결의 확정만으로는 소유권을 취득할 수 없고, 그 판결에 따라 소유권이전등기를 마쳤을 때 비로소 소유권을 취득하는 것이다.

즉 여기서 말하는 '판결'에는 형성판결만이 해당하고, 이행판결은 포함되지 않는다. 그리고 대법원 다수의견은 공유물분할청구소송에서 당사자 사이에 조정이 이루어지고 그에 따라 확정판결과 동일한 효력을 갖는 조정조서가 작성되었다 할지라도, 조정조서는 민법 제187조에서 말하는 '판결'에 해당하지 않는다고 본다. 그에 따라 조정이 성립된 경우 당사자는 그 조정조서에 기하여 등기를 마쳐야 비로소 소유권을 취득하게 된다.

관련 법조문

민법 제186조(부동산물권변동의 효력) 부동산에 관한 법률행위로 인한 물권의 득실변경은 등기하여야 그 효력이 생긴다.

제187조(등기를 요하지 아니하는 부동산물권취득) 상속, 공용징수, 판결, 경매 기타 법률의 규정에 의한 부동산에 관한 물권의 취득은 등기를 요하지 아니한다. 그러나 등기를 하지 아니하면 이를 처분하지 못한다.

판례

대법원 1965. 8. 17. 선고 64다1721 판결 [대여금]
본조에서 이른바 판결이라 함은 판결자체에 의하여 부동산물권취득의 형식적 효력이 발생하는 경우를 말하는 것이고 당사자 사이에 이루어진 어떠한 법률행위를 원인으로 하여 부동산소유권이전등기절차의 이행을 명하는 것과 같은 내용의 판결 또는 소유권 이전의 약정을 내용으로 하는 화해조서는 이에 포함되지 않는다.

판례

대법원 2013. 11. 21. 선고 2011두1917 전원합의체 판결
[다수의견] 공유물분할의 소송절차 또는 조정절차에서 공유자 사이에 공유토지에 관한 현물분할의 협의가 성립하여 그 합의사항을 조서에 기재함으로써 조정이 성립하였다고 하더라도, 그와 같은 사정만으로 재판에 의한 공유물분할의 경우와 마찬가지로 그 즉시 공유관계가 소멸하고 각 공유자에게 그 협의에 따른 새로운 법률관계가 창설되는 것은 아니고, 공유자들이 협의한 바에 따라 토지의 분필절차를 마친 후 각 단독소유로 하기로 한 부분에 관하여 다른 공유자의 공유지분을 이전받아 등기를 마침으로써 비로소 그 부분에 대한 대세적 권리로서의 소유권을 취득하게 된다고 보아야 한다.
[대법관 민일영의 반대의견] 공유물분할의 소에서 공유부동산의 특정한 일부씩을 각각의 공유자에게 귀속시키는 것으로 현물분할하는 내용의 조정이 성립하였다면, 그 조정조서는 공유물분할판결과 동일한 효력을 가지는 것으로서 민법 제187조 소정의 '판결'에 해당하는 것이므로 조정이 성립한 때 물권변동의 효력이 발생한다고 보아야 한다.

2) 양적 동일

가) 양적 상한

심판의 범위도 원고의 의사에 맡겨져 있으므로 원고는 심판의 양적인 한도를 명시하여야 하고, 법원은 원고가 명시한 상한을 넘어서 판결할 수 없다. 예를 들어, 1억 원의 대여금지급청구소송에서 심리 결과 실제 대여금이 1억 원이 아닌 1억 5천만 원이라 할지라도 원고 스스로 청구취지의 변경을 통하여 청구 금액을 1억 5천만 원으로 늘리지 않는 한, 법원은 1억 원에 한하여 이행을 명할 수 있을 뿐, 원고가 구하는 1억 원을 넘어 1억 5천만 원의 지급을 명하는 판결을 선고할 수 없다. 만일 그렇게 선고한다면 이는 처분권주의에 위반한 위법한 판결이 된다.

(1) 인명사고에 있어서의 손해배상청구

교통사고 등으로 인명 피해가 발생하여 불법행위에 의한 손해배상청구권이 발생한 경우, 피해자가 입은 손해는 크게 3가지로 나눌 수 있다. 하나는 교통사고 인한 부상을 치료하는데 들어가는 치료비와 같은 적극적 손해가 있고, 그 둘은 입원 기간 또는 치료 기간 동안 생업에 종사하지 못해 발생하는 손해(이를 일실수입이라고 하며 소극적 손해라고 함)가 있으며, 마지막으로 교통사고로 인한 충격에 따른 정신적 손해(이를 금전으로 환산하여 위자료라고 함)가 바로 그것이다. 즉 교통사고로 인하여 3가지의 손해가 발생하는 것이고, 가해자는 이를 모두 배상하여야 한다. 여기서 적극적 손해에 대한 배상청구권, 소극적 손해에 대한 배상청구권, 정신적 손해에 대한 배상청구권을 모두 하나의 불법행위로 인한 하나의 손해배상청구권으로 볼 것인지, 아니면 이들 3개의 손해에 대한 배상청구권이 각기 별개의 손해배상청구권으로서 3개의 손해배상청구권이 발생하는지가 문제된다.

앞에서 설명한 것과 같이 소송물이론에 있어서 신소송물이론에 따르는 한, 청구취지를 기준으로 소송물을 판단하기에 이는 모두 하나의 손해배상청구권으로 소송물은 하나라는 입장을 취하게 된다. 그러나 개개의 실체법상의 권리를 기준으로 소송물을 판단하는 구소송물이론에 따라 손해3분설을 취하는 판례에 의하는 한, 이들 소송물은 각기 별개로 3개의 소송물로 보게 된다. 그에 따라 각 소송물별로 처분권주의를 적용하게 되어 법원은 원고가 구하는 적극적 손해, 소극적 손해, 위자료의 각 청구범위 내에서만 인용할 수 있을 뿐, 비록 총액은 원고가 구한 총액보다 적다 할지라도 이들 3개의 각 청구범위를 어느 것 하나 넘어서서 인용할 수 없다.

즉 비록 총액에서는 원고가 구하는 금액보다 적다 할지라도 개별 소송물의 청구 한도를 초과하여 판결할 수 없다. 예를 들어, 원고가 총 1억 원을 청구하면서 적극적 손해 2천만 원, 소극적 손해 7천만 원, 정신적 손해 1천만 원을 청구하였는데, 법원의 심리 결과 소극적 손해는 5천만 원만 인정되고, 적극적 손해가 3천만 원으로 인정된다 할지라도 법원은 원고가 구하는 범위를 초과할 수 없기에 법원은 적극적 손해를 2천만 원만 인정하여 총 8천만 원(= 2천만 원 + 5천만 원 + 1천만 원)만 인정할 수 있을 뿐 9천만 원(= 3천만 원 + 5천만 원 + 1천만 원)의 지급을 명할 수는 없게 된다. 그러나 신소송물이론에 따라 손해배상청구권이 하나의 소송물이라고 보게 되면, 손해1분설을 취하게 되고, 그에 따라 총액에서만 당사자의 청구에 기속되고 개별 손해항목에서의 청구범위에 기속되지는 않게 된다. 결국 위 사례에서 법원은 9천만 원의 지급을 명할 수 있게 된다.[20]

판례

대법원 1996. 8. 23. 선고 94다20730 판결 [손해배상(자)]
불법행위로 말미암아 신체의 상해를 입었다고 하여 가해자에게 재산상 손해배상을 청구함에 있어서 소송물인 손해는 적극적 손해와 소극적 손해로 나누어지고, 그 내용이 여러 개의 손해항목으로 나누어져 있는 경우 각 항목은 청구를 이유 있게 하는 공격방법에 불과하므로, 불이익변경 여부는 개별 손해항목을 단순 비교하여 결정할 것이 아니라 동일한 소송물인 손해의 전체 금액을 기준으로 판단하여야 한다.

(2) 원금 청구와 이자 청구

甲이 乙에게 돈 1억 원을 빌려주면서 이자를 연 10%로 정한 경우에, 원금은 소비대차계약에 기한 채권이고, 이자는 소비대차계약과는 별도로 체결된 이자약정이라는 계약에 따라 발생한 채권으로 실체법상의 권리 발생 원인이 다르다. 따라서 구소송물이론에 따르면 원금 청구와 이자 청구는 별개의 소송물이 된다. 그러므로 비록 원리금 합산액의 범위 내라 할지라도 원금청구액을 넘어선 원금의 인용은 허용되지 않는다. 판례도 소송물은 원금, 이율, 기간 등 3개의 인자에 의하여 정해진다고 보고, 비록 원고의 이자청구액을 초과하지 않아도 3개의 인자 중 그 어느 것에서나 원고 주장의 기준액보다 넘어서는 것은 처분권주의에 위반하는 것으로 보고 있다.

---

20) 9천만 원은 원고가 구하는 총액인 1억 원을 초과하지 않기에 가능하게 된다.

판례

대법원 1989. 6. 13. 선고 88다카19231 판결 [약속어음금]

원고는 청구취지로서 1심에서는 약속어음으로서 금 8,000,000원 및 이에 대한 이 사건 소장송달 다음날부터 완제일까지 연 2할 5푼의 비율에 의한 지연손해금을 지급하라고 청구하였고, 원심에 이르러는 청구원인만을 대여금으로 추가변경하였음이 명백함에도 불구하고 원심판결 이유에 의하면, 원심은 대여금청구를 인용하면서 대여일부터 완제일까지 연2할5푼의 약정이자 및 지연손해금을 지급하라고 판시함으로써 원고가 청구하지 아니한 약정이자를 인정하였음은 당사자처분주의원칙에 위반하였거나 석명의무를 게을리하였다.

판례

대법원 2009. 6. 11. 선고 2009다12399 판결 [가옥명도등청구]

금전채무불이행의 경우에 발생하는 원본채권과 지연손해금채권은 별개의 소송물이므로, 불이익변경에 해당하는지 여부는 원금과 지연손해금 부분을 각각 따로 비교하여 판단하여야 하고, 별개의 소송물을 합산한 전체 금액을 기준으로 판단하여서는 아니된다.

판례

대법원 1974. 5. 28. 선고 74다418 판결 [약속어음금]

208,000원 및 이에 대한 1972.6.29부터 완제일까지 연 5푼의 금원지급청구에 대하여 금 208,000원 및 이에 대한 1973.4.20부터 연 6푼의 금원지급을 인용하면 처분권주의에 위반된다.

---

(3) 일부청구와 과실상계(손익상계)

원고는 자기가 구할 수 있는 범위 내에서는 원칙적으로 전부를 청구하지 않고 그 일부만을 명시하여 청구할 수 있다. 이를 일부청구(一部請求)라고 한다. 이는 처분권주의의 결과이다. 이러한 일부청구시, 소송물은 채권 전부가 아니라 청구한 채권 일부만으로 한정된다. 따라서 법원은 원고가 구하는 금액 범위 안에서만 인용이 가능하고, 채권 전부에 대한 이행을 명할 수 없다.

이처럼 원고가 손해배상액의 일부만을 청구한 경우에 원고의 과실이 있을 때 원고의 과실상계를 어떻게 처리할 것인지가 문제 된다. 예를 들어, 1억 원의 손해 중 6천만 원만 청구한 경우에 피해자인 원고의 과실도 40%라면 어떻게 과실상계를 하여 원고의 청구금액을 정할 것인지가 처분권주의와 관련하여 논의된다. 이에는 외측설(外側說)과 안분설(安分說)이 대립하고 있다.

- 외측설

먼저 손해액 전부를 산정하여 그로부터 과실상계를 한 후 그 금액(잔액)이 청구액을 초과한 때에는 청구액의 한도에서 인용할 것이고, 잔액이 청구액에 미치지 못하는 경우에는 남은 잔액대로 인용하여야 한다는 견해이다. 즉 위 사례에서 1억 원 × 60%(피고 과실분)=6천만 원으로 잔액이 청구액을 넘지 않으므로 잔액 그대로인 6천만 원을 인용하면 된다.

- 안분설

외측설과 달리 손해 전액을 기준으로 과실상계를 하는 것이 아니라 먼저 청구액을 기준으로 과실상계를 하여야 한다는 입장이다. 즉 위 사례에서 손해액 전부가 아닌 청구액인 6천만 원 × 60% = 3,600만 원이 과실상계 후의 남은 잔액이 되며 결국 이를 인용하여야 한다는 입장이다.

판례는 외측설을 따르고 있다. 이는 원고가 자신의 과실을 미리 감안하여 그 나머지 금액만을 구하는 경우가 실무상 많다는 점을 고려한 것이다. 즉 청구 시에 자신의 과실분을 공제하고 나머지 금액을 청구하는 것이 일반적인 원고의 의사라는 점에 착안하여 청구 금액 전체에 대한 과실상계 처리를 하는 것이다. 판례의 이러한 입장은 과실상계만이 아니라 일부청구에 대한 반대채권으로 상계하는 경우, 손해액의 일부에 대하여 배상책임을 인정하고 일부 공탁한 경우에 있어서 배상책임의 범위를 정하는 경우에도 적용된다. 원고의 피고에 대한 청구에 대하여 피고가 원고에게 갖고 있는 반대채권으로 상계 처리하는 민법상의 상계에서도 마찬가지이다.

> **판례**
>
> **대법원 2008. 12. 24. 선고 2008다51649 판결**
> 일개의 손해배상청구권 중 일부가 소송상 청구되어 있는 경우에 과실상계를 함에 있어서는 손해의 전액에서 과실비율에 의한 감액을 하고 그 잔액이 청구액을 초과하지 않을 경우에는 그 잔액을 인용할 것이고 잔액이 청구액을 초과할 경우에는 청구의 전액을 인용하는 것으로 해석하여야 할 것이며, 이와 같이 풀이하는 것이 일부청구를 하는 당사자의 통상적 의사라고 할 것이고, 이러한 방식에 따라 원고의 청구를 인용한다고 하여도 처분권주의에 위배되는 것이라고 할 수는 없다.

> **판례**
>
> **대법원 1984. 3. 27. 선고 83다323, 83다카1037 판결 [보증금반환]**
> 원고가 피고에게 합계금 5,151,900원의 금전채권중 그 일부인 금 3,500,000원을 소송상 청구하는 경우에 이를 피고의 반대채권으로써 상계함에 있어서는 위 금전채권 전액에서 상계를 하고 그 잔액이 청구액을 초과하지 아니할 경우에는 그 잔액을 인용할 것이고 그 잔액이 청구액을 초과할 경우에는 청구의 전액을 인용하는 것으로 해석하는 것이 일부 청구를 하는 당사자의 통상적인 의사이고 원고의 청구액을 기초로 하여 피고의 반대채권으로 상계하여 그 잔액만을 인용한 원심판결은 상계에 관한 법리를 오해한 위법이 있다 할 것이다.

나) 일부 인용

법원은 당사자가 신청한 소송물(청구) 전부를 받아들일 수 없고, 청구 중 일부만이 이유 있다고 판단하는 경우에는 이를 전부 기각할 것이 아니라 일부만을 받아들이는 일부 인용 판결을 하여야 한다. 그렇게 하는 것이 원고의 통상의 의사에 부합됨은 물론 피고의 이익이나(재차 응소하는 불편) 소송제도의 합리적 운영에도 부합한다고 보기 때문이다. 즉 당사자의 소송물에 대한 처분의 의사가 청구 전부가 인정되기를 구하지만, 만일 전부가 아닌 일부만이라도 인정된다면 그 일부만이라도 이행을 명하게 해달라는 것이 원고의 진정한 의사라고 보기 때문이다. 그래서 법원은 청구 중 일부만 인정하는 판결을 선고할 수 있는 것이고, 이는 처분권주의에 위배되지 않는 것으로 보는 것이다.

(1) 분량적인 일부 인용

1억 원의 대여금청구사건에서 피고가 5천만을 이미 변제하여 나머지 5천만 원만이 인정되는 경우에 법원은 5천만 원의 지급을 명하는 판결을 한다.

판례

대법원 1995. 9. 29. 선고 95다22849, 22856(참가) 판결 [소유권확인]

상속재산에 대하여 상속인들 사이에 분할에 관한 협의를 하여 원고가 단독으로 상속하기로 하였다고 참가인의 주장에 부합하는 듯한 증언을 하고 있어 위 부동산도 당시 참가인이 단독으로 상속하기로 분할협의가 이루어졌다고 볼 여지가 충분하고, 가사 그렇지 않다고 하더라도 위 부동산을 단독으로 상속하기로 분할협의하였다는 이유로 위 부동산 전부가 참가인 소유임의 확인을 구하는 참가인의 청구에는 그와 같은 사실이 인정되지 아니하는 경우 자신의 상속받은 지분에 대한 소유권의 확인을 구하는 취지가 포함되어 있다고 보아야 할 것이므로 이러한 경우 법원은 특단의 사정이 없는 한 그 청구의 전부를 기각할 것이 아니라 참가인의 소유로 인정되는 지분에 관하여 일부승소의 판결을 하여야 할 것이다.

그럼에도 불구하고 원심이 만연히 판시와 같은 이유만으로 참가인의 청구를 배척한 것은 상속재산 분할협의에 관한 법리 또는 소유권 확인에 관한 법리를 오해한 나머지 심리를 다하지 아니한 위법이 있다고 할 것이다.

(2) 단순이행청구와 상환이행판결 및 선이행판결

甲과 乙 사이에 乙의 토지를 甲이 매수하기로 하는 매매계약이 체결된 경우에, 매매계약의 법률효과에 따라 매수인 甲은 매도인 乙에게 토지소유권이전등기청구권을, 매도인 乙은 매수인 甲에 대하여 토지매매대금지급청구권을 갖게 된다. 그리고 이들 권리는 상호 견련성을 갖는 관계로 형평의 원칙상 동시이행의 관계에 놓이게 된다. 즉 매매대금지급과 소유권이전등기절차이행은 동시이행의 관계에 놓인다. 그에 따라 甲은 乙로부터 소유권이전등기를 넘겨받을 때까지는 매매대금 지급을 거절할 수 있고, 乙은 甲으로부터 매매대금을 지급받을 때까지는 소유권이전등기절차 이행을 거부할 수 있다. 이러한 권리를 동시이행(同時履行)의 항변권(抗辯權)이라고 한다.

위 사례에서 만일 매수인 甲이 매도인 乙을 피고로 하여 토지매매계약을 원인으로 한 소유권이전등기절차의 이행을 구하는 소를 제기한 경우에, 피고 乙이 매매대금 지급과의 동시이행의 항변권을 행사하면, 원칙적으로는 甲의 청구는 기각될 것인데, 법원이 원고 甲의 청구를 기각하지 않고, 피고 乙은 원고 甲으로부터 토지매매대금을 지급받음과 동시에 원고 甲에게 위 토지에 관한 소유권이전등기절차를 이행하라고 할 수 있을 것인지가 문제 된다. 달리 말하면, 이러한 판결을 상환이행판결(相換履行判決) 혹은 동시이행판결(同時履行判決)이라고 하는데, 이러한 판결은 원고가 구하는 재판의 내용이 아니었기 때문에 처분권주의에 어긋나는 것인지가 문제 되는 것이다.

그러나 원고의 단순이행청구 속에는 피고의 동시이행항변권이 받아들여질 때는 상환이행청구도 포함된 것으로 본다. 그래서 원고의 단순이행청구시 피고가 동시이행의 항변을 하는 경우에 원고가 반대의 의사표시를 하지 않는 한 상환이행판결을 하는 것은 처분권주의에 위배되지 않는다. 따라서 이러한 경우에 법원은 원고의 청구를 기각하지 않고 상환이행판결(일종의 원고 일부 승소 판결)을 하여야 하며, 그것이 위법한 판결이 되지도 않는다. 이처럼 상호 동시이행의 관계에 있어 상환이행판결을 하여야 할 경우로는, 임대차 종료시 임차보증금반환채무와 임차목적물인도채무 상호간, 계약 해제시 원상회복의무와 손해배상의무 상호간, 도급계약에서 완성된 목적물에 하자가 있을 경우에 도급인이 수급인에 대하여 갖는 하자보수청구권이나 손해배상청구권과 수급인이 도급인에 대하여 갖는 공사대금청구권 상호간 등이 있다.

판례

대법원 1979. 10. 10. 선고 79다1508 판결 [소유권이전등기]

무릇 원고가 원·피고 간의 매매계약 체결과 대금완납을 청구원인으로 하고 청구취지로서(무조건) 이전등기절차를 이행하라고 청구한 경우에 위 청구취지 가운데는 소송 심리결과 예금 중 미지급 부분이 판명되었을 때는 그 미지급 잔대금의 수령과 상환으로 이전등기절차를 이행하라는 취지도 포함된다고 하여야 할 것인 바 이 사건에 있어서 원고는 이 사건 가압류 채무 금 1,000만원을 대위변제할 의사로써 이 1,000만원을 대금 중에 포함시키는 뜻에서 대금완납을 주장하였고 피고는 이 1,000만원은 대금 총액과는 아무 상관이 없다는 뜻에서 대금 미완납이라 항변하였으므로 원심은 피고의 항변을 인용하고 원고에게 불리한 상환판결을 하고 있다. 따라서 피고는 이 점에 한해서는 불복을 할 수도 없는 취지이다.

그런데 논지는 위와 같은 경우에 법원은 마땅히 원고 청구를 전부 기각하여야 한다고 주장하고 있으나 이 견해는 잘못된 것이고 만일 원심이 소론같이 이 경우에 원고 청구를 전부 기각하였다면 그야말로 위법이라 아니할 수 없다(대법원 1966.9.27 선고 66다1183 판결 참조). 그러므로 원심의 조치는 정당하고 거기에 소론 이유모순 등의 위법 있다 할 수 없다.

판례

대법원 1969. 11. 25. 선고 69다1592 판결 [축마인도]

물건의 인도를 청구하는 소송에 있어서 피고의 유치권 항변이 인용되는 경우에는 그 물건에 관하여 생긴 채권의 변제와 상환으로 그 물건의 인도를 명하여야 한다.

판례

대법원 1977. 9. 28. 선고 77다1241, 1242 전원합의체 판결 [가옥명도]

임대차계약의 기간이 만료된 경우에 임차인이 임차목적물을 명도할 의무와 임대인이 보증금 중 연체차임 등 당해 임대차에 관하여 명도시까지 생긴 모든 채무를 청산한 나머지를 반환할 의무는 동시이행의 관계가 있다.

판례

대법원 1987. 9. 22. 선고 85다카2263 판결 [소유권이전등기]

도급인과 연립주택 건축업자 간의 분양위임계약이 비록 건축업자의 도급인에 대한 공사금채권의 회수를 위한 방법으로 이루어졌다 하더라도 건축업자가 시공한 연립주택 건축공사에 하자가 있음이 준공검사 후에 새로이 발견되었다면 도급인으로서는 수급인인 건축업자에게 하자의 보수를 청구할 수 있을 뿐만 아니라 하자의 보수에 갈음하여 또는 하자보수와 함께 손해배상청구도 할 수 있는 것이고 이들 청구권은 다른 특별한 사정이 없는 한 건축업자의 공사비청구권과 동시이행관계에 있으므로 도급인으로서는 수급인이 하자보수 또는 하자로 인한 손해배상채무를 이행할 때까지 공사비지급채무의 이행을 거절할 수있다 할 것이며, 더욱이 하자를 보수하지 않은 상태에서는 연립주택이 정상가격으로 분양될 수 없는 만큼 그 하자가 정상가액에 의한 분양을 어렵게 할 정도라면 도급인으로서는 수급인이 하자를 보수하지 아니한 채 저렴한 가격으로 분양하는 것을 저지하여 손해를 예방할 필요가 있다 할 것이므로 도급인은 이와 같은 사유를 들어 분양위임계약을 해지할 수 있다.

판례

대법원 1992. 4. 28. 선고 91다29972 판결 [손해배상(기)]
민법 제549조는 계약이 해제된 경우에 관하여 동시이행의 항변권에 관한 민법 제536조의 규정을 준용하고 있는바, 위 민법 제549조에 의하여 동시이행하여야 하는 채권채무에는 계약해제 당사자 상호간의 원상회복의무뿐만 아니라 손해배상의무도 포함되는 것으로 보아야 할 것

다만 원고의 건물철거 및 대지인도청구에 대하여 피고가 매수청구권(買受請求權)을 행사하는 경우에는 그렇지 않다. 자기 소유의 토지에 타인이 건물을 짓고 사용하고 있을 때 토지 소유자는 물권적청구권(物權的請求權)의 일환으로 상대방에게 건물을 철거하고(민법 제214조 방해배제청구권), 그 토지를 자기에게 인도하라(민법 제213조 소유물반환청구권)는 청구를 할 수 있다. 이때 만일 상대방이 지상권자(地上權者)라면, 지상권이 소멸하였을 때 건물이 현존하는 경우에는 지상권설정 계약의 갱신을 청구할 수 있고, 토지 소유자가 이를 원하지 않을 때에는 지상권자는 상당한 가격으로 당해 건물의 매수를 청구할 수 있다. 이를 지상권자의 건물 등 공작물의 매수청구권이라고 부른다. 그리고 이러한 매수청구권은 지상권자뿐만 아니라 건물 등의 소유를 목적으로 하는 토지임대차에서도 토지임차인에게 동일하게 인정된다.

이러한 매수청구권은 본래 의미의 청구권(請求權)이 아니고 일종의 형성권(形成權)이어서 지상권자나 토지임차인이 이 청구권을 행사하는 순간 토지 소유자의 승낙이나 동의를 필요로 하지 않고 바로 매매계약이 체결된 것으로 보게된다. 그에 따라 당해 건물은 철거되지 않고 오히려, 토지 소유자가 지상권자 등

에게 철거 대상 건물의 소유권을 취득하는 대신에 그에 대한 매매대금을 지급할
의무가 발생하게 된다. 그에 따라 원고는 본래의 청구취지인 건물철거와 대지인
도청구를 매매계약에 따른 소유권이전등기절차이행 청구나 건물인도 등으로 청
구취지를 변경하여야 하고, 그렇게 하지 않을 경우 법원은 원고 청구를 기각하여
야 한다.

관련 법조문

민법 제283조(지상권자의 갱신청구권, 매수청구권) ①지상권이 소멸한 경우에 건물 기타
공작물이나 수목이 현존한 때에는 지상권자는 계약의 갱신을 청구할 수 있다.
②지상권설정자가 계약의 갱신을 원하지 아니하는 때에는 지상권자는 상당한 가액으로 전
항의 공작물이나 수목의 매수를 청구할 수 있다.
제643조(임차인의 갱신청구권, 매수청구권) 건물 기타 공작물의 소유 또는 식목, 채염, 목
축을 목적으로 한 토지임대차의 기간이 만료한 경우에 건물, 수목 기타 지상시설이 현존한
때에는 제283조의 규정을 준용한다.

이러한 경우에 토지 소유자의 지상권자 등에 대한 건물철거 및 토지인도청
구 소송에서, 지상권자 등이 지상물 매수청구권을 행사한다면, 법원은 이 매수청
구권을 받아들이면서 앞의 동시이행항변권에 따른 상환이행판결처럼 원고의 청
구를 기각하지 않고 상환이행판결을 할 수 있는지, 즉 그러한 판결이 처분권주의
에 어긋나는 것은 아닌지가 문제 된다.

그러나 토지 소유자인 원고의 건물철거 청구 속에 매매대금을 지급하겠으
니 건물을 인도하라는 취지가 포함되어 있다고 볼 수 없으므로 청구취지를 변경
하지 않는 한 원고의 청구는 기각된다. 즉 원고 청구 기각판결이 아니라 상환이
행판결을 하는 것은 처분권주의에 위배된다. 다만 이렇게 될 경우 법률 지식이
부족한 원고의 입장을 고려하여, 법원은 석명권을 행사하여 청구취지를 변경할
수 있게 하고 있다. 판례도 당사자인 원고에게 청구취지를 변경하도록 석명할 의
무가 법원에 있으며, 만일 법원이 석명을 하지 않으면 위법이라고 하고 있다.

판례

대법원 1995. 7. 11. 선고 94다34265 전원합의체 판결 [건물명도등]

가. 토지임차인의 지상물매수청구권은 기간의 정함이 없는 임대차에 있어서 임대인에 의한 해지통고에 의하여 그 임차권이 소멸된 경우에도 마찬가지로 인정된다.

나. 지상물매수청구권은 이른바 형성권으로서 그 행사로 임대인·임차인 사이에 지상물에 관한 매매가 성립하게 되며, 임차인이 지상물의 매수청구권을 행사한 경우에는 임대인은 그 매수를 거절하지 못하고, 이 규정은 강행규정이므로 이에 위반하는 것으로서 임차인에게 불리한 약정은 그 효력이 없다.

다. 토지임대차 종료시 임대인의 건물철거와 그 부지인도 청구에는 건물매수대금 지급과 동시에 건물명도를 구하는 청구가 포함되어 있다고 볼 수 없다.

라. '다'항의 경우에 법원으로서는 임대인이 종전의 청구를 계속 유지할 것인지, 아니면 대금지급과 상환으로 지상물의 명도를 청구할 의사가 있는 것인지(예비적으로라도)를 석명하고 임대인이 그 석명에 응하여 소를 변경한 때에는 지상물 명도의 판결을 함으로써 분쟁의 1회적 해결을 꾀하여야 한다. 그러므로 이와는 달리 이러한 경우에도 법원에게 위와 같은 점을 석명하여 심리하지 아니한 것이 위법이 아니라는 취지의 당원 1972.5.23. 선고 72다341 판결은 이로써 이를 변경한다.

그러나 동시이행관계가 아니라 원고에게 선이행의무(先履行義務)가 있고, 피고는 원고로부터 채무이행을 받은 후에 비로소 자신의 채무를 이행하면 되는 관계에 있을 경우에는 그렇지 않다. 즉 원고 자신에게 피고에 대한 선이행채무가 있음에도 원고가 피고에게 단순이행청구를 한 경우에는, 원고의 의사 속에는 자신이 피고에게 선이행의무를 이행하고 그 다음에 피고로부터 이행을 받겠다는 의사가 포함되어 있다고 보기 어렵기 때문에 원고의 청구를 기각할 것이지 선이행판결을 하여서는 아니 된다. 다만 원고가 자신이 피고에 대한 선이행의무를 전부 이행하였다고 주장하면서 단순이행청구를 하였으나 심리 결과 선이행의무가 일부 남아 있는 경우에는 청구취지 속에 나머지 선이행의무 부분을 이행한 후 피고로부터 이행을 받겠다는 의사가 포함되어 있으므로 선이행판결을 할 수 있다. 즉 이러한 경우에는 결국 법원이 원고의 의사에 따라 판단을 한 것으로 보아 처분권주의에 위반하지 않게 된다. 이 경우 법원의 판결 주문은 원고의 선이행의무의 내용을 명시하고, 그것이 피고의 의무보다 먼저 이행되어야 하는 관계에 있음을 분명히 하여야 한다. 즉 "피고는 원고로부터 … 이행 받은 다음(지급 받은 후) 원고에게 … 을 이행하라"라는 형식으로 작성된다.

선이행판결은 원고 또는 제3자가 피고에게 일정한 의무를 선이행할 것을 조건으로 피고에 대하여 이행을 명하는 판결로,[21] 이러한 판결을 구하는 소를 장래이행(將來履行)의 소라고 부른다. 선이행판결의 예는 저당권설정등기의 말소를 구하는 소에서 찾아볼 수 있다. 甲이 자신의 부동산을 담보로 채권자 乙로부터 돈을 빌리면서 그 부동산에 저당권을 설정한 경우에, 甲이 자신의 부동산에 설정된 저당권등기를 말소시키기 위해서는 먼저 乙에 대한 차용금채무를 변제하여야 한다. 즉 차용금 변제가 저당권등기말소보다 먼저 이루어져야만 한다. 그럼에도 불구하고 甲이 乙을 피고로 하여 저당권등기의 말소를 구하면 이것이 바로 선이행판결을 구하는 것이다.

그러나 이러한 선이행판결은 언제나 허용되는 것이 아니며, 원고가 먼저 자신의 채무를 이행하여도 상대방으로부터 채무이행을 기대할 수 없는 사정과 같은 '미리 청구할 필요'가 있고, 원고의 반대 의사표시가 없을 때에 한하여 예외적으로 허용된다.[22] 예를 들어, 피고 명의의 소유권이전등기가 채무담보를 위하여 경료된(이루어진) 것임에도 불구하고 피고가 채무담보조가 아니라 자신이 실제로 매매 등을 이유로 소유권이전등기를 경료한 것이라고 하면서 이를 다투고 있는 경우에는 설사 원고가 채무를 변제하더라도 피고가 자신의 소유권이전등기를 말소를 해 줄 가능성이 없기에, 원고로서는 채무변제를 선이행하는 조건으로 소유권이전등기의 말소를 미리 청구할 필요가 있게 된다.

관련 법조문

민사소송법 제251조(장래의 이행을 청구하는 소) 장래에 이행할 것을 청구하는 소는 미리 청구할 필요가 있어야 제기할 수 있다.

---

21) 사법연수원, 민사실무 Ⅱ, 2017, 116면.
22) 이시윤 외 2인, 판례해설 민사소송법, 박영사, 2012, 225면.

판례

대법원 1996. 2. 23. 선고 95다9310 판결 [근저당권설정등기말소]

채무자가 피담보채무 전액을 변제하였다고 하거나 피담보채무의 일부가 남아 있음을 시인하면서 그 변제를 조건으로 저당권설정등기의 말소등기절차 이행을 청구하였지만 피담보채무의 범위에 관한 견해 차이로 그 채무 전액을 소멸시키지 못하였거나 변제하겠다는 금액만으로는 소멸시키기에 부족한 경우에, 그 청구 중에는 확정된 잔존채무의 변제를 조건으로 그 등기의 말소를 구한다는 취지까지 포함되어 있는 것으로 해석하여야 하고, 이러한 경우에는 장래 이행의 소로서 그 저당권설정등기의 말소를 미리 청구할 필요가 있다고 보아야 한다.

판례

대법원 1996. 11. 12. 선고 96다33938 판결 [소유권이전등기]

채무자가 피담보채무 전액을 변제하였다고 하거나, 피담보채무의 일부가 남아 있음을 시인하면서 그 변제와 상환으로 담보목적으로 경료된 소유권이전등기의 회복을 구함에 대하여 채권자는 그 소유권이전등기가 담보목적으로 경료된 것임을 다투고 있는 경우, 채무자의 청구 중에는 만약 그 소유권이전등기가 담보목적으로 경료된 것이라면 소송과정에서 밝혀진 잔존 피담보채무의 지급을 조건으로 그 소유권이전등기의 회복을 구한다는 취지까지 포함되어 있는 것으로 해석하여야 하고, 그러한 경우에는 장래이행의 소로서 미리 청구할 필요도 있다.

판례

대법원 1993. 4. 27. 선고 92다5249 판결 [근저당권말소]

근저당권이 담보하는 피담보채권액의 범위에 관하여 당사자 사이에 다툼이 있어 잔존 피담보채권이라고 주장하는 금원의 수령과 상환으로 근저당권설정등기의 말소를 구하는 경우, 소송과정에서 밝혀진 잔존 피담보채권액의 지급을 조건으로 말소를 구하는 취지도 포함되었다고 봄이 상당하고, 이는 장래이행의 소로서 미리 청구할 이익이 있다.

(3) 채권자취소소송에서의 원상회복으로서의 인도청구와 가액배상판결

채무자가 자기 재산(채권자의 강제집행 대상이 되는 채무자의 재산, 이를 책임재산이라고 함)에 대한 채권자의 강제집행을 피하기 위하여 자기 재산을 제3자에게 매매나 증여 등의 형식을 빌려 제3자 앞으로 소유 명의를 빼돌린 경우가 있다. 이처럼 채무자가 채권자를 해(害)함을 알면서 자기의 일반재산(책임재산)을 감소시키는 법률행위를 사해행위(詐害行爲)라고 하고, 사해행위가 이루어진 때에는 채권자는 채무자의 사해행위를 취소하고, 당해 재산을 다시 원상으로 회복시킬 수 있다. 이러한 채권자의 권리를 채권자취소권(債權者取消權)이라 한다.23) 채권자취소권에 의한 사해행위취소 소송이 제기되고 법원에 의하여 인정되면 법원은 원상회복을 명하거나 그에 상응하는 가액의 배상을 명할 수 있다. 이때 만일 채권자인 원고가 원상회복을 구함에도 불구하고, 그와 달리 법원이 가액배상(價額賠償)을 명하는 것이 처분권주의에 위반하는 것인지가 문제 된다. 만일 처분권주의에 위배된다면 원고가 청구취지를 가액배상을 구하는 것으로 변경하지 않는 한, 원고 청구기각의 판결을 선고하여야 한다. 판례는 원고의 원상회복청구의 주장 속에는 가액배상의 주장도 포함되어 있으므로 가액배상을 명할 수 있고, 이는 처분권주의에 위반하는 것이 아니라는 입장이다.

관련 법조문

민법 제406조(채권자취소권) ①채무자가 채권자를 해함을 알고 재산권을 목적으로 한 법률행위를 한 때에는 채권자는 그 취소 및 원상회복을 법원에 청구할 수 있다.

판례

대법원 2001. 6. 12. 선고 99다20612 판결 [사해행위취소등]

사해행위인 계약 전부의 취소와 부동산 자체의 반환을 구하는 청구취지 속에는 위와 같이 일부취소를 하여야 할 경우 그 일부취소와 가액배상을 구하는 취지도 포함되어 있다고 볼 수 있으므로 청구취지의 변경이 없더라도 바로 가액반환을 명할 수 있다.

---

23) 자세한 것은 손종학, 강해 계약법 Ⅱ, 충남대학교 출판문화원, 2018, 95면 이하 참조.

판례

대법원 2001. 12. 11. 선고 2001다64547 판결 [소유권말소등기]

근저당권이 설정되어 있는 부동산을 증여한 행위가 사해행위에 해당하는 경우, 그 부동산이 증여된 뒤 근저당권설정등기가 말소되었다면, 증여계약을 취소하고 부동산의 소유권 자체를 채무자에게 환원시키는 것은 당초 일반 채권자들의 공동담보로 제공되지 아니한 부분까지 회복시키는 결과가 되어 불공평하므로, 채권자는 그 부동산의 가액에서 근저당권의 피담보채무액을 공제한 잔액의 한도 내에서 증여계약의 일부 취소와 그 가액의 배상을 청구할 수밖에 없다.

(4) 집행불능시의 대상청구와 이행불능시의 전보배상청구

인도(引渡)란 물건에 대한 직접적 지배, 즉 점유의 이전을 말한다.24) 예를 들어, 타인이 자기의 토지를 점유하면서 이를 사용하고 있는 경우에, 토지 소유자는 타인을 상대로 그 토지의 인도를 청구할 수 있고, 이를 인도청구(引渡請求)라고 부른다. 그러나 그 이행이 불가능할 경우에는 인도청구 대신에 이행불능에 따른 손해배상(전보배상)을 청구할 수 있다. 또한 인도청구를 하면서 판결 확정 후 장래에 그 집행이 불가능한 경우에 대비하여 집행불능시의 대상청구를 하는 경우가 있다. 그러나 이러한 대상청구는 일단 소제기 단계에서 이행불능을 전제로 하는 것이 아니고, 소제기 단계에서는 이행이 가능하지만 판결 확정 후 일정한 사정의 발생에 따라 그 집행이 불가능한 경우이다. 여기서 인도청구 및 판결 선고 후의 집행불능시의 대상청구의 소에 대하여 법원이 변론종결시까지 인도청구 부분이 이행불능인 때에도 원고의 의사 속에 인도청구가 이행불능이라면 전보배상(塡補賠償)을 구하는 의사가 있는 것으로 보아(즉 대상청구가 있는 것으로 보아) 원고에 의한 청구취지 변경(소변경)이 없어도 법원이 전보배상을 명할 수 있는지가 문제 된다. 즉 처분권주의의 위반 여부이다. 판례는 원고의 인도청구 및 집행불능시의 대상청구 속에는 이행불능에 따른 전보배상청구를 하려는 의사가 포함되어 있지 않으므로 원고 청구를 기각하여야 하지, 대상청구가 있는 것으로 보아 전보배상판결을 할 수 없다고 본다.

---

24) 사법연수원, 민사실무 Ⅱ, 2017, 85면.

관련 법조문

민법 제390조(채무불이행과 손해배상) 채무자가 채무의 내용에 좋은 이행을 하지 아니한 때에는 채권자는 손해배상을 청구할 수 있다. 그러나 채무자의 고의나 과실 없이 이행할 수 없게 된 때에는 그러하지 아니하다.

민사집행법 제41조(집행개시의 요건) ②다른 의무의 집행이 불가능한 때에 그에 갈음하여 집행할 수 있다는 것을 내용으로 하는 집행권원의 집행은 채권자가 그 집행이 불가능하다는 것을 증명하여야만 개시할 수 있다.

판례

대법원 1969. 12. 16. 선고 67다1525 판결 [비료인도]

원고는 피고에 대하여 본건 비료의 인도를 청구하고 만일 그 인도를 할 수 없을 때에는 현 시가 환산금의 지급을 구하고 있어 비료인도 집행불능시의 대상청구를 병합하고 이를 변경함이 없이 그대로 유지한 것이 분명한 이 사건에 있어서 원심이 원고의 이와 같은 대상청구에 대하여 이는 본건 비료인도가 이행불능이 아님을 전제로 하는 것이니 부당하다 할 것이나, 한편 원고의 이 주장 속에는 예비적으로 하는 이행불능시의 전보배상청구도 포함된 것으로 보고 판단한다 하여 피고는 비료이행불능시의 시가 상당액을 원고에게 배상하여야 할 의무 있다는 이유로 전보배상을 인정하였는바, 이는 원고의 청구내용을 오해하여 청구하지도 않은 것을 심리판단한 잘못 있어 결국 소송요건을 갖추지 못한 위법 있음에 해당되므로 이 부분의 파기를 면치 못할 것이다.

판례

대법원 1975. 5. 13. 선고 75다308 판결 [동산인도등]

물건의 인도를 구하고 그 집행불능인 경우에 대비하여 금전으로 손해배상청구를 하는 경우 그 문언을 "인도불능일 때에는" 또는 "인도하지 않을 때는"이라고 기재하는 예가 있으나 이는 "집행불능의 때"의 의미로 보아야 할 것이고 또 어느 물건의 집행 불능에 대비하여 구하는 예비적대상청구의 성질은 이행지체로 인한 전보배상을 구하는 것이므로 이건 원고의 청구에 있어서 "상고철을 인도할 수 없는 경우에는"이라는 용어를 썼다고 해서, 특정물을 전제로 한 이행불능의 경우에 대비한 손해배상청구라고 보아야 할 이유가 없으니 이건에 있어서 원고의 이 부분청구도 주청구 부분의 집행불능에 대비한 전보배상을 구하는 것이므로 예비적 대상청구라고 보아야 할 것임에도 불구하고 원심이 위와 같이 판단하여 원고의 이 부분에 대한 청구를 배척한 조치는 집행불능에 대비한 예비적 대상청구의 소의 법리를 오해한 위법이 있다할 것이니 이점에 대한 논지는 이유있다.

(5) 현재 이행의 소에서의 장래이행판결

원고가 현재의 이행의 소를 제기하였으나 심리 결과 이행기가 미처 도래하지 않았거나 이행조건의 미성취 등으로 그 청구를 인용할 수 없는 경우에 법원이 바로 원고의 청구를 기각할 것이 아니라 이를 장래이행의 소로 보아 장래이행 판결을 선고할 수 있는지가 문제 된다. 즉 원고는 현재 이행의 소를 구하지만 법원이 장래이행 판결을 하는 것이 처분권주의에 위반하는지의 문제이다. 법원은 미리 청구할 필요가 있고, 원고의 의사에 반하지 않는 경우에는 장래이행의 판결을 선고할 수 있다고 보고 있고, 원고의 현재 이행의 청구 속에는 장래 이행의 청구도 포함된 것으로 보아 이것이 처분권주의에 반하는 것은 아니라는 입장이다. 예를 들어, 근저당권상의 피담보채무의 소멸과 그에 따른 근저당권설정계약의 해지를 원인으로 근저당권설정등기의 말소를 구하였으나 심리 결과 피담보채무액이 일부 남아 있는 경우에 법원은 원고가 남아 있는 채무의 변제를 조건으로 근저당권설정등기의 말소를 명하는 장래이행의 판결을 할 수 있다. 즉 일종의 선이행조건부 판결이다.

판례

대법원 1996. 11. 12. 선고 96다33938 판결 [소유권이전등기]

채무자가 피담보채무 전액을 변제하였다고 하거나, 피담보채무의 일부가 남아 있음을 시인하면서 그 변제와 상환으로 담보목적으로 경료된 소유권이전등기의 회복을 구함에 대하여 채권자는 그 소유권이전등기가 담보목적으로 경료된 것임을 다투고 있는 경우, 채무자의 청구 중에는 만약 그 소유권이전등기가 담보목적으로 경료된 것이라면 소송과정에서 밝혀진 잔존 피담보채무의 지급을 조건으로 그 소유권이전등기의 회복을 구한다는 취지까지 포함되어 있는 것으로 해석하여야 하고, 그러한 경우에는 장래이행의 소로서 미리 청구할 필요도 있다.

라. 절차의 종결

1) 당사자의 절차 종결권

처분권주의에 따라 소의 제기 등을 통한 절차의 개시는 물론 개시된 소송 절차를 종료시킬 것인지, 종료시킨다면 어떤 형식과 절차를 통하여 종료시킬 것인지를 선택할 수 있다. 즉 제기된 소송을 종국판결에 의하여 종결시킬 것인지 여부도 당사자의 의사에 일임되어 있다. 그에 따라 당사자는 소를 취하하거나 청구의 포기나 인낙, 소송상 화해, 조정, 상소의 포기나 취하, 불상소의 합의 등을 통하여 절차를 종결시킬 수 있다. 이를 당사자의 절차 종결권이라고 부른다. 다만 필수적 공동소송과 독립당사자참가는 절차 종결도 공동으로만 하여야 한다.

✍️ 심화학습

청구의 포기는 원고가 자기의 소송상 청구가 이유 없음을 인정하는(자인하는) 법원에 대한 일방적 의사표시이고, 청구의 인낙은 반대로 피고가 원고의 소송상 청구가 이유 있음을 자인하는, 그래서 원고가 구하는 청구취지상의 내용을 모두 인정한다는 법원에 대한 일방적 의사표시이다. 이에 비하여 소송상 자백이라는 것이 있는데, 이는 상대방 당사자의 주장(청구원인 상의 원고 주장 등)이 사실임을 인정하는 당사자의 의사표시이다. 이 점에서 청구의 인낙과 비슷한 점이 있지만, 청구의 인낙은 인정 대상이 소송물 그 자체임에 비하여 소송상의 자백은 변론주의의 영역으로 당사자 주장사실에 대한 인정이라는 점에서 구별된다.

청구의 포기나 인낙이 있게 되면 소송은 당연히 종료되며(소송종료효), 만일 법원이 이를 모르거나 간과하고 심리를 계속하였을 때는 법원은 직권으로 소송이 종료되었음을 선언(소송종료선언)하여야 한다. 청구의 포기나 인낙이 있으면, 이를 조서에 기재하여야 하는데, 이러한 포기조서나 인낙조서는 확정판결과 동일한 효력이 있어 거기에 당연무효사유가 없는 한 기판력 등이 발생하고, 이를 다투기 위해서는 확정판결의 흠을 다투는 방법과 마찬가지로 준재심의 소로 다투어야만 한다(민사소송법 제461조).

여기서 청구의 포기나 인낙을 한 경우에 이를 실체법상의 권리를 포기한 것이나 채무를 승인한 것으로도 볼 수 있는지 여부가 문제 된다. 이는 청구의 포기나 인낙에 실체법상의 취소(착오에 의한 의사표시 등)나 무효 사유(불공정 법률행위 등)가 있는 경우에, 그러한 하자가 인낙과 포기에 영향을 주는지의 문제이다. 사법행위설과 양성설 입장에서는 이 경우 청구의 인낙이나 포기도 무효라는 결론에 이르게 되고, 청구의 인낙 등은 단순히 법원에 대한 일방적인 소송행위라고 보는 소송행위설의 입장에 서면 이러한 하자는 청구의 포기나 인낙에 영향을 주지 않고, 다만 준재심의 사유가 있을 때만 준재심의 소로 다툴 수 있게 될 뿐이라고 보게 된다. 판례는 소송행위설의 입장을 취하고 있다.

이에 반하여 재판상 화해란, 소송계속 전에 이루어지는 제소전 화해와 소송계속 중에 이루어지는 소송상 화해를 말하며, 이 중 소송상 화해는 양쪽 당사자가 소송물인 권리의무 관계의 주장을 서로 양보하여 소송을 종료시키기로 하는 합의이다. 예를 들어, 원고가 2천만 원을 받을 것이 있다고 주장하면서 소를 제기하고, 피고는 갚을 돈이 남아 있지 않다고 다투는 경우에, 원고와 피고가 조금씩 양보하여 피고가 원고에게 1천만 원을 지급하기로 합의하는 것을 말한다. 따라서 소송상 화해는 소송물의 처분에 관한 것이 아니라 소송에서 당사자의 주장에 관계되는 것이어서 처분권주의가 아니라 뒤에서 설명할 변론주의의 영역에 관한 문제이다. 소송상 화해가 이루어지고, 이것이 조서에 기재되면, 이는 확정판결과 동일한 효력이 발생하고, 이를 다투기 위해서는 그것이 당연무효가 아닌 한 앞의 청구의 포기나 인낙과 같이 준재심의 소를 제기하여야만 한다(민사소송법 제461조).

판례

대법원 2022. 3. 31. 선고 2020다271919 판결 [채무부존재확인]
청구의 인낙은 피고가 원고의 주장을 승인하는 소위 관념의 표시에 불과한 소송상 행위로서 이를 조서에 기재한 때에는 확정판결과 동일한 효력이 발생되어 그로써 소송을 종료시키는 효력이 있을 뿐이고, 실체법상 채권·채무의 발생 또는 소멸의 원인이 되는 법률행위라 볼 수 없다.

2) 가사소송과 가류, 나류 가사소송

가사사건이란 이혼사건처럼 가족과 친족 사이의 신분 관계를 둘러싼 분쟁 사건으로, 가사사건에 관한 소송을 가사소송이라고 부른다. 가사사건도 개인 사이의 분쟁이나 사법상의 법률관계에 관한 사건이기에 기본적으로는 민사사건이다. 따라서 가사사건을 다루는 가사소송에 대하여는 가사소송법이 우선적으로 적용되지만, 가사소송법에 특별한 규정이 없을 때에는 일반법인 민사소송법에 따른다. 여기서 민사소송에서 인정되는 청구의 인낙, 포기, 소송상 화해 등이 가사소송에서도 인정되는지가 문제 된다. 즉 가사소송에서도 처분권주의에 따라 이들 제도가 인정되는지의 문제이다.

가사소송은 크게 보아 혼인의 무효, 이혼의 무효, 입양이나 파양의 무효를 다루는 가류사건과 재판상 이혼, 혼인의 취소, 입양이나 파양의 취소 등을 다루는 나류사건, 사실혼관계 부당 파기를 원인으로 하는 손해배상청구, 이혼을 원인으로 하는 손해배상청구 등을 다루는 다류사건으로 나뉜다. 이 중 가사소송법은 청구의 인낙에 대하여는 민사소송법이 적용되지 않는다고 규정하여 청구의 인낙은 법률에 의하여 금지된다고 볼 수 있다. 그러나 청구의 포기나 재판상 화해에 대하여는 아무런 규정이 없어 이들이 가능한지가 문제 된다. 가류사건은 그 성질상 청구 인낙이나 화해가 문제 될 수 없지만, 나류사건 중 이혼소송과 파양소송은 협의이혼이나 협의파양을 인정하고 있는 점에 비추어 이를 허용할 수 있을 것이다.

관련 법조문

가사소송법 제12조(적용 법률) 가사소송 절차에 관하여는 이 법에 특별한 규정이 있는 경우를 제외하고는 「민사소송법」에 따른다. 다만, 가류 및 나류 가사소송사건에 관하여는 「민사소송법」 제147조제2항, 제149조, 제150조제1항, 제284조제1항, 제285조, 제349조, 제350조, 제410조의 규정 및 같은 법 제220조 중 청구의 인낙(認諾)에 관한 규정과 같은 법 제288조 중 자백에 관한 규정은 적용하지 아니한다.

판례

대법원 2007. 7. 26. 선고 2006므2757,2764 판결 [상속재산분할 · 기여분]

친생자관계의 존부 확인과 같이 현행 가사소송법상의 가류 가사소송사건에 해당하는 청구는 성질상 당사자가 임의로 처분할 수 없는 사항을 대상으로 하는 것으로, 이에 관하여 조정이나 재판상 화해가 성립하더라도 효력이 없다.

판례

대법원 1999. 10. 8. 선고 98므1698 판결 [인지]

친생자관계의 존부확인과 같이 현행 가사소송법상의 가류 가사소송사건에 해당하는 청구는 성질상 당사자가 임의로 처분할 수 없는 사항을 대상으로 하는 것으로서 이에 관하여 조정이나 재판상 화해가 성립되더라도 효력이 있을 수 없다. 인지청구권은 포기할 수 없고, 포기하였다 하더라도 효력이 발생할 수 없다.

3) 회사관계소송

회사를 피고로 하는 회사관계소송에서는 원고 승소의 확정판결의 효력이 제3자에도 미치므로 이와 동일한 효력이 있는 청구의 인낙이나 원고의 청구를 인용하는 내용의 화해는 허용되지 않는다. 이는 청구 인용의 판결 효력이 제3자에 미침에도 불구하고, 피고가 제3자의 의사를 무시하고, 청구 인용과 같은 효력이 있는 청구의 인낙을 허용할 경우 제3자는 불측의 손해를 입을 수 있기 때문에 청구의 인낙이 불가능한 것이다. 그러나 청구의 포기나 원고의 청구를 포기하는 내용의 화해는 제3자에게도 당연히 이익이 되기에 허용된다고 할 수 있다. 다만, 주주대표소송시 소의 취하나 화해, 청구의 포기, 인낙에는 법원의 허가를 받아야 한다(상법 제403조 제6항).

관련 법조문

상법 제190조(판결의 효력) 설립무효의 판결 또는 설립취소의 판결은 제3자에 대하여도 그 효력이 있다. 그러나 판결확정전에 생긴 회사와 사원 및 제3자간의 권리의무에 영향을 미치지 아니한다.

제403조(주주의 대표소송) ①발행주식의 총수의 100분의 1 이상에 해당하는 주식을 가진 주주는 회사에 대하여 이사의 책임을 추궁할 소의 제기를 청구할 수 있다.

⑥회사가 제1항의 청구에 따라 소를 제기하거나 주주가 제3항과 제4항의 소를 제기한 경우 당사자는 법원의 허가를 얻지 아니하고는 소의 취하, 청구의 포기·인낙·화해를 할 수 없다.

대법원 2004. 9. 24. 선고 2004다28047 판결 [주주총회결의무효확인]
주주총회결의의 부존재·무효를 확인하거나 결의를 취소하는 판결이 확정되면 당사자 이외의 제3자에게도 그 효력이 미쳐 제3자도 이를 다툴 수 없게 되므로, 주주총회결의의 하자를 다투는 소에 있어서 청구의 인낙이나 그 결의의 부존재·무효를 확인하는 내용의 화해·조정은 할 수 없고, 가사 이러한 내용의 청구인낙 또는 화해·조정이 이루어졌다 하여도 그 인낙조서나 화해·조정조서는 효력이 없다.

마. 처분권주의 위배의 효과

처분권주의를 위배하는 것은 판결의 내용에 관한 것이고 소송절차에 관한 것이 아니므로 이의권의 대상이 아니다. 그러므로 비록 이의를 하지 않았다 하더라도 원칙적으로 상소 등에 의하여 취소를 구할 수 있다. 그러나 처분권주의를 위반하였다고 할지라도 그 판결이 확정될 경우 당연무효의 판결은 아니다. 그리고 재심의 소로써도 다툴 수 없다. 왜냐하면 재심은 민사소송법에 정한 사유로만 다툴 수 있는데, 처분권주의 위배는 민사소송법의 재심사유에 해당하지 않기 때문이다. 또한 비록 처분권주의에 위배된 경우에도 피고가 항소한 경우에 원고가 항소기각의 신청 또는 제1심에서 신청하지 아니한 사항에 대하여 항소심에서 피항소인으로서 부대항소를 통하여 새로이 신청하면 그 흠이 치유된다.

2. 변론주의

가. 일반

1) 의의

변론주의(辯論主義)란 소송자료인 사실과 증거의 수집, 제출의 책임을 당사자에게 맡기고 당사자가 수집하여 제출한(변론에 현출한) 소송자료(사실자료와 증거자료)만을 가지고 재판의 기초로 삼아야 하는 것을 말하며, 제출주의라고도 한다. 이는 당사자가 주장(사실자료)하여야만 법원이 판단하며, 판단시 판단자료(사

실자료 및 증거자료)의 수집을 당사자에게 맡기는 원칙이다. 만일 당사자가 사실이
나 증거를 제출하지 않을 경우 그로 인한 불이익은 당사자가 부담하는 것으로
법원이 나서서(즉 직권으로) 사실이나 증거를 수집하지 못하며, 당사자가 제출한
사실과 증거 이외에 법원이 수집한 사실이나 증거를 가지고 재판의 기초로 할
수 없는, 즉 청구의 당부를 판단할 수 없다는 주의를 말한다. 이에 대하여 직권
탐지주의(職權探知主義)란 소송자료의 수집, 제출책임을 당사자가 아닌 법원이 지
게 되어 있는 주의를 말한다.

　　변론주의 또한 처분권주의와 함께 사적자치의 소송법적 표현인 당사자주의
의 한 내용이다. 그렇지만 처분권주의가 소송물 자체의 처분의 자유를 의미함에
비하여, 변론주의는 소송에서 청구의 이유 있음이나 이유 없음을 위하여 이루어
지는 주장과 증거 수집 및 그 제출에 관한 원칙이라는 점에서 처분권주의와 구
별됨은 앞서 설명한 바와 같다.

🖋 심화학습

직권탐지주의에 있어서 직권조사사항(職權照查事項)과의 구별이 문제 된다. 직권조사
사항이란 당사자의 신청 등과 관계없이 법원이 반드시 직권으로 조사하여 판단하여야
만 할 사항을 말한다. 예를 들어, 당사자능력의 존부, 당사자적격의 존부 등과 같이 소
송요건의 구비 여부에 관하여 비록 한쪽 당사자가 상대방에게 당사자능력이나 당사자
적격이 없다는 등의 주장을 하지 않아도 법원이 이를 직권으로 조사하여 그 유무를 판
단하여야만 하는데, 이러한 사항을 직권조사사항이라고 한다. 이 점에서 변론주의와 구
별되고, 직권탐지주의와 유사하다고 할 수 있어서 직권탐지주의와의 구별이 문제 되는
것이다.
이에 대하여는 직권조사는 변론주의도 아니고, 직권탐지주의도 아닌 제3의 영역이라고
보기도 하고, 변론주의와 직권탐지주의의 중간지대라고도 한다.[25] 이에 대하여 직권조
사사항은 당사자의 주장이 없어도 법원이 이를 판단할 수 있는데, 직권탐지주의는 이러
한 직권조사사항 가운데 그 판단자료의 수집을 위하여 법원이 원칙적으로 직권증거조
사를 할 수 있다고 보는 견해도 있다.[26]

---

25) 이시윤, 신민사소송법, 박영사, 2019, 351면.
26) 김홍엽, 민사소송법, 박영사, 2021, 437면.

2) 변론주의의 인정 근거

처분권주의와는 달리 민사소송법에는 변론주의에 관한 원칙적인 규정은 없다. 다만 직권조사사항, 직권탐지주의 등에 관한 규정 등을 통하여 민사소송법이 변론주의를 취하고 있음을 추단할 수 있을 뿐이다. 변론주의의 근거에 대하여는 그것이 진실발견의 수단으로서 가장 적합하고 유용하기 때문에 인정된다고 볼 수도 있고, 당사자에 대한 절차보장, 즉 불측의 손해(불의타) 방지를 위하여 변론주의가 필요하다고 볼 수도 있지만, 기본적으로는 앞서 설명한 바와 같이 민사법의 대원칙인 사적자치의 원칙에서 그 인정 근거를 찾을 수 있다.

즉 변론주의의 본질은 민사소송의 대상인 개인적 재산관계는 형사소송과는 달리 사적자치의 원칙이 지배하는 영역으로, 그 소송자료의 수집과 제출에 있어서도 국가의 개입이 아닌 소송절차를 통하여 이익을 누리려는 당사자의 책임하에 두는 것이 합당하다는 사적자치 원칙의 소송법적 표현이라고 할 수 있다. 그러므로 진실발견에의 유용성이나 불측의 손해를 방지할 필요성 등은 단지 합목적성이나 기술적 필요에 불과하다고 할 것이다. "너는 사실을 말하라. 그러면 나는 권리를 주리라."라는 로마법상의 법언이야말로 가장 전형적인 변론주의의 원칙을 표방한 법언이라고 할 수 있다.

나. 변론주의의 내용

1) 사실의 주장책임

가) 의의

사실의 주장책임이란 권리와 의무의 발생과 소멸 및 변경과 관련되는 사실, 이를 주요사실(요건사실)이라고 하는데, 이러한 주요사실은 당사자가 변론에서 주장하여야 하며 당사자가 주장하지 않은 주요사실은 비록 법원이 이를 알고 있다 할지라도 판결의 기초로 삼을 수 없다는 의미이다. 즉 주요사실을 주장하지 않아(제출하지 않아) 생기는 불이익을 당사자가 부담한다(책임을 진다)는 점과 주장한 사실만으로 판단하여야 한다는 것을 말한다.

예를 들어, 원고의 대여금 청구에 대하여 이미 피고가 변제하였거나 소멸시효가 완성되었다 할지라도 당사자인 피고가 이를 주장하지 않으면(즉 변제 사실 등을 제출하지 않으면) 그 사실은 없는 것으로 취급되어 그 사실의 존재로 이익을 보는 자가 이익을 받지 못하고 불이익을 받는 것을 사실의 주장책임이라고 한다.

그 결과 법원은 설사 이미 변제나 소멸시효의 완성 등으로 채무가 소멸하였음을 알고 있다 할지라도, 채무가 남아 있음을 전제로 원고 승소 판결을 하여야만 하고, 법원이 나서서 채무가 소멸하였음을 이유로 원고 패소의 판결을 할 수는 없다.

나) 주장공통의 원칙

이처럼 당사자가 변론에서 주장하지 않은 점에 대하여는 법원이 직권으로 판단할 수 없지만, 이때의 주장은 반드시 그 주장으로 인하여 이익을 보는 당사자가 하여야 하는 것은 아니다. 즉 당사자 누구라도 그러한 주장이 있기만 하면 무방하다. 예를 들어, 앞의 변제 사실에 대하여는 피고가 주장책임을 지지만 원고가 주장한 경우에도 비록 주장책임 있는 자가 주장한 것은 아니지만 피고가 주장한 것과 같이 취급하여 그 사실을 피고가 주장한 것으로 보아 주장하지 않은 피고에게 불이익을 주지 않는데, 이를 주장공통(主張共通)의 원칙이라고 한다.

이러한 주장공통의 원칙은 공동소송에서의 같은 편 당사자 사이에는 적용되지 않는다(공동소송인 독립의 원칙). 즉 수인의 원고 중 1인의 원고만이 특정 사실을 주장하고 다른 공동 소송인인 타 원고가 주장하지 않은 경우에는 주장한 원고만이 주장책임의 불이익을 입지 않고, 나머지 원고는 여전히 주장하지 않은 것으로 되어 그러한 사실이 존재하지 않는 것으로 취급되는 불이익을 입게 된다(이 점에서 증명공통의 원칙과 구별된다). 다만 필요적 공동소송에서는 합일 확정의 원칙에 따라 일부 당사자의 주장이 있으면, 타 당사자도 이를 주장한 것으로 본다(심리공통의 원칙).

다) 소송자료(사실자료)와 증거자료의 구별

넓은 의미의 소송자료는 앞서 설명한 것과 같이 사실자료와 증거자료 모두를 포함하는 개념이지만, 좁은 의미로는 이 중 사실자료만을 의미하여, 증거자료와의 구별을 꾀한다. 그에 따라 법원이 비록 증인의 증언 등에 의하여 주요사실이 존재하는 것을 알았다고 할지라도 당사자가 법정에서 주장한 바가 없으면(즉 소송자료인 사실자료가 없으면) 증거자료를 가지고 재판의 기초로 삼을 수 없으며, 당사자가 주장한 바와 달리 심판을 할 수도 없다. 이를 소송자료(사실의 주장 내용)와 증거자료(증인의 증언 내용)의 구별이라고 한다. 쉽게 말하면 증거자료를 가지고 주장한 것처럼(주장이 있는 것으로) 인정할 수 없다는 의미이다.

예를 들어, 피고가 변제 항변을 하지 않았지만(즉 변제 사실을 주장하지 않았지만), 증인의 증언 속에 피고의 변제 사실이 드러난 경우, 비록 법원이 증인의 증언이라는 증거자료를 통하여 그 변제 사실을 알게 되고 이를 진실한 것으로 믿는다 할지라도 이를 가지고 피고가 주장하지 않은 변제 사실을 인정하여 변제로 채무가 소멸하였음을 이유로 원고의 청구를 기각하는 판결의 기초로 삼을 수 없다는 것이다. 이를 소송자료와 증거자료의 준별(峻別)이라고 부른다.

라) 간접적 주장

이처럼 주요사실에 대한 주장이 없으면 비록 증거자료가 현출되었다고 하더라도 이를 가지고 판결의 기초로 삼을 수 없게 되어 소송지식을 갖지 못한 당사자에게 불이익을 줄 수가 있게 된다. 여기서 이러한 문제점을 해소하기 위하여 판례는 비록 당사자가 변론에서 주요사실을 직접적으로 주장하지 않았어도 간접적으로라도 주장한 것으로 보여질 수 있는 경우(이를 사실상의 주장이라고 함)에는 이를 주장한 것으로 보아 판결의 기초로 삼을 수 있게 하고 있다. 이를 간접적 주장이라고 한다.

이러한 간접적 주장이 있었다고 볼 수 있는 경우로는, 당사자가 변론의 전체적인 관찰에 의하여 간접적으로 밝힌 것으로 볼 수 있을 때, 주장 사실의 내용이 담긴 서증을 제출하여 그 입증취지를 진술함으로써 서증 기재 사실을 주장한 때, 감정서나 서증을 이익으로 원용한 때 등을 들 수 있다. 예를 들어, 피고의 변제주장은 없었지만 변제공탁을 한 후 변제공탁하였다는 취지가 담긴 공탁서를 법원에 제출한 경우 등이다. 이러한 간접주장이 있을 경우에는 주요사실에 대한 주장이 있는 것으로 보아 법원은 판결의 기초로 삼고 있다. 이는 결국 소송자료와 증거자료의 준별을 완화하여 당사자의 불이익을 줄이려는 시도라고 할 수 있다.

판례

대법원 1964. 12. 29. 선고 64다1189 판결 [공기압축기대여료]

변론주의에 의하여 심리되는 일반 민사소송사건에 있어서는 증거자료는 소송자료와 구별되는 것으로 증거자료로서 소송자료를 보충할 수 없는 것이고 또 당사자 본인 신문에 의한 공술은 증인의 증언과 같이 증거자료이지 소송자료가 아니므로 설사 본건에 있어 피고 대표자 본인신문의 내용이나 갑 제6호증의 기재에 원고의 주장 사실과 일치되는 부분이 있다 하더라도 이를 피고의 자백으로 볼 수 없는것 일 뿐만 아니라 위 증거자료를 세밀히 검토하여 보아도 피고가 원고로 부터 본건 공기압축기를 임차한 사실 및 피고가 원고에게 동 임차료를 납부하고 있지 않다는 사실을 피고가 자백하고 있는 사실을 인정할 수 없으므로 논지는 모두 독자적 견해라 할 것이고 원판결에는 소론과 같은 잘못이 있다고 할 수 없으므로 논지는 이유없다 할 것이다.

판례

대법원 1996. 2. 9. 선고 95다27998 판결 [소유권이전등기말소등]

[1] 대리행위는 법률효과를 발생시키는 실체법상의 구성요건 해당 사실에 속하므로 법원은 변론에서 당사자가 주장하지 않은 이상 이를 인정할 수 없으나, 이와 같은 주장은 반드시 명시적인 것이어야 하는 것은 아니고 당사자의 주장 취지에 비추어 이러한 주장이 포함되어 있는 것으로 볼 수 있다면, 당연히 재판의 기초로 삼을 수 있다.

[3] 법원의 석명권 행사는 당사자의 주장에 모순된 점이 있거나 불완전·불명료한 점이 있을 때에 이를 지적하여 정정 보충할 수 있는 기회를 주고, 계쟁 사실에 대한 증거의 제출을 촉구하는 것을 그 내용으로 하는 것으로, 당사자가 주장하지도 아니한 법률효과에 관한 요건사실이나 독립된 공격방어 방법을 시사하여 그 제출을 권유함과 같은 행위를 하는 것은 변론주의의 원칙에 위배되는 것으로 석명권 행사의 한계를 일탈하는 것이 된다.

[4] 채권자대위권을 행사함에 있어서 채권자가 제3채무자에 대하여 자기에게 직접 급부를 요구하여도 상관없는 것이고 자기에게 급부를 요구하여도 어차피 그 효과는 채무자에게 귀속되는 것이므로, 채권자대위권을 행사하여 채권자가 제3채무자에게 그 명의의 소유권보존등기나 소유권이전등기의 말소절차를 직접 자기에게 이행할 것을 청구하여 승소하였다고 하여도 그 효과는 원래의 소유자인 채무자에게 귀속되는 것이

니, 법원이 채권자대위권을 행사하는 채권자에게 직접 말소등기 절차를 이행할 것을
명하였다고 하여 무슨 위법이 있다고 할 수 없다.[27)]

판례

대법원 2002. 5. 31. 선고 2001다42080 판결 [건물철거등]

금원을 변제공탁하였다는 취지의 공탁서를 증거로 제출하면서 그 금액 상당의 변제
주장을 명시적으로 하지 않은 경우, 비록 당사자가 공탁서를 제출하였을 뿐 그에 기재
된 금액 상당에 대한 변제 주장을 명시적으로 하지 않았다고 하더라도 공탁서를 증거
로 제출한 것은 그 금액에 해당하는 만큼 변제되었음을 주장하는 취지임이 명백하므
로, 법원으로서는 그와 같은 주장이 있는 것으로 보고 그 당부를 판단하거나 아니면
그렇게 주장하는 취지인지 석명을 구하여 당사자의 진의를 밝히고 그에 대한 판단을
하여야 한다고 본 사례.

2) 주요사실과 간접사실

가) 의의

주요사실(主要事實)이란 권리의 변동(발생, 변경, 소멸)이라는 법률효과를 발
생시키는 법규의 요건사실을 말하고, 간접사실은 주요사실의 존재를 추단케(미루
어 짐작하게) 하는 데 도움이 되는 사실을 말한다. 그런데 변론주의는 주요사실에
한하여 적용되고, 간접사실이나 보조사실에는 적용되지 않는다. 그에 따라 간접
사실 등은 비록 당사자가 주장하지 않았다고 하여도 법원은 증거에 의하여 이를
인정할 수 있으며, 당사자의 자백이 있다 할지라도 법원은 이에 구속되지 않아

---

27) 위 판례는 "다른 상속인들의 지분에 관하여 대리인 자격으로 계약을 체결하였다는 사실은
    법률효과를 발생시키는 실체법상의 구성요건 해당 사실에 속하므로 법원으로서는 변론에
    서 당사자가 주장하지 않은 이상 이를 인정할 수 없을 것임은 상고이유에서 지적한 바와
    같다. 그러나 이와 같은 주장은 반드시 명시적인 것이어야 하는 것은 아니고 당사자의 주
    장 취지에 비추어 이러한 주장이 포함되어 있는 것으로 볼 수 있다면 당연히 재판의 기초
    로 삼을 수 있다고 할 것인데, 원고는 이 사건 소장에서 소외 망 진석권이 매수한 이 사건
    토지 부분을 그의 상속인들인 소외 망 진두현들로부터 매수하였다고 주장하다가(기록 38
    면), 1992. 2. 18.자 준비서면(기록 1200면)에서 소외 망 진석권의 장남인 소외 망 진두현
    으로부터 매수하였다고 주장하여 왔던 것으로, 원고 주장의 경과에 비추어 볼 때 그 주장
    속에는 소외 망 진두현을 제외한 나머지 상속인들에 관하여는 소외 망 진두현이 그들을
    대리하여 매도하였다는 주장이 포함된 것으로 못 볼 바 아니므로 원심의 사실인정이 변론
    주의에 위배되었다고 할 수 없다"고 한다.

자백 사실과 반대되는 사실을 얼마든지 인정할 수 있다.

간접사실을 인정하는 증거의 예로는, 甲이 乙에게 돈 1천만 원을 빌려주었는데도 乙이 이를 갚지 않고 있다고 하면서 빌려준 돈의 반환을 청구하는 대여금청구소송을 제기한 경우에, 돈을 빌려준 내용이 기재된 차용증이나, 빌려주는 현장에서 甲이 乙에게 1천만 원을 빌려주는 것을 지켜보았다는 丙의 진술 등은 직접증거로 직접사실에 대한 증거가 된다. 이에 비하여 甲이 돈을 빌려주었다고 주장하는 시점에, 乙이 자녀 대학교 학비 문제 등으로 돈이 급히 필요하였다는 사정, 乙이 여기저기에 돈을 빌리기 위하여 애쓰고 있었다는 사정, 그 후 乙이 甲을 찾아갔고 무사히 자녀 학비를 낸 사실 등은 乙이 돈을 빌렸다는 주요사실의 존재를 추단케 하는 사실로서, 이를 간접사실이라고 한다.

판례

대법원 1983. 12. 13. 선고 83다카1489 전원합의체 판결 [매매대금반환]
당사자가 변론에서 주장한 주요사실만이 심판의 대상이 되는 것으로서 여기서 주요사실이라 함은 법률효과를 발생시키는 실체법상의 구성요건 해당사실을 말한다.

판례

대법원 2002. 6. 28. 선고 2000다62254 판결 [구상금]
민사소송에 있어서 변론주의는 주요사실에 대하여서만 인정될 뿐 주요사실의 존부를 추인케 하는 간접사실에 대하여는 그 적용이 없는 것이라 할 것이다.

판례

대법원 1992. 11. 24. 선고 92다21135 판결 [약속어음금]
원고은행이 위 두성산업으로부터 이 사건 약속어음의 할인의뢰를 받고 그 업무를 취급함에 있어 세금계산서 외에 발주서나 수주계약서를 제시받았는지의 여부는, 위 두성산업이 이 사건 어음의 원인관계에 따른 물품을 피고에게 공급하지 아니한 사실을 원고가 알았는지 여부에 관련한 간접사실이 될 수 있는 것에 불과한 것이고, 주요사실의 간접사실에 대한 자백은 법원이나 당사자를 구속하지 않는 것이므로, 원심이 그 거시의 증거에 의하여 원고은행이 이 사건 약속어음의 할인업무을 취급하면서 세금계산서만을 제시받은 것으로 사실인정 하였다 하여 잘못이라 할 수 없다.

판례

대법원 1988. 12. 27. 선고 86누190 판결 [상속세등부과처분취소]

망 소외인이 3년여 동안 신고에 시달려 별반 사업활동이 없으면서 사망하기 얼마 전인 1977.8. 월경 수필지의 대지를 매각하여 많은 현금을 소지하고 있었던 사실과 위 소외인의 사망 후 이 사건 문제의 차용금채무의 일부를 상속인들이 변제한 사실 및 위 소외인이 사망하기 얼마전(1, 2개월 전) 전북은행으로부터 9,900백만 원의 이 사건 금원을 차용한 사실을 인정한 다음 이를 종합하면 위 대출금은 현금으로 고스란히 상속개시일 현재 위 소외인이 소지하고 있었다고 할 것이므로 현금 9,900만 원을 상속재산에 포함시킨 피고의 조치를 적법하다고 판시하였는바, 이는 판시와 같은 간접사실에 의하여 상속재산의 존재라는 주요사실을 추정(사실의 추정)한 것으로 볼 수 있는데 그 전제로서 간접사실이 인정되면 주요사실이 증명된다는 경험칙이 있어야 할 것인바, 기록에 의하면 위 간접사실을 인정하기에는 충분한 증거가 있으나, 위 소외인이 전북은행으로부터 위 대출금을 현금 자체로 대출받았다고 인정할 증거가 없을 뿐 아니라 본시 금원을 차용하는 것은 채무변제나 사업자금 등 금융의 필요가 있는 궁박한 상태에서 이루어짐이 통상적임을 감안하면 금원을 대출받고서도 1,2개 월 후까지 한푼도 쓰지 아니하고 이를 현금으로 소지한다는 것은 원심판시의 간접사실을 감안하더라도 통상적으로는 있을 수 없는 이례에 속하는 사실이라 할 것이다.

그러므로 원심이 위와 같은 간접사실만으로써 위 소외인이 1977.10.14. 사망 당시까지 위 대출금 9,900만 원을 소지하고 있었다는 사실을 인정한 것은 경험칙에 반하는 채증법칙 위배의 잘못이 있다고 할 것이고, 또 기록에 의하여도 이를 인정할 충분한 증거는 찾아볼 수 없다.

나) 주요사실과 요건사실의 관계

일반적으로는 요건사실(要件事實)은 실체법상의 용어로 일정한 권리변동을 가져오는 법률효과를 발생시키는 법률요건에 해당하는 사실을 뜻한다. 그렇기에 요건사실과 주요사실은 사실상 거의 같은 의미로 사용된다고도 할 수 있다. 다만, 요건사실은 민법이나 상법과 같은 실체법에서 개개 조문의 법률효과의 발생 요건(법률요건)으로 규정되어 있는 사실임에 비하여 주요사실은 요건사실에 해당하는 구체적인 사실을 의미한다는 점에서 구별되기도 한다.[28] 그렇기에 일반적으로는 주요사실과 요건사실은 사실상 동의어로 사용되지만, 신의성실의 원칙 등과 같은 일반조항에 있어서는 양자의 관계가 문제 된다.

🖋 심화학습

일반조항이란 법률상의 요건이 불확정개념에 의하여 추상적으로 정하여진 법 조항을 말한다.[29] 즉 법 조항 중 구체적 사정하에서 권리자나 의무자로 하여금 어떻게 행동하도록 명할 것인가에 대하여 방향을 제시하는 규정으로, 그 방향과 추상적인 기준만을 제시할 뿐 구체적인 기준이나 행위 등에 대하여는 아무런 규정이 없어 법원이 이를 적용하기 위해서는 다시 개별 사건에서 제반 사정을 두루 종합하여 구체화시킬 필요가 있는 규정을 의미한다고 볼 수 있다.[30] 민법상의 신의성실의 원칙이나 권리남용금지에 관한 규정, 선량한 풍속이나 사회질서 위반에 관한 규정, 불공정 법률행위에 관한 규정 등이 대표적인 일반조항에 해당한다.

(1) 신의칙, 권리남용

이는 판례에 의하는 한 직권조사사항으로서 최고도의 공익적 성격을 갖고 있으므로 이러한 일반조항에 해당하는 구체적인 사실의 주장이 없어도 증거상 이에 해당하는 사실을 판결의 기초로 할 수 있다. 즉 결국 권리남용은 요건사실이지만 주요사실은 아닌 것으로 권리남용에 해당한다고 판단할 수 있는 여러 개별 사실들이 바로 주요사실이 된다.

(2) 선량한 풍속 그 밖의 사회질서 위반 여부

이는 권리장애사유로서 요건사실로 항변사유에 해당하므로 비록 공서양속 자체를 당사자가 주장할 필요는 없지만 주요사실이라고 할 수 있는 구체적인 사실(즉 공서양속에 반하는 여러 구체적 사실)에 관하여는 당사자의 주장이 없는 한 이를 재판의 기초로 삼을 수 없다.

(3) 기타 '정당한 사유', '고의', '과실' 등

판례는 '정당한 사유'나 '과실'에 해당하는 구체적인 사실 그 자체를 주요사실로 보고 있다. 즉 당사자가 변론에서 주장한 과실에 해당하는 여러 사유만이 판결의 기초가 된다.

---

28) 권혁재, 요건사실 증명책임, 진원사, 2010, 3면.
29) 사법연수원, 요건사실론, 2016, 13면.
30) 자세한 것은 권혁재, 요건사실 증명책임, 진원사, 2010, 66면 이하 참조.

그 결과 일반조항 이외의 보통의 경우에는 요건사실=주요사실이지만, 일반조항에서는 요건사실 > 주요사실이 되어, 요건사실이지만 주요사실은 아닌 경우도 발생하게 된다. 즉 과실, 정당한 사유 등 일반조항의 경우 사실의 법적 평가를 요건사실이라고 하고, 그와 같은 평가에 해당하는 구체적 사실을 주요사실로 보게 된다. 예를 들어, 자동차 운전 중 중앙선 침범으로 타인에게 손해를 입힌 경우, 중앙선 침범이라는 사실이 주요사실이 되고, 중앙선 침범이라는 사실로 인하여 운전자 과실이 인정되는바, 이때의 과실은 요건사실(즉 구성요건적 사실)이 된다. 결국 일반조항 그 자체는 주요사실이 아닌 요건사실에 불과하고, 그 일반조항에 해당하는 구체적인 사실이 바로 변론주의의 적용을 받는 주요사실이 되게 된다고 볼 수 있다. 따라서 정당한 사유에 해당한다거나 과실이 있음을 인정한다는 점 등에 대하여는 자백이 성립하지 않기에 과실 등과 같은 불확정개념의 판단의 기초가 되는 사실 자체에 대하여 당사자의 주장이 필요하게 된다.[31]

그러나 선의(善意)나 악의(惡意), 알고 있음(知)이나 모르고 있음(不知) 등과 같은 내심의 의사는 평가개념이 아니라 사회적, 역사적 사실이기에 주요사실은 어디까지나 이러한 내심의 의사 자체이고, 내심의 의사를 추단할 수 있는 여러 정황사실 등은 간접사실로 취급될 뿐이다.

판례

대법원 2004. 8. 20. 선고 2003다26075 판결 [보험금]

보험약관에서 '피보험자 등의 고의에 의한 사고'를 면책사유로 규정하고 있는 경우 여기에서의 '고의'라 함은 자신의 행위에 의하여 일정한 결과가 발생하리라는 것을 알면서 이를 행하는 심리 상태를 말하는 것으로서 그와 같은 내심의 의사는 이를 인정할 직접적인 증거가 없는 경우에는 사물의 성질상 고의와 상당한 관련성이 있는 간접사실을 증명하는 방법에 의하여 입증할 수밖에 없고, 무엇이 상당한 관련성이 있는 간접사실에 해당할 것인가는 사실관계의 연결상태를 논리와 경험칙에 의하여 합리적으로 판단하여야 할 것임은 물론이지만, 보험사고의 발생에 기여한 복수의 원인이 존재하는 경우, 그 중 하나가 피보험자 등의 고의행위임을 주장하여 보험자가 면책되기 위하여는 그 행위가 단순히 공동원인의 하나이었다는 점을 입증하는 것으로는 부족하고 피보험자 등의 고의행위가 보험사고 발생의 유일하거나 결정적 원인이었음을 입증하여야 할 것이다.

---

31) 사법연수원, 요건사실론, 2016, 13면.

판례

대법원 1993. 8. 27. 선고 93다12930 판결 [주권반환]

변론주의라 함은 법원이 판결의 기초로 채용할 수 있는 주요사실은 오로지 당사자의 주장을 기초로 하는 것이어야 한다는 원리일 뿐이지, 주요사실이 아닌 반대사실을 인정함에 있어서는 당사자의 주장과 다른 사실을 인정하더라도 변론주의에 위배되는 것이 아니라고 할 것인바, 위 인정사실에 의하면 원심은 원고의 주요사실에 관한 주장을 배척한 다음 그와 반대되는 사실을 인정하였는바, 그것이 소론처럼 피고의 주장과도 다르다고 하여 변론주의에 위배된다고는 할 수 없으므로 논지는 이유 없다.

다) 주요사실과 간접사실의 구별과 상호관계

이처럼 변론주의가 적용되는 영역은 주요사실에 국한되고, 간접사실에는 적용되지 않기에 주요사실과 간접사실의 구별은 중요하다. 주요사실과 간접사실의 구별은 법규의 구조에서 찾아야 한다고 보는 법규기준설이 통설이다. 즉 앞서 설명한 바와 같이 주요사실은 법률효과를 발생시키는 법규의 직접 요건사실(구성요건적 사실)이고, 간접사실은 주요사실의 존재를 경험칙에 의하여 추인하는데 쓰이는 사실로서 주요사실의 존부를 확인하는 데에 도움이 되는 사실이라고 할 수 있다.[32] 이에 비하여 보조사실이란 증거능력이나 증거가치에 관한 사실로서 간접사실에 준하여 취급된다. 예를 들어, 甲의 증언이 있는 경우에, 甲이 한 증언의 증거가치(신뢰성이나 신빙성 등)를 저하하기 위한 사유인 甲이 당사자와 갖고 있는 친분관계나 평소의 성실성, 위증의 전력, 직업 등과 같은 사실 등이 바로 보조사실이 된다.

라) 주요사실에의 해당 여부

- 기본(기초)사실에 대한 경위나 내역

판결의 기초가 되는 사실 즉 요건사실(기본사실)의 경위나 내역 등에 관한 사실은 주요사실이 아닌 간접사실에 불과하다.

- 일실수익의 산정기초

판례는 손해배상소송에서의 일실이익 산정의 기초가 되는 월수입, 가동연한, 월생계비 등은 주요사실이지만 중간이자의 공제방식인 현가산정방식에 관한 주장은 구체

---

32) 김홍엽, 민사소송법, 박영사, 2021, 447면.

적 사실에 대한 법률적 평가에 불과하므로 당사자의 주장에 관계없이 법원이 자유로이 판단할 수 있다고 본다. 그에 따라 당사자가 호프만식 계산법을 적용하여 일실수입을 산정하여 청구한 경우에도 법원은 라이프니쯔식으로 일실수입을 산정하더라도 변론주의에 위배되지 않는다고 한다.

판례

대법원 1983. 6. 28. 선고 83다191 판결 [손해배상]

불법행위로 인한 장래 얻을 수 있는 일실수익의 현가를 산정함에 있어 중간이자 공제방법으로서 호프만식 계산법에 의하지 아니하고 라이프니쯔식 계산법에 의하여 그 일실수익의 현가를 산정하였다 하여 이를 판례위반의 위법이라 할 수 없다.

불법행위로 인한 일실수익의 현가산정에 있어서 기초사실인 수입, 가동연한, 공제할 생활비 등은 사실상의 주장이지만 현가 산정방식에 관한 주장(호프만식에 의할 것이냐 또는 라이프니쯔식에 의할 것이냐에 관한 주장)은 당사자의 평가에 지나지 않는 것이므로 당사자의 주장에 불구하고 법원은 자유로운 판단에 따라 채용할 수 있고 이를 변론주의에 반한 것이라 할 수 없다.

- 소멸시효와 취득시효의 기산일

판례에 의하는 한 소멸시효의 기산일은 주요사실이다. 따라서 당사자가 그 기산일에 대한 주장과 증명을 다 하여야만 한다. 법원도 당사자가 주장한 기산일과 다른 날짜를 기준으로 소멸시효 완성 여부를 계산할 수 없다. 그러나 취득시효의 기산일은 법률효과의 판단에 관하여 직접 필요한 주요사실이 아니고 간접사실에 불과하므로 법원으로서는 이에 관한 당사자의 주장에 구속되지 않고 소송자료에 의하여 점유의 시기를 인정할 수 있다.

점유취득 시효기간 중 계속하여 등기명의자가 동일한 경우에는 기산점을 어디에 두어도 무방하지만(즉 시효취득을 주장하는 시점으로부터 역산하여 20년이 넘는 임의의 시점을 선택할 수 있지만) 시효기간 만료 후 이해관계 있는 제3자가 있는 경우에는 기산점을 임의로 선택할 수 없다는 점이다. 그러나 취득시효 완성 후 등기명의자가 변경되었지만 그때로부터도 다시 취득시효기간이 경과된 경우에는 등기명의변경시를 새로운 기산점으로 삼아도 무방하다. 이 경우 새로이 2차의 취득시효가 개시되어 그 취득시효기간이 경과하기 전에 등기부상 새로운 소유명의자가 다시 변경된 경우에도 마찬가지이다.

판례

대법원 2009. 12. 24. 선고 2009다60244 판결 [대여금]

소멸시효의 기산일은 채권의 소멸이라고 하는 법률효과 발생의 요건에 해당하는 소멸시효기간 계산의 시발점으로서 시효소멸 항변의 법률요건을 구성하는 구체적인 사실에 해당하므로 이는 변론주의의 적용대상이라 할 것이고, 따라서 본래의 소멸시효 기산일과 당사자가 주장하는 기산일이 서로 다른 경우에는 변론주의의 원칙상 법원은 당사자가 주장하는 기산일을 기준으로 소멸시효를 계산하여야 하는데, 이는 당사자가 본래의 기산일보다 뒤의 날짜를 기산일로 하여 주장하는 경우는 물론이고, 특별한 사정이 없는 한 그 반대의 경우에 있어서도 마찬가지라고 보아야 할 것이다.

판례

대법원 2015. 3. 20. 선고 2012다17479 판결 [도로시설등철거등]

취득시효기간을 계산할 때에, 점유기간 중에 해당 부동산의 소유권자가 변동된 경우에는 취득시효를 주장하는 자가 임의로 기산점을 선택하거나 소급하여 20년 이상 점유한 사실만 내세워 시효완성을 주장할 수 없으며, 법원이 당사자의 주장에 구애됨이 없이 소송자료에 의하여 인정되는 바에 따라 진정한 점유의 개시시기를 인정하고, 그에 터 잡아 취득시효 주장의 당부를 판단하여야 한다.

- **본인의 법률행위와 대리인에 의한 법률행위**

판례는 본인에 의하여 계약이 체결되었는가, 아니면 대리인에 의하여 계약이 체결되었는가는 각 별개의 주요사실이지만, 앞서 설명한 간접적 주장의 적용이 가능하다는 입장이다. 즉 본인에 의한 계약의 체결 사실과 대리인에 의한 계약의 체결 사실을 별개의 주요사실로 보아 별도의 주장이 필요하다고 하면서도 간접적 주장의 적용을 통하여 사실상 주장의 정도를 상당히 완화하여 실질적으로는 별도 주장을 요구하는 의미가 무색할 정도이다.

판례

대법원 1996. 2. 9. 선고 95다27998 판결 [소유권이전등기말소등]

대리행위는 법률효과를 발생시키는 실체법상의 구성요건 해당 사실에 속하므로 법원은 변론에서 당사자가 주장하지 않은 이상 이를 인정할 수 없으나, 이와 같은 주장은 반드시 명시적인 것이어야 하는 것은 아니고 당사자의 주장 취지에 비추어 이러한 주장이 포함되어 있는 것으로 볼 수 있다면, 당연히 재판의 기초로 삼을 수 있다.

판례

대법원 1994. 10. 11. 선고 94다24626 판결 [수표금]

원고는 소장 및 준비서면에서 원고가 소외인을 통하여 피고등에게 금원을 대여하였다고 주장하고 있으나, 원고는 소외인을 증인으로 신청하여 소외인이 원고와 피고등 사이의 금전거래를 중개하였음을 입증하고 있다면, 비록 원고가 그 변론에서 소외인이 피고등을 대리하여 원고로부터 금원을 차용한 것이라고 진술한 흔적이 없다 하더라도 그 증인신청으로서 그 대리행위에 관한 간접적인 진술은 있었다고 보아야 할 것이므로, 법원이 소외인이 피고등을 대리하여 원고로부터 금원을 차용한 것으로 판단하였다고 하여 이를 변론주의에 반하는 처사라고 비난할 수 없다

- 유권대리와 표현대리

판례는 대리권이 있다는 것과 표현대리가 성립한다는 것은 전혀 별개의 주요사실이므로 유권대리의 주장만이 있는 경우에 그 주장 속에 표현대리의 주장도 있는 것으로 보아 법원이 표현대리의 성립을 인정하는 것은 변론주의에 반하는 것으로 본다. 이는 표현대리는 기본적으로 유권대리가 아닌 무권대리임을 전제로 하기 때문이다. 즉 표현대리는 무권대리이지만 일정한 요건을 갖춘 경우에 예외적으로 표현대리가 되어 대리에 의한 법률행위가 유효하다고 보기 때문이다.

판례

대법원 1983. 12. 13. 선고 83다카1489 전원합의체 판결 [매매대금반환]

가. 당사자가 변론에서 주장한 주요사실만이 심판의 대상이 되는 것으로서 여기서 주요 사실이라 함은 법률효과를 발생시키는 실체법상의 구성요건 해당사실을 말한다.
나. 유권대리에 있어서는 본인이 대리인에게 수여한 대리권의 효력에 의하여 법률효과가 발생하는 반면 표현대리에 있어서는 대리권이 없음에도 불구하고 법률이 특히 거래상대방 보호와 거래안전유지를 위하여 본래 무효인 무권대리행위의 효과를 본인에게 미치게 한 것으로서 표현대리가 성립된다고 하여 무권대리의 성질이 유권대리로

전환되는 것은 아니므로, 양자의 구성요건 해당사실 즉 주요사실은 다르다고 볼 수밖에 없으니 유권대리에 관한 주장 속에 무권대리에 속하는 표현대리의 주장이 포함되어 있다고 볼 수 없다.

3) 재판상 자백의 구속력

재판에서 주요사실 중 당사자 사이에 다툼이 없고 상대방이 인정하는 사실은 법원이 증거조사를 할 필요 없이 그대로 판결의 기초로(즉 당해 사실이 존재하는 것으로 인정) 하지 않으면 안 된다. 변론주의에 의하는 소송절차에서는 재판상 자백한 사실에 관하여 법원의 사실인정권이 배제되기 때문이다. 결국 법원이 증거자료 등을 토대로 당사자가 자백한 사실과 반대되는 사실의 존재를 확신하고 있다 할지라도 당사자의 자백에 반하여 임의로 반대되는 사실을 인정하고 그에 기초하여 판결을 선고할 수 없다는 의미이다. 다만 현저한 사실에 반하는 자백은 자백으로서의 구속력이 없다.

관련 법조문

민사소송법 제288조(불요증사실) 법원에서 당사자가 자백한 사실과 현저한 사실은 증명을 필요로 하지 아니한다. 다만, 진실에 어긋나는 자백은 그것이 착오로 말미암은 것임을 증명한 때에는 취소할 수 있다.

판례

대법원 1992. 11. 10. 선고 92다22121 판결 [토지소유권확인]

민사소송법 제261조의 규정에 의한 자백이 구속력을 갖는 것은 재판상의 자백에 한한다 할 것이고, 재판상 자백이란 변론기일 또는 준비절차기일에 당사자가 하는 상대방의 주장과 일치하는 자기에게 불리한 사실의 진술을 말하는 것으로 다른 소송에서 한 재판외의 자백은 하나의 증거원인이 될 뿐 같은 법조에 의한 구속력은 없다.

4) 증거제출책임(직권증거조사의 금지)

변론주의란 사실과 증거의 수집, 제출책임이 당사자에게 있다는 것이므로 증거도 당사자가 세워야 하고 법원은 당사자가 신청한 증거에 대하여만 증거조사를 하며 원칙적으로 직권으로 증거조사를 해서는 안 된다. 직권증거조사는 당사자가 신청한 증거만으로는 심증을 얻을 수 없을 때 비로소 보충적으로 할 수 있을 뿐이다.

> **관련 법조문**
> 민사소송법 제292조(직권에 의한 증거조사) 법원은 당사자가 신청한 증거에 의하여 심증을 얻을 수 없거나, 그 밖에 필요하다고 인정한 때에는 직권으로 증거조사를 할 수 있다.

다. 변론주의의 한계

변론주의는 사실과 증거방법에 한정될 뿐이고, 주장된 사실관계에 따른 법령의 판단과 적용, 제출된 증거가치의 판단은 전적으로 법원의 권한에 속한다. 사실 판단의 전제가 되는 경험법칙도 변론주의의 적용 밖이다. 경험법칙 또는 경험칙이란 각개의 경험으로부터 귀납적으로 얻어지는 사물의 성상이나 인과의 관계에 관한 사실판단의 법칙을 말한다. 이는 일종의 법규의 역할을 하기에 변론주의가 적용되지 않고, 그 인정 여부와 내용은 전적으로 법원의 권한에 속한다.

> **관련 법조문**
> 민사소송법 제202조(자유심증주의) 법원은 변론 전체의 취지와 증거조사의 결과를 참작하여 자유로운 심증으로 사회정의와 형평의 이념에 입각하여 논리와 경험의 법칙에 따라 사실주장이 진실한지 아닌지를 판단한다.

> **판례**
> **대법원 1994. 11. 25. 선고 94므826,833 판결 [이혼및친권자지정, 이혼및위자료]**
> 변론주의의 원칙상 당사자가 주장하지 아니한 사실을 기초로 법원이 판단할 수는 없는 것이지만, 법원은 청구의 객관적 실체가 동일하다고 보여지는 한 청구원인으로 주장된 실체적 권리관계에 대한 정당한 법률해석에 의하여 판결할 수 있다.

라. 변론주의의 보완과 수정

1) 필요성

변론주의는 당사자의 소송능력이 평등하고 대등하다는 점을 전제로 하고 있다. 그러나 현실적으로 당사자의 실제 소송능력은 차이가 날 수밖에 없고, 그로 인하여 당사자에게 사실과 증거의 제출책임을 전적으로 맡겨 놓을 경우 소송수행능력이 부족한 당사자는 사실상 법적 구제를 받지 못하는 문제점이 발생한다. 즉 승소할 사건을 패소하게 되고, 패소할 당사자가 승소하게 되어 사법 정의가 왜곡되는 결과를 초래하게 된다. 이러한 문제점을 보완하기 위하여 민사소송법이 마련하고 있는 제도로는, 법원의 석명권 내지 지적의무제도, 직권증거조사제도, 대리인의 선임명령제도 등이 있다.

2) 진실의무

변론주의의 보완 내지는 수정제도로 거론되는 것 중에 진실의무제도가 있다. 진실의무란 아무리 변론주의에 의하여 사실의 주장책임이 당사자에게 있다 하여도 진실에 반하는 것으로 알고 있는 사실을 주장해서는 안 되며 진실에 맞는 것으로 알고 있는 상대방의 주장을 다투어서는 안 된다는 의무를 말한다. 우리 민사소송법은 이에 관한 특별한 규정은 없지만 제1조 제2항의 신의성실의 원칙상 진실의무를 인정하고 있는 것으로 볼 수 있다는 것이 통설의 입장이다.

그러나 진실의무에의 위반시 아무런 소송법적 제재가 없기 때문에 그 실효성은 의문이다. 다만 진실의무에 위반하여 승소한 경우라도 소송비용을 부담시키거나 사실인정에 있어서 변론의 전취지로 진실의무에 위반한 당사자에게 불이익을 줄 수 있을 것이다. 또한 소송사기로 인한 손해배상책임의 인정이나, 형사적으로는 소송사기죄의 의율로 간접적이나마 진실의무 위반에 대한 제재를 가할 수 있다.

판례

대법원 2007. 9. 6. 선고 2006도3591 판결 [사기미수·사문서위조]
소송사기는 법원을 속여 자기에게 유리한 판결을 얻음으로써 상대방의 재물 또는 재산상 이익을 취득하는 범죄로서, 이를 쉽사리 유죄로 인정하게 되면 누구든지 자기에게 유리한 주장을 하고 소송을 통하여 권리구제를 받을 수 있는 민사재판제도의 위축을 가져올 수밖에 없으므로, 피고인이 그 범행을 인정한 경우 외에는 그 소송상의 주장이 사실과 다름이 객관적으로 명백하고 피고인이 그 주장이 명백히 거짓인 것을 인식하였거나 증거를 조작하려고 하였음이 인정되는 때와 같이 범죄가 성립하는 것이 명백한 경우가 아니면 이를 유죄로 인정하여서는 아니 되고, 단순히 사실을 잘못 인식하였다거나 법률적 평가를 잘못하여 존재하지 않는 권리를 존재한다고 믿고 제소한 행위는 사기죄를 구성하지 아니하며, 소송상 주장이 다소 사실과 다르더라도 존재한다고 믿는 권리를 이유 있게 하기 위한 과장표현에 지나지 아니하는 경우 사기의 범의가 있다고 볼 수 없고, 또한 소송사기에서 말하는 증거의 조작이란 처분문서 등을 거짓으로 만들어내거나 증인의 허위 증언을 유도하는 등으로 객관적·제3자적 증거를 조작하는 행위를 말한다.

마. 변론주의의 예외(제한)

1) 직권탐지주의
가) 의의 및 내용

앞서 설명한 것과 같이 직권탐지주의란 소송자료의 수집책임을 당사자가 아닌 법원에 일임하는 입장으로 변론주의에 대립되는 개념이다. 이의 구체적 내용은 아래와 같다.

(1) 사실의 직권탐지(주장책임의 배제)

직권탐지주의를 직권조사사항 중 판단자료의 수집에서 법원이 원칙적으로 직권증거조사를 하여 이를 탐지할 수 있는 소송자료의 수집 원칙을 말한다고 보는 견해도 있다.[33) 당사자가 주장하지 않은 사실도 법원은 자기 책임과 직권으로 수집하여 판결의 기초로 삼아야 하고, 당사자의 변론(주장)은 직권탐지를 보완하는 데 그친다. 그러나 직권에 의한 사실탐지는 무제한적인 것이 아니라 기록에 나타난 사실에 한정된다.

판례

대법원 1994. 4. 26. 선고 92누17402 판결 [주택조합설립변경인가신청반려처분취소]
행정소송법 제26조가 규정하는 바는 행정소송의 특수성에서 연유하는 당사자주의, 변

---

33) 김홍엽, 민사소송법, 박영사, 2021, 455면.

론주의에 대한 일부 예외규정일 뿐 법원이 아무런 제한 없이 당사자가 주장하지 아니
한 사실을 판단할 수 있는 것은 아니고, 기록상 현출되어 있는 사항에 관하여서만 직
권으로 증거조사를 하고 이를 기초로 하여 판단할 수 있을 따름이다.

(2) 자백의 구속력 배제

당사자의 자백은 법원을 구속하지 못하고 단지 증거자료에 그친다. 그에 따
라 법원은 당사자의 자백에 반하는 사실을 인정할 수 있고, 이를 기초로 하여 판
결을 선고할 수도 있다.

(3) 직권증거조사(주관적 증명책임의 배제)

당사자의 증거신청 여부를 불문하고 법원은 원칙적인 증거조사의 책임을 진
다. 이 점에서 보충적 직권증거조사에 의하는 변론주의와 구별된다.

관련 법조문

민사소송법 제292조(직권에 의한 증거조사) 법원은 당사자가 신청한 증거에 의하여 심증
을 얻을 수 없거나, 그 밖에 필요하다고 인정한 때에는 직권으로 증거조사를 할 수 있다.

---

(4) 공격방어방법의 제출 시기의 무제한

변론에서 각 당사자의 공격 또는 방어방법은 소송의 정도에 따라 적절한 시
기에 제출하여야만 한다. 이를 적시제출주의라고 하는데, 소송과정에서 수시로
(언제든지) 공격 또는 방어방법을 제출할 수 있는 수시제출주의와 구별된다. 따라
서 만일 적절한 시기에 공격 방법 등을 제출하지 않을 경우에는 일정한 경우 실
기한 공격방어방법이 되어 법원은 직권 또는 상대방의 신청에 따라 이를 각하할
수 있다. 이에 반하여 직권탐지주의가 적용되는 영역에서는 소송자료의 제출에
시기가 정해진 것이 아니므로 시기에 늦었다고 하여 각하 등으로 이를 배척할
수 없다. 그에 따라 민사소송법 제147조, 제149조, 제285조의 적용이 배제된다.

관련 법조문
민사소송법 제146조(적시제출주의) 공격 또는 방어의 방법은 소송의 정도에 따라 적절한 시기에 제출하여야 한다.
149조(실기한 공격·방어방법의 각하) ①당사자가 제146조의 규정을 어기어 고의 또는 중대한 과실로 공격 또는 방어방법을 뒤늦게 제출함으로써 소송의 완결을 지연시키게 하는 것으로 인정할 때에는 법원은 직권으로 또는 상대방의 신청에 따라 결정으로 이를 각하할 수 있다.

(5) 처분권주의의 제한

직권탐지주의 영역에서는 당사자주의가 적용되지 않기에 청구의 포기나 인낙, 화해도 허용되지 않는다.

(6) 당사자의 절차권 보장

직권탐지주의라 할지라도 법원이 직권으로 탐지한 사실이나 증거를 바로 판결의 기초로 삼을 수는 없다. 이를 판결의 기초로 삼기 위해서는 당사자에게 미리 알려 그에 관한 의견진술의 기회를 부여하여야만 한다.

관련 법조문
소액사건심판법 제10조(증거조사에 관한 특칙) ①판사는 필요하다고 인정하는 경우에는 직권으로 증거조사를 할 수 있다. 이 경우 그 증거조사의 결과에 관하여는 당사자의 의견을 들어야 한다.

다) 적용대상(범위)

직권탐지주의는 객관적인 진실발견이 필요한 경우에 적용된다. 재판권과 재심사유의 존재 여부, 외국법규, 관습법, 가사소송(가사소송법 제12조, 제17조, 기속적 직권탐지주의), 선거소송, 헌법재판, 행정소송(행정소송법 제26조, 재량적 직권탐지주의) 등이 직권탐지주의의 적용영역이 된다. 다만 가사소송의 경우에는 직권으로 사실조사 및 필요한 증거조사를 하여야 함에 비하여, 행정소송에서는 직권으로 증거조사를 할 수 있고, 당사자가 주장하지 않은 사실에 대하여도 판단할 수 있다는 점에서 차이를 보인다. 이에 전자를 기속적 직권탐지주의라 부르고, 후자를 재량적 직권탐지주의라고 부른다.

관련 법조문

가사소송법 제17조(직권조사) 가정법원이 가류 또는 나류 가사소송사건을 심리할 때에는 직권으로 사실조사 및 필요한 증거조사를 하여야 하며, 언제든지 당사자 또는 법정대리인 을 신문할 수 있다.

행정소송법 제26조(직권심리) 법원은 필요하다고 인정할 때에는 직권으로 증거조사를 할 수 있고, 당사자가 주장하지 아니한 사실에 대하여도 판단할 수 있다.

판례

대법원 2010. 2. 11. 선고 2009두18035 판결

행정소송에서 기록상 자료가 나타나 있다면 당사자가 주장하지 않았더라도 판단할 수 있고, 당사자가 제출한 소송자료에 의하여 법원이 처분의 적법 여부에 관한 합리적인 의심을 품을 수 있음에도 단지 구체적 사실에 관한 주장을 하지 아니하였다는 이유만 으로 당사자에게 석명을 하거나 직권으로 심리·판단하지 아니함으로써 구체적 타당 성이 없는 판결을 하는 것은 행정소송법 제26조의 규정과 행정소송의 특수성에 반하 므로 허용될 수 없다.

2) 직권조사사항

가) 의의

당사자의 신청 또는 이의에 관계없이 법원이 반드시 직권으로 조사하여 판단을 하여야 할 사항을 말한다. 공익적 요구가 강한 사항에 적용되는 것으로 항변사항과 대립하는 개념이다. 직권조사는 변론주의와 직권탐지주의가 아닌 제3의 입장이라고 하거나 변론주의나 직권탐지주의의 중간지대라고도 한다.

그러나 직권탐지주의와 변론주의는 판단의 기초가 되는 사실과 증거의 수집, 제출책임을 법원과 당사자 중 누구에게 지울 것인가의 문제임에 비하여 직권조사사항은 어떤 사항을 직권으로 고려하지 않으면 안되는 것인가의 문제라고 볼 수 있다. 그러므로 직권조사사항이라고 하여 법원이 반드시 직권으로 사실을 탐지할 의무가 있는 것은 아니며 그것이 변론주의의 대상일 수도 있고(기판력의 저촉 여부 등), 직권탐지주의의 대상이 될 수도 있게 된다. 즉 직권조사사항은 공익에 관한 것이어서 비록 당사자의 항변이 없을지라도 법원이 직권으로 문제 삼아 판단한다는 것을 뜻하는 것으로, 판단의 기초가 될 사실과 증거의 조사에 관한 직권탐지의무는 없게 된다.[34] 이 점에서 직권탐지주의가 변론주의의 대척점에 있는 것이라면, 직권조사사항은 변론주의 안에서의 변론주의 적용의 예외 사항이라고도 할 수 있을 것이다.

판례

대법원 1981. 6. 23. 선고 81다124 판결 [소유권이전등기]

민사소송에 있어서 기판력의 저촉여부와 같은 권리보호요건의 존부는 법원의 직권조사사항이나 이는 소위 직권탐지사항과 달라서 그 요건 유무의 근거가 되는 구체적인 사실에 관하여 사실심의 변론종결 당시까지 당사자의 주장이 없는 한 법원은 이를 고려할 수 없고, 또 다툼이 있는 사실에 관하여는 당사자의 입증을 기다려서 판단함이 원칙이라 할 것이다.

나) 구체적 내용

(1) 항변 등에의 비구속

직권조사사항에 대하여는 법원은 당사자의 항변에 구속되지 않는다. 또한 당사자의 이의 유무에 관계없이 이를 조사하여야 하며 설사 이의를 철회하였다고 하여도 이를 조사하여야 한다. 따라서 당사자의 항변이나 이의가 없어도 법원이 직권으로 문제 삼아 판단할 수 있다. 그러나 앞서 설명한 것과 같이 판단의 기초가 될 사실과 증거에 관한 직권탐지의무는 없다. 이 한도에서는 변론주의에 따른다. 실제 소송에서는 조사사항의 존부가 의심스러운 경우에 비로소 직권으로 문제를 삼으면 족한 경우가 대부분이다.

판례

대법원 2008. 5. 15. 선고 2007다71318 판결 [소유권말소등기]

종중이 당사자인 사건에 있어서 대표자에게 적법한 대표권이 있는지 여부는 소송요건에 관한 것으로서 법원의 직권조사사항이므로 법원으로서는 그 판단의 기초자료인 사실과 증거를 직권으로 탐지할 의무까지는 없다 하더라도 이미 제출된 자료에 의하여

---

34) 이시윤, 신민사소송법, 박영사, 2019, 352면.

그 대표권의 적법성에 의심이 갈 만한 사정이 엿보인다면 이에 관하여 심리·조사할 의무가 있다고 할 것이다.

판례

대법원 1990. 10. 23. 선고 89다카23329 판결 [공사대금]
확정판결의 기판력의 존부는 직권조사 사항이므로 비록 피고가 이를 주장하지 아니하였다 하더라도 원심으로서는 이를 직권으로 심리판단하여야 한다.

판례

대법원 2001. 2. 27. 선고 2000다44348 판결 [사해행위취소등]
채권자취소의 소는 채권자가 취소원인을 안 때로부터 1년 이내에 제기하여야 하고, 채권자취소권의 행사기간은 제소기간이므로 법원은 그 기간 준수 여부에 대하여 의심이 있는 경우에는 법원이 필요한 정도에 따라 직권으로 증거조사를 할 수 있으나, 법원에 현출된 모든 소송자료를 통하여 살펴보았을 때 그 기간이 도과되었다고 의심할 만한 사정이 발견되지 않는 경우까지 법원이 직권으로 추가적인 증거조사를 하여 기간 준수 여부를 확인하여야 할 의무는 없다.

(2) 직권석명의무

제출자료상 그 존부에 대하여 의문이 있을 때 법원의 직권석명 내지는 조사의무가 있다. 그러나 의심할 만한 사정이 발견되지 않는 때까지 법원이 직권석명이나 조사를 하여야 하는 것은 아니다.

(3) 자백 등 적용 배제

자백이나 자백간주의 대상이 아니다. 또한 무변론판결이 금지되므로, 비록 피고가 답변서 제출을 하지 않았다 할지라도 이를 이유로 무변론판결을 할 수는 없다. 그에 따라 법원은 반드시 변론을 연 후에 판결을 선고하여야만 한다.

다) 적용대상(범위)

직권조사사항으로는 소송요건, 상소요건, 상고심의 심리불속행사유, 실체법의 해석적용, 절차적 강행법규의 준수 등이 이에 해당한다. 그러나 소송요건 중 소위 말하는 방소항변사유(임의관할 항변, 부제소 특약 항변 등)는 직권조사사항이 아니다. 그리고 재판권은 앞서 설명한 대로 변론주의가 아닌 직권탐지주의의 영역이다.

판례는 소송계속의 유무, 과실상계와 손익상계, 위자료 액수, 신의성실의 원칙이나 권리남용을 직권조사사항으로 보고 있다. 기타 판례가 직권조사사항으로 보고 있는 것으로는, 당사자능력의 유무, 제소단계에서의 소송대리인의 대리권 존부, 신의성실의 원칙, 채권자대위소송에서의 피보전채권의 존재 여부 등이 있다.

판례

대법원 2014. 10. 27. 선고 2013다25217 판결 [소유권이전등기말소]

채권자대위소송에서 대위에 의하여 보전될 채권자의 채무자에 대한 권리(피보전채권)가 부존재할 경우 당사자적격을 상실하고, 이와 같은 당사자적격의 존부는 소송요건으로서 법원의 직권조사사항이기는 하나, 그 피보전채권에 대한 주장·증명책임이 채권자대위권을 행사하려는 자에게 있으므로, 사실심 법원은 원고가 피보전채권으로 주장하지 아니한 권리에 대하여서까지 피보전채권이 될 수 있는지 여부를 판단할 필요가 없다.

판례

대법원 2015. 9. 10. 선고 2013다55300 판결

채권자가 채권자대위소송을 제기한 경우, 제3채무자는 채무자가 채권자에 대하여 가지는 항변권이나 형성권 등과 같이 권리자에 의한 행사를 필요로 하는 사유를 들어 채권자의 채무자에 대한 권리가 인정되는지 여부를 다툴 수 없지만, 채권자의 채무자에 대한 권리의 발생원인이 된 법률행위가 무효라거나 위 권리가 변제 등으로 소멸하였다는 등의 사실을 주장하여 채권자의 채무자에 대한 권리가 인정되는지 여부를 다투는 것은 가능하고, 이 경우 법원은 제3채무자의 주장을 고려하여 채권자의 채무자에 대한 권리가 인정되는지 여부에 관하여 직권으로 심리·판단하여야 한다.

바. 변론절차에서의 심리에 관한 제 원칙

1) 공개심리주의

변론은 공개심리주의가 원칙이다. 이는 재판의 심리와 판결의 선고를 일반인이 방청할 수 있도록 공개상태에서 행하는 주의이다. 재판권 행사의 공정함을 일반 시민들에게 보여주어 재판에 대한 신뢰를 두텁게 하려는 데에 그 목적이 있다.[35] 헌법은 형사재판에 관한 한 상당한 이유가 없는 한 공개재판을 받을 권리가 있음을 천명하고 있을 뿐만 아니라 모든 재판의 심리와 판결은 원칙적으로 공개하도록 규정하고 있다. 다만 국가의 안전보장, 안녕질서나 선량한 풍속을 해할 우려가 있는 때에는 결정으로 공개하지 않을 수 있지만 판결의 선고만은 공개하지 않을 수 없다. 법원조직법에서도 이를 받아 재판의 심리와 판결을 원칙적으로 공개하도록 하고 있다. 공개심리주의가 적용되는 영역은 변론절차와 판결의 선고만이다. 그러므로 변론절차가 아닌 결정절차에서의 서면심리, 조정절차 등은 공개심리주의가 배제된다. 또한 재판의 합의는 공개하지 않으며, 임의적 변론이나 변론준비기일 등은 반드시 공개심리원칙이 적용되지는 않는다.

관련 법조문

헌법 제27조 ③모든 국민은 신속한 재판을 받을 권리를 가진다. 형사피고인은 상당한 이유가 없는 한 지체없이 공개재판을 받을 권리를 가진다.

제109조 재판의 심리와 판결은 공개한다. 다만, 심리는 국가의 안전보장 또는 안녕질서를 방해하거나 선량한 풍속을 해할 염려가 있을 때에는 법원의 결정으로 공개하지 아니할 수 있다.

법원조직법 제57조(재판의 공개) ①재판의 심리와 판결은 공개한다. 다만, 심리는 국가의 안전보장, 안녕질서 또는 선량한 풍속을 해칠 우려가 있는 경우에는 결정으로 공개하지 아니할 수 있다.

법원조직법 제65조(합의의 비공개) 심판의 합의는 공개하지 아니한다.

---

35) 법원행정처, 법원실무제요, 민사소송(Ⅱ), 2017, 944면.

판례

대법원 1971. 6. 30. 선고 71다1027 판결 [가처분결정에대한이의]
수명법관이 수소법원 외에서 증거조사를 할 경우에는 반드시 공개심리의 원칙이 적용
되는 것은 아니다.

2) 쌍방심리주의

소송사건 심리시에 양쪽 당사자를 평등하게 대우하여 공격방어방법을 제출
할 수 있는 기회를 동등하게 주는 원칙을 말한다. 이를 당사자대등의 원칙 또는
무기대등의 원칙이라고도 부른다. 이는 사적자치의 전제인 모든 사람은 권리의
주체가 될 수 있으며, 그 능력도 평등한 존재이기에 대등하게 취급하여야 할 뿐
만 아니라 당사자 쌍방에 평등하게 진술할 기회를 주어야 한다는 사상에서 나온
원칙이다. 민사소송법은 판결절차는 원칙적으로 필요적 변론절차에 의하도록 하
여 쌍방심리주의를 취하고 있다. 그러나 결정으로 완결할 사건에서는 임의적 변
론에 의하므로 반드시 쌍방심리주의에 의하지 아니하며 당사자가 대등하게 맞서
지 않는 강제집행절차에서도 마찬가지이다.

관련 법조문
민사소송법 제134조(변론의 필요성) ①당사자는 소송에 대하여 법원에서 변론하여야 한다.
다만, 결정으로 완결할 사건에 대하여는 법원이 변론을 열 것인지 아닌지를 정한다.

판례

대법원 2023. 6. 15. 선고 2020다299511 판결 [공사대금등]
법률효과를 발생시키는 실체법상의 구성요건 해당사실에 속하는 사항에 관하여는 변
론에서 당사자가 주장하지 않는 이상 법원이 이를 인정할 수 없으나, 이와 같은 주장
은 반드시 명시적인 것이어야 하는 것은 아니고 당사자의 주장 취지에 비추어 이러한
주장이 포함되어 있는 것으로 볼 수 있으면 충분하며, 또한 반드시 주장책임을 지는
당사자가 진술하여야 하는 것은 아니고 소송에서 쌍방 당사자 간에 제출된 소송자료
를 통하여 심리가 됨으로써 그 주장의 존재를 인정하더라도 상대방에게 불의의 타격
을 줄 우려가 없는 경우에는 그 주장이 있는 것으로 보아 이를 재판의 기초로 삼을
수 있다.

3) 구술심리주의

구술심리주의란 당사자 및 법원의 소송행위, 특히 변론 및 증거조사를 말(구술)로 행하는 원칙으로서 서면에 의한 심리인 서면심리주의와 대립하는 주의이다. 구술심리주의와 서면심리주의는 모두 장·단점을 갖고 있지만, 민사소송법은 구술심리주의를 원칙으로 하면서 서면심리주의로 그 결점을 보충하고 있다. 이처럼 구술심리주의를 취하는 한, 비록 당사자가 자기의 주장사실을 소장이나 답변서, 준비서면과 같은 서면에 기재하여 법원에 제출하였다 할지라도 실제 법정 변론에서 구술로 이를 진술하지 않는 한, 법원은 이를 갖고 해당 사건의 판단자료로 삼을 수 없다.

관련 법조문

민사소송법 제134조(변론의 필요성) ①당사자는 소송에 대하여 법원에서 변론하여야 한다. 다만, 결정으로 완결할 사건에 대하여는 법원이 변론을 열 것인지 아닌지를 정한다.

판례

대법원 2001. 12. 14. 선고 2001므1728,1735 판결 [이혼등]

[1] 민사소송법상 구술변론주의의 원칙에 비추어 소송당사자가 자기의 주장사실을 서면에 기재하여 법원에 제출하였다 하더라도 변론에서 진술되지 아니한 이상 이를 당해 사건의 판단자료로 삼을 수 없다.

[2] 항소인이 항소심에서 항소취지확장서를 제출하였다고 하더라도 변론에서 이를 진술하거나 그 문서가 진술간주된 바 없다면 항소심이 이를 판단자료로 할 수 없다고 본 사례.

심화학습

서면심리주의가 적용되는 예로는, 소나 상소의 제기(중요한 소송행위에 대하여 확실을 기하기 위함), 변론조서나 변론준비기일조서, 준비서면제도, 서면증언제도 등을 들 수 있다. 이처럼 소의 제기에 있어서 원칙적으로 소장이라는 서면에 의하여야 하지만, 소액사건의 경우만은 소액사건심판법에 따라 구두로(말로)도 할 수 있다.

4) 직접심리주의

가) 의의

판결을 하는 법관이 직접 변론을 듣고 증거조사를 행하여야 하는 주의를 말한다. 타인이 심리한 결과를 가지고 재판하는 간접심리주의에 반대되는 주의로서, 심리(변론)와 판결의 주체를 동일화하는 주의이다. 민사소송법은 이를 직접주의라고 표현한다. 직접심리주의의 가장 좋은 예로는 증인신문 후 단독판사나 합의부 법관의 과반수가 바뀐 경우에는 당사자가 다시 증인신문신청을 하면 증인을 재신문하지 않으면 안 된다는 규정이다.

관련 법조문

민사소송법 제204조(직접주의) ①판결은 기본이 되는 변론에 관여한 법관이 하여야 한다. ②법관이 바뀐 경우에 당사자는 종전의 변론결과를 진술하여야 한다.

③단독사건의 판사가 바뀐 경우에 종전에 신문한 증인에 대하여 당사자가 다시 신문신청을 한 때에는 법원은 그 신문을 하여야 한다. 합의부 법관의 반수 이상이 바뀐 경우에도 또한 같다.

나) 예외

- 변론의 갱신(제204조 제2항)

변론에 관여한 법관이 바뀐 경우에 처음부터 다시 심리를 되풀이하여야 하는 것은 소송경제적으로 맞지 않은 점을 고려하여 당사자가 새로운 법관의 면전에서 종전의 변론결과를 보고하면(진술하면) 되는 것으로 하고 있다. 이를 변론의 갱신이라고 한다. 실무상으로는 "원고 종전 변론결과 진술"이나 "변론갱신하다"로만 진술, 기재하여 사실상 이를 형해화시키고 있다. 이러한 문제점을 시정하고자 개정 민사소송규칙은 종전 변론결과의 진술은 당사자가 사실상, 법률상 주장, 쟁점 및 증거조사결과의 요지 등을 진술하거나 법원이 당사자에게 쟁점을 확인하는 방식으로 하게 하여 일정 부분 실효성을 확보하려고 하고 있다.

관련 법조문

민사소송법 제204조(직접주의) ②법관이 바뀐 경우에 당사자는 종전의 변론결과를 진술하여야 한다.

민사소송규칙 제55조(종전 변론결과의 진술) 법 제204조제2항에 따른 종전 변론결과의 진술은 당사자가 사실상 또는 법률상 주장, 정리된 쟁점 및 증거조사 결과의 요지 등을 진술하거나, 법원이 당사자에게 해당사항을 확인하는 방식으로 할 수 있다.

- 수명법관, 수탁판사 등에 의한 증거조사

재판과 변론은 원칙적으로 법정에서 실시하여야 한다. 그러나 증거조사를 법정 내에서 실시하기 어려운 사정이 있을 때 수명법관이나 수탁판사에게 증거조사를 시키고 그 결과를 기재한 조서를 판결자료로 하도록 하고 있다. 이 한도에서 간접심리주의를 취하고 있다고 볼 수 있을 것이다.

관련 법조문

민사소송법 297조(법원밖에서의 증거조사) ①법원은 필요하다고 인정할 때에는 법원밖에서 증거조사를 할 수 있다. 이 경우 합의부원에게 명하거나 다른 지방법원 판사에게 촉탁할 수 있다.

②수탁판사는 필요하다고 인정할 때에는 다른 지방법원 판사에게 증거조사를 다시 촉탁할 수 있다. 이 경우 그 사유를 수소법원과 당사자에게 통지하여야 한다.

🖋 심화학습

합의부 재판은 특별한 규정이 없는 한 합의부 판사의 과반수로 결정하게 되어 있다. 그러나 모든 직무를 합의에 의하여 결정한다면, 절차의 번잡은 물론 소송지연을 초래할 염려가 있다. 이에 일정한 행위는 재판장 또는 합의부의 판사(배석판사)가 단독으로 하는 경우가 있는데, 이러한 법관을 수명법관이라고 한다. 즉 합의부를 대표하여 법이 정한 일정한 사항에 관하여 단독으로 소송행위를 하는 합의부원인 재판장과 판사가 바로 수명법관이다.

이에 비하여 수탁판사란 같은 법원이 아닌 법원과 다른 법원 사이에서 어느 한 법원이 다른 법원에 일정한 재판사항의 처리를 위탁하는 경우가 있는데, 그 처리를 위탁받은 다른 법원의 단독판사를 말한다. 이 경우 수탁판사가 한 처분이나 재판은 소송법상 재판장이나 수명법관이 한 것과 동일하게 취급된다.

한편 법관과 판사의 구별도 필요하다. 법관이란 대법원장과 대법관, 판사를 모두 총칭하는 용어이다. 즉 법관 중에 대법원장과 대법관도 있고, 판사도 있어 판사는 결국 대법원장과 대법관을 제외한 나머지 법관이라고 할 수 있다.

- 재판장 등에 의한 변론준비절차

변론준비절차에서 재판장이나 수명법관 등은 변론의 준비를 위하여 필요한 때에는 스스로 증거결정을 하고 변론의 집중을 위하여 필요한 범위 내에서 증거조사까지 할 수 있다. 또한 쟁점 및 증거의 정리절차인 변론준비절차는 재판장 또는 수명법관이 주재하며 변론준비절차의 결과를 판결하는 법관 모두가 관여하는 변론기일에 상정시켜 이를 바탕으로 판결한다.

🖋 심화학습

변론준비절차란 변론이 효율적이고도 집중적으로 실시될 수 있도록 변론절차에 앞서 미리 당사자의 주장과 증거를 정리하는 절차를 말한다. 이러한 절차는 서면에 의한 변론준비절차와 별도로 준비기일을 지정하여 진행하는 변론준비기일 두 종류가 있다. 2002년 민사소송법이 개정되면서 원칙적으로 모든 사건에서 변론준비절차를 거치도록 규정하여 사실상 필요적 변론준비절차라고도 할 수 있다. 그러나 이로 인하여 오히려 사건처리가 지연되고 기록 분량이 증가하는 등 부작용이 발생하자 2008년 다시 민사소송법을 개정하여 소제기시 재판장의 기록 검토 후 변론준비절차를 거치는 것이 아니라 변론기일 지정이 원칙으로 채택되었다. 이는 법관이 당사자를 가능한 한 조기에 만남으로써 심리의 효율성과 신속한 사건처리를 도모하는 한편 변론준비기일과 변론기일을 엄격히 구별하여 양 절차 사이의 심리대상과 심리방법을 구분하고자 하는 데에 그 취지가 있다. 결국 직접심리주의를 조금 더 강조한 결과라고 할 것이다. 따라서 변론준비기일은 이제 예외적으로만 운용되고, 변론기일의 본래적 목적에 충실하게 운영하는 것이 바람직하다고 할 수 있다.[36]

관련 법조문

민사소송법 제279조(변론준비절차의 실시) ①변론준비절차에서는 변론이 효율적이고 집중적으로 실시될 수 있도록 당사자의 주장과 증거를 정리하여야 한다
제280조(변론준비절차의 진행) ①변론준비절차는 기간을 정하여, 당사자로 하여금 준비서면, 그 밖의 서류를 제출하게 하거나 당사자 사이에 이를 교환하게 하고 주장사실을 증명할 증거를 신청하게 하는 방법으로 진행한다.
②변론준비절차의 진행은 재판장이 담당한다.
③합의사건의 경우 재판장은 합의부원을 수명법관으로 지정하여 변론준비절차를 담당하게

36) 법원행정처, 법원실무제요, 민사소송(Ⅱ), 2017, 1080~1081면.

할 수 있다.

④재판장은 필요하다고 인정하는 때에는 변론준비절차의 진행을 다른 판사에게 촉탁할 수 있다.

판례

대법원 2006. 11. 10. 선고 2005다41856 판결 [배당이의]

변론준비절차는 변론이 효율적이고 집중적으로 실시될 수 있도록 당사자의 주장과 증거를 정리하여 소송관계를 뚜렷이 하기 위하여 마련된 제도로서 당사자는 변론준비기일을 마친 뒤의 변론기일에서 변론준비기일의 결과를 진술하여야 하는 등 변론준비기일의 제도적 취지, 그 진행방법과 효과, 규정의 형식 등에 비추어 볼 때, 민사집행법 제158조에서 말하는 '첫 변론기일'에 '첫 변론준비기일'은 포함되지 않는다.

사. 변론의 의의 및 종류

1) 의의

통상 원고에 의하여 소가 제기되면 법원의 심리가 진행된다. 이 심리는 소에 대한 법원의 판단이자 응답인 판결을 하기 위하여 기초가 될 소송자료를 수집하는 것으로, 민사소송절차의 가장 중요한 위치를 차지한다.[37] 이러한 심리는 통상 서면에 의하는 서면심리와 말로 하는 구술심리가 있는데, 앞에서 설명한 것과 같이 민사소송법은 원칙적으로 말(구술)에 의한 심리인 변론을 통하여 심리하도록 되어 있다. 결국 변론이란 기일(즉 변론기일)에 수소법원의 공개 법정에서 당사자 양쪽이 말로(구술로) 판결의 기초가 될 소송자료, 즉 사실과 증거를 제출하는 방법으로 소송을 심리하는 절차를 말한다고 할 수 있다. 이 점에서 당사자 일방만을 불러 심리해도 되는 심문과 구별된다.

그러나 변론이라는 말은 사실 다양한 의미로 사용된다. 가장 넓은 의미로는 소송의 주체인 당사자와 법원이 재판기일에 하는 모든 소송행위를 의미한다. 따라서 신청, 주장, 증거신청 등과 같은 당사자의 소송행위는 물론 소송지휘, 증거조사, 판결의 선고와 같은 법원의 소송행위를 모두 포함한다. 반면에 당사자의 소송행위와 법원의 행위 중 증거조사만을 의미한다고 보기도 하고, 좁은 의미로

---

37) 법원행정처, 법원실무제요, 민사소송(Ⅱ), 2017, 934면.

는 이중에서 재판기관의 증거조사도 제외하고 오로지 당사자의 소송행위만을 의미하기도 한다. 일반적으로는 협의의 변론으로 사용되어 당사자의 소송행위는 소나 항소의 제기와 같은 종국판결에 의한 재판을 받을 사항에 관하여 하는 판결사항의 신청과 이러한 판결사항의 신청을 이유 있게 하기 위하여, 즉 뒷받침하기 위하여 당사자가 제출하는 모든 소송자료인 공격방어방법 두 가지를 주된 내용으로 한다.

관련 법조문

민사소송법 134조(변론의 필요성) ①당사자는 소송에 대하여 법원에서 변론하여야 한다. 다만, 결정으로 완결할 사건에 대하여는 법원이 변론을 열 것인지 아닌지를 정한다.

---

2) 종류
가) 필요적 변론
(1) 원칙

판결절차에서는 원칙적으로 그 전제로 반드시 변론을 열지 않으면 안 되며, 변론에서 행한 구술진술만이 재판의 자료로서 참작되어야 한다. 이를 필요적(필수적) 변론이라고 한다. 이러한 필요적 변론에서는 당사자의 말(구술) 진술만이 판결의 기초로 되기 때문에 서면상의 진술은 특별한 규정(민사소송법 제148조)이 없는 한 그것만으로는 곧바로 판결의 기초로 할 수 없다. 그렇기 때문에 변론준비기일에서의 결과도 변론기일에 구술로 진술하지 않으면 재판의 자료로 삼을 수 없다. 또한 만일 필요적 변론기일에 불출석하게 되면, 이는 변론의 해태(기일해태)로 되어 그에 따른 불리한 효과가 발생한다.

관련 법조문

민사소송법 제287조(변론준비절차를 마친 뒤의 변론) ②당사자는 변론준비기일을 마친 뒤의 변론기일에서 변론준비기일의 결과를 진술하여야 한다.

---

(2) 예외

그러나 판결절차라도 예외적으로 변론 없이 서면심리에 의하여 판결을 할 수 있는 경우가 있는데, 바로 무변론판결이 이에 해당한다. 예외의 경우로는 다음과 같은 경우가 있다.

- 소송요건이나 상소요건에 보종할 수 없는 흠이 있어 각하판결을 하는 때
- 소액사건에서 소송기록에 의하여 청구가 이유 없음이 명백하여 기각판결을 하는 때
- 소송비용에 대한 담보제공의 결정을 받고도 담보를 제공하지 않아 소각하판결을 하는 때(민사소송법 제124조)
- 피고가 소장부본을 송달받고도 30일의 답변서 제출기간 내에 답변서를 제출하지 아나하여 변론없이 판결을 하는 때(민사소송법 제257, 제256조)
- 상고법원이 소송기록만에 의하여 판결할 수 있는 때(민사소송법 제429조, 제430조)

나) 임의적 변론
(1) 의의
　임의적 변론이란 꼭 변론을 열 필요는 없지만 법원의 재량과 판단으로 변론을 열 수 있는 것을 말한다. 결정으로 완결될 사건은 법원의 재량에 의하여 임의적으로 변론을 열 수 있는 임의적 변론이다. 임의적 변론을 열지 않을 경우, 법원은 소송기록이라는 서면심리만으로 재판할 수 있음은 물론 당사자나 이해관계인 등을 불러 심문할 수도 있다. 또한 임의적 변론 사건에서는 비록 변론을 연다고 할지라도 필요적 변론 사건과는 달리 말로 하는 진술뿐만 아니라 서면상 진술도 모두 재판의 기초로 삼으며, 임의적 변론기일에는 당사자가 불출석하여도 그에 따른 불이익이 없다는 점에서 필요적 변론과 다르다.

관련 법조문
민사소송법 제134조(변론의 필요성) ①당사자는 소송에 대하여 법원에서 변론하여야 한다. 다만, 결정으로 완결할 사건에 대하여는 법원이 변론을 열 것인지 아닌지를 정한다.

 심화학습
심문이란 재판 당사자나 그 밖의 이해관계인에게 적당한 방법으로 서면 또는 말로 개별적으로 진술할 기회를 주는 것을 말하며, 법에 특별한 규정이 없는 한 심문 여부는 법원의 재량이다. 또한 심문은 반드시 공개법정에서 이루어질 필요도 없다.

(2) 주요 예

임의적 변론 사건의 예로는 제척이나 기피에 관한 재판, 관할지정, 소송비용의 확정, 피고경정, 판결경정, 항고사건, 가압류, 가처분신청사건, 회생, 파산, 대인회생사건 등이 있다.

관련 법조문

민사집행법 제281조(재판의 형식) ①가압류신청에 대한 재판은 결정으로 한다.

✒️ **심화학습**

이처럼 임시조치라 할 수 있는 가처분신청(假處分申請)에 대한 재판은 변론을 열었는지 여부에 관계없이 모두 결정으로만 재판을 하게 되어 있기에 임의적 변론사건이다. 그러나 가처분 중 건물의 인도나 철거가처분의 경우에는, 본안소송이 아닌 보전소송 단계인 가처분단계에서 철거 등과 같은 법률효과를 내어 신청인이 본안소송 전 단계에서 이미 본안판결을 통하여 얻을 수 있는 이익과 실질적으로 같은 이익을 얻어 만족을 얻을 수 있다. 이들을 만족적 가처분 혹은 단행가처분이라고 부르는데(만족적 가처분을 단행가처분보다 넓은 의미로 보는 견해도 있음), 종전에는 이러한 단행가처분사건은 필요적 변론사건으로 규정하여 반드시 변론을 열도록 하였었다. 이처럼 단행 가처분은 본안판결이 아닌 임시적 재판임에도 불구하고, 건물철거나 건물인도 등의 가처분이 집행되면, 가처분채권자는 본안소송에 의한 권리실현의 목적을 달성하게 되지만, 반대로 가처분채무자는 소송절차에서 변론을 통하여 다투어 보지도 못한 채 부동산에 대한 이용을 빼앗김은 물론 자기 소유의 건물이 철거되어 없어져서 설사 본안소송에서 승소한다 할지라도 실질적인 원상회복이 어려워지는 등 막대한 불이익을 초래할 수 있다. 이에 실무에서는 단행가처분을 인용하는 경우는 많지 않다.

판례

대법원 1964. 7. 16. 선고 64다69 전원합의체 판결 [건물명도가처분]

우리나라 신민사소송법에서도 구민사소송법의 입법체제와는 달리 계쟁물에 관한 가처분의 규정과 병행하여 임시 지위를 정하는 가처분을 규정하여 놓고 그 다음에 제718조에서 건물의 명도 또는 철거를 명하는 가처분의 재판에는 당사자의 변론이 있어야 한다는 규정을 신설하므로서 가옥명도나 철거를 시켜버리는 종류의 가처분은 임시 지위를 정하는 가처분으로서 비로소 할 수 있음을 명문으로 확인하는 동시에 계쟁물에 관한 가처분과 가옥명도 철거가 처분이외의 모든 임시 지위를 정하는 가처분은 원칙적으로 임의적 변론사건(같은 법 제717조 제2항 참조)임에 반하여 가옥의 명도 또는 철거의 가처분은 필요적 변론사건이며 적극적으로 증거조사까지도 하여야 한다는 것을 요구하기에 이른 것이다.

판례

대법원 2023. 6. 15. 자 2022마7057, 7058(참가) 결정

단행가처분의 집행에 의하여 피보전권리가 실현된 것과 마찬가지의 상태가 사실상 달성되었다 하더라도 그것은 어디까지나 임시적인 것에 지나지 않으므로, 가처분이 집행됨으로써 그 목적물이 채권자에게 인도된 경우에도 본안소송의 심리에서는 그와 같은 임시적, 잠정적 이행상태를 고려함이 없이 그 목적물의 점유는 여전히 채무자에게 있는 것으로 보아야 한다.

(3) 무변론시 법원의 재판방식

소송기록에 의한 서면심리만으로 재판할 수도 있지만 법원은 당사자나 이해관계인과 그 밖의 참고인을 심문할 수도 있다.

심화학습

심문이란 당사자와 이해관계인, 그 밖의 참고인에게 적당한 방법으로 서면 또는 말로 진술할 기회를 주는 절차를 의미한다. 주로 서면심리에 의하지만 가압류나 가처분 사건, 개인파산사건에서 문제가 있으면 구술심문에 의한다. 증인 등의 증거조사시에 물어보는 신문과 구별되고, 변론처럼 반드시 당사자 쌍방에 진술의 기회를 주어야 하는 것도 아닌 점에서 변론과도 구별된다.

(4) 출석 및 진술의무의 배제

앞서 설명한 바와 같이 필요적 변론과는 달리 임의적 변론에서는 당사자가 반드시 출석하여 진술하여야 하는 것은 아니며 서면제출을 하여도 된다. 따라서 변론기일불출석의 경우에는 필요적 변론기일의 불출석처럼 기일해태의 문제가 발생하지 않으며, 진술간주, 자백간주, 소취하간주 등의 간주규정의 적용도 없다.

 심화학습

재판이란 사건에 관하여 법령을 적용하여 행하는 법원 또는 법관의 판단 내지는 의사표시를 말하며, 재판에 의하여 소송법상 일정한 효과가 발생하기에 재판은 소송행위의 하나이다. 이러한 재판에는 여러 종류가 있지만 재판의 주체와 성립절차에 따라 보통 판결(判決), 결정(決定), 명령(命令)으로 구분된다.

이 중 판결과 결정은 그 주체가 법원이라는 점에서 같고, 명령은 그 주체가 법원이 아닌 개개의 법관이라는 점에서 구별된다. 다음으로 판결과 결정은 모두 법원의 재판이지만, 판결은 앞서 설명한 것과 같이 반드시 변론을 거쳐야 하는 필요적 변론사건에 있어서의 재판임에 비하여, 결정은 임의적 변론사건에서의 재판이라는 점에서 다시 구별된다. 다만 비록 이름은 명령이지만 그 실질은 결정인 경우도 있다. 소송절차에서의 법원에 의한 문서제출명령이나 압류명령, 추심 또는 전부명령 등이 이에 해당한다.

재판의 불복방법에서도 차이가 있다. 판결에 대한 상급심에의 불복은 항소(抗訴)와 상고(上告)에 의하고, 결정과 명령의 불복은 이의신청 또는 항고(抗告)와 재항고(再抗告)의 방법에 의한다. 그리고 이들 모두를 상소(上訴)라고 부른다.

판례

대법원 2009. 11. 26. 선고 2006다37106 판결 [전부금]

법원의 판결, 결정, 명령은 국가기관인 법원의 공권적 판단으로서 이에 의하여 분쟁을 해결함으로써 국민의 법적 생활의 안정을 기하는 데에 그 목적이 있기 때문에 상소 또는 재심의 소 등에 의하여 취소되지 않는 한, 그 절차가 위법하다거나 내용이 부당하다 하여 이것을 사인(사인)들 사이에 이루어지는 법률행위에서와 같이 당연 무효라고 할 수 없을 뿐만 아니라, 민사소송법 제224조에 의하면 결정과 명령에는 판결에 관한 규정을 준용하되 이유를 적는 것을 생략할 수도 있으므로, 채권압류 및 전부명령의 주문에 압류·전부되는 채권들이 모두 명시되어 있는 이상 그 명령의 이유에 압류·전부되는 채권 중 일부 채권에 관한 집행권원의 기재가 누락되어 있다고 하더라도 그와 같은 사정만으로 그 집행권원의 기재가 누락된 일부 채권에 대하여 위 압류·전부명령의 효력이 미치지 않는다고 볼 수는 없다.

3. 사적자치와 석명권

가. 일반

1) 의의

민법의 대원칙인 사적자치 원칙에 따른 민사소송에서의 당사자주의를 엄격하게 취할 경우 모든 소송행위는 당사자가 주도하고, 법원인 재판부는 단지 글자 그대로 판단자로서만 위치하게 된다. 그러나 재판 제도 자체가 공적인 성격을 갖고 있다. 즉 비록 대등한 주체 사이의 법률관계를 다루는 민사소송이라고 할지라도, 재판 제도가 법질서 유지라는 기능을 수행한다는 점에서는 국가가 공권력의 주체로서 우월적 지위에서 국민과의 관계에서 맺은 법률관계를 다루는 행정소송이나 국가의 형벌권 부과를 통한 국가질서 유지 기능을 갖는 형사소송과 별반 다름이 없다고 할 수 있다. 또한 아무리 형식적 당사자대등주의를 취한다고 할지라도 현실적으로 당사자는 대등하지 못하고 법률적 지식이나 경제력 등에서 힘의 우열관계가 드러나 진실과 법적 정의가 왜곡될 우려도 있다.

여기서 공적 기능을 수행하고, 공익을 추구하는 재판의 주체인 법원이 소송관계에 일정 부분 개입하여 당사자 사이의 대등관계를 복원시켜주고, 공익을 보호해줄 필요가 있다. 이를 위해서는 소송관계를 분명하게 하기 위하여 당사자에게 질문하고 증명촉구를 함은 물론 당사자가 간과한 법률상 사항을 지적하여 의견진술의 기회를 주는 것이 필요한데, 이러한 법원의 권능을 석명권(釋明權)이라고 한다. 이는 당사자주의의 대표인 변론주의를 위반하지 않는 한도 내에서 법원이 적정한 재판을 위하여 변론주의를 보완하고, 그 결함을 시정하는 기능을 수행한다. 그러므로 석명권은 실질적 당사자대등을 보장하는 제도라고 할 수 있다. 석명은 법원의 소송지휘권 중에서도 가장 중요한 위치를 차지하는 제도로 법원이 후견적 역할을 행사하는 것이라고 볼 수 있다.[38]

무엇보다도 민사소송에서 필요적 변호사대리제도 내지는 강제적 변호사대리제도를 채택하지 않고 본인에 의한 소송이 이루어지고 있는 상황(이를 당사자본인소송이라고 함)에서 당사자에게만 모든 소송을 맡길 경우, 변론능력과 법률

---

38) 법원행정처, 법원실무제요, 민사소송(Ⅱ), 2017, 981면.

지식의 부족으로 인하여 승소할 사건에서 패소판결이 나고, 그 반대로 패소할 사건에서 승소판결이 나오는 경우를 배제할 수 없고, 이는 사법적 정의에 부합하지 않기에 석명제도는 그 중요성이 더할 수밖에 없다. 이에 민사소송법에서는 석명권을 명문화하고 있다.

관련 법조문

민사소송법 제136조(석명권(釋明權)·구문권(求問權) 등) ①재판장은 소송관계를 분명하게 하기 위하여 당사자에게 사실상 또는 법률상 사항에 대하여 질문할 수 있고, 증명을 하도록 촉구할 수 있다.

③당사자는 필요한 경우 재판장에게 상대방에 대하여 설명을 요구하여 줄 것을 요청할 수 있다.

④법원은 당사자가 간과하였음이 분명하다고 인정되는 법률상 사항에 관하여 당사자에게 의견을 진술할 기회를 주어야 한다.

---

2) 석명의무와의 관계

이처럼 석명권은 공익적 성격에 의하여 인정되는 제도이므로 법원의 권한이자 의무이기도 하다. 그렇기에 이를 석명의무라고도 할 수 있다. 즉 동전의 양면과 같은 성격을 갖고 있다. 그러나 법원의 석명권과 석명의무가 언제나 일치하는 것은 아니다. 법원이 석명의무를 다하지 않는 경우에 그것이 상고이유가 되는지(즉 법원이 위법한 재판을 한 것인지)는 별개의 문제이기 때문이다. 이에 대하여는 석명권과 석명의무의 범위가 일치함을 전제로 석명권 불행사가 판결 결과에 영향을 미칠 수 있는 한 언제나 심리미진으로 상고이유가 된다는 적극설, 석명권은 법원의 권능이고 그 행사 여부는 법원의 자유재량에 속하므로 석명권의 불행사는 상소의 대상이 되지 않는다는 소극설의 대립이 있다. 그러나 석명의무의 범위는 석명권의 범위보다는 좁다고 할 것이므로 석명권의 중대한 해태로 심리가 현저히 조잡하게 되었다고 인정되는 경우, 즉 석명권의 불행사가 객관적 자의라고 할 정도일 때에만 상고이유가 된다고 볼 것이다.[39] 판례도 같은 입장이다.

---

39) 이시윤, 신민사소송법, 박영사, 2019, 354면.

판례

대법원 2009. 11. 12. 선고 2009다42765 판결 [손해배상(기)]

[1] 민사소송법 제136조 제4항은 "법원은 당사자가 간과하였음이 분명하다고 인정되는 법률상 사항에 관하여 당사자에게 의견을 진술할 기회를 주어야 한다"고 규정하고 있으므로, 당사자가 부주의 또는 오해로 인하여 명백히 간과한 법률상의 사항이 있거나 당사자의 주장이 법률상의 관점에서 보아 모순이나 불명료한 점이 있는 경우 법원은 적극적으로 석명권을 행사하여 당사자에게 의견 진술의 기회를 주어야 하고, 만일 이를 게을리한 경우에는 석명 또는 지적의무를 다하지 아니한 것으로서 위법하다.

[2] 손해배상청구의 법률적 근거는 이를 계약책임으로 구성하느냐 불법행위책임으로 구성하느냐에 따라 요건사실에 대한 증명책임이 달라지는 중대한 법률적 사항에 해당하므로, 당사자가 이를 명시하지 않은 경우 석명권을 행사하여 당사자에게 의견 진술의 기회를 부여함으로써 당사자로 하여금 그 주장을 법률적으로 명쾌하게 정리할 기회를 주어야 함에도, 이러한 조치를 취하지 않은 채 손해배상청구의 법률적 근거를 불법행위책임을 묻는 것으로 단정한 뒤 증명이 부족하다는 이유로 청구를 받아들이지 않은 원심판결을 파기한 사례.

판례

대법원 2022. 4. 14. 선고 2021다276973 판결 [토지인도]

[1] 종중이 당사자인 사건에서 종중의 대표자에게 적법한 대표권이 있는지는 소송요건에 관한 것으로서 법원의 직권조사사항이다. 법원으로서는 판단의 기초자료인 사실과 증거를 직권으로 탐지할 의무까지는 없더라도, 이미 제출된 자료에 따라 대표권의 적법성을 의심할 만한 사정이 엿보인다면 상대방이 이를 구체적으로 지적하여 다투지 않더라도 이에 관하여 심리·조사할 의무가 있다.

[2] 민사소송법 제136조 제1항은 "재판장은 소송관계를 분명하게 하기 위하여 당사자에게 사실상 또는 법률상 사항에 대하여 질문할 수 있고, 증명을 하도록 촉구할 수 있다."라고 정하고, 제4항은 "법원은 당사자가 간과하였음이 분명하다고 인정되는 법률상 사항에 관하여 당사자에게 의견을 진술할 기회를 주어야 한다."라고 정하고 있다. 당사자가 부주의 또는 오해로 증명하지 않은 것이 분명하거나 쟁점으로 될 사항에 관하여 당사자 사이에 명시적인 다툼이 없는 경우에는 법원은 석명을 구하고 증명을

촉구하여야 하고, 만일 당사자가 전혀 의식하지 못하거나 예상하지 못하였던 법률적 관점을 이유로 법원이 청구의 당부를 판단하려는 경우에는 그러한 관점에 대하여 당사자에게 의견진술의 기회를 주어야 한다. 그와 같이 하지 않고 예상외의 재판으로 당사자 일방에게 뜻밖의 판결을 내리는 것은 석명의무를 다하지 않아 심리를 제대로 하지 않은 잘못을 저지른 것이 된다.

[3] 갑 종중이 을을 상대로 소를 제기하면서 소장에 대표자 표시를 누락하였다가 제1심법원의 석명준비명령에 따라 대표자를 병으로 기재한 서면을 제출하였으나, 소제기 당시 갑 종중의 대표자는 병이 아니라 정이었고, 그 후 갑 종중이 원심법원에 대표자를 병에서 정으로 정정하는 당사자표시정정신청서를 제출하면서 병의 기존 소송행위를 추인하는 취지라고 주장한 사안에서, 정에게 적법한 대표권이 있는지는 소송요건에 해당하므로 원심이 이를 의심할 만한 사정이 있다면 당사자들이 특별히 다투지 않더라도 이를 심리·조사할 의무가 있고, 원심 변론종결 당시까지 당사자 사이에 정의 대표자 지위에 관해서 쟁점이 되지 않았으므로, 원심으로서는 당사자에게 이 부분에 관하여 증명이 필요함을 지적하고 적극적으로 석명권을 행사하여 당사자에게 의견진술의 기회를 부여할 의무가 있는데도, 이러한 조치를 전혀 취하지 않은 채 당사자표시정정신청서 제출 당시 정에게 추인을 할 수 있는 적법한 대표권이 있다고 볼 증거가 부족하다는 이유로 소를 각하한 원심의 판단은 예상외의 재판으로 당사자 일방에게 뜻밖의 판결을 한 것으로서 석명의무를 다하지 않아 심리를 제대로 하지 않은 잘못이 있다고 한 사례.

나. 석명권의 범위

1) 소극적 석명과 적극적 석명

실제 소송실무에서 법원은 어디까지 석명권을 행사할 수 있고, 또 어디까지 석명의무를 부담할 것인지가 문제 된다. 석명제도가 기본적으로 변론주의를 타파하는 것이 아니라 변론주의의 한도 내에서 이의 보완을 꾀하는 제도라는 점에서 석명의 범위는 매우 중요한 쟁점으로 부각된다.

실무에서는 일반적으로 소극적 석명의 형태로 석명이 이루어진다. 즉 당사자의 신청이나 주장에 불분명, 불완전, 모순이 있는 경우에 이를 제거하기 위한 석명을 소극적 석명이라고 하는데, 이러한 소극적 석명은 석명의 가장 일반적인 형태라고 할 수 있다. 여기서 더 나아가 법원이 적극적 석명권을 행사할 수 있는지도 문제 된다. 즉 법원이 석명권의 행사를 통하여 당사자로 하여금 새로운 신청이나 주장, 공격방어방법의 제출을 권유하는 적극적 석명권을 행사할 수 있는지의 문제이다. 재판의 목적이 실체적 진실발견에 있고, 구체적 정의 실현을 위해서 필요하다면 적극적 석명도 허용되어야 한다는 입장도 있을 수 있다. 그러나 적극적 석명은 변론주의의 원칙에 어긋날 수 있으므로 신중하여야 할 것으로 종전의 소송자료에 비추어 예기하기 어려운 새로운 신청이나 주장의 변경을 시사하는 석명에 해당하는 것과 그로 인하여 소송의 승패가 바뀔 수 있는 경우에는 허용되지 않는다고 볼 것이다.

2) 판례의 입장

판례는 원칙적으로 소극적 석명만이 허용되고 적극적 석명은 허용되지 않는다는 입장이지만, 일정한 경우 소변경의 석명과 지적의무를 통한 적극적 석명을 인정하기도 한다.

판례

대법원 2001. 10. 9. 선고 2001다15576 판결 [매매대금]

법원의 석명권 행사는 당사자의 주장에 모순된 점이 있거나 불완전·불명료한 점이 있을 때에 이를 지적하여 정정·보충할 수 있는 기회를 주고, 계쟁 사실에 대한 증거의 제출을 촉구하는 것을 그 내용으로 하는 것으로, 당사자가 주장하지도 아니한 법률효과에 관한 요건사실이나 독립된 공격방어방법을 시사하여 그 제출을 권유함과 같은 행위를 하는 것은 변론주의의 원칙에 위배되는 것으로 석명권 행사의 한계를 일탈하는 것이 된다고 할 것인바(대법원 2000. 3. 23. 선고 98두2768 판결 참조), 피고가 제1심 및 원심에서 일관되게 이 사건 약정이 체결된 바 없다고 부인하고 있을 뿐 이 사건 약정의 대금을 변제하였다는 점에 대하여는 이를 다투거나 주장한 바 없었음이 기록상 명백한 만큼, 원심이 이에 대하여 석명하지 아니하였다고 하여 그것을 두고 석명권을 행사하지 아니한 위법이 있다고 할 수도 없다.

판례

대법원 2011. 3. 24. 선고 2010다96997 판결 [손해배상(기)]
불법행위로 인하여 손해가 발생한 사실이 인정되는 경우에는 법원은 손해액에 관한 당사자의 주장과 입증이 미흡하더라도 적극적으로 석명권을 행사하여 입증을 촉구하여야 하고 경우에 따라서는 직권으로라도 손해액을 심리 판단하여야 하지만(대법원 1986. 8. 19. 선고 84다카503, 504 판결, 대법원 1987. 12. 22. 선고 85다카2453 판결 등 참조), 손해의 발생 여부에 대한 입증이 부족한 이 사건에 있어서 원심의 위와 같은 판단은 수긍이 가고, 거기에 손해액의 입증에 관한 석명권을 행사하지 않았다고 해서 어떠한 위법이 있다고 할 수 없다.

판례

대법원 2017. 12. 13. 선고 2015다61507 판결 [배당이의]
법원의 석명권 행사는 사안을 해명하기 위하여 당사자의 모순 또는 불완전한 주장을 정정 보충하는 기회를 주고 또 증거제출을 촉구하는 것을 그 내용으로 하므로 당사자가 주장하지도 아니한 법률효과에 관한 요건사실이나 공격방어방법을 시사하여 그 제출을 권유하지 아니하였다 하더라도 석명권 불행사의 위법이 있다고 할 수 없다.

다. 석명의 대상

1) 청구취지의 석명

판결의 주문에 해당하고 당사자가 구하는 재판의 핵심 내용이라고 할 수 있는 청구취지가 불분명하거나 불특정되고, 법률적으로도 부정확, 부당한 경우에는 법원은 원고가 소로써 달성하려는 진정한 목적이 무엇인가를 석명하여야 한다. 청구취지가 불분명하거나 특정되지 않을 경우에는 결국 소장 각하명령의 대상이 되거나 변론이 진행된 후에는 소각하판결의 대상이 되어 원고로서는 권리의무의 유무에 관한 판단인 본안판단을 받아보지도 못하게 되는바, 이의 보완이 필요하기 때문에 석명권을 인정할 필요가 있다. 예를 들어, 청구취지를 변경한 경우, 그 변경의 형태가 교환적 변경인지 아니면 추가적 변경이나 예비적 변경인지 여부나, 이행 대상 목적물이 특정되지 않는 경우에의 목적물의 특정을 위하여 법원은 석명권을 행사하여야 한다. 그러나 전혀 새로운 청구취지로 변경하도록 하는 석명은 앞서 말한 적극적 석명이기에 원칙적으로 허용될 수 없다.

🖋 심화학습

청구취지의 변경 부분에 대한 석명권 내지는 석명의무와 관련된 것으로 지상물 매수청구권이 있다. 지상물매수청구권이란 민법 제643조, 제283조에서 규정한 것과 같이 지상권자나 건물 기타 공작물의 소유 또는 식목·채염·목축을 목적으로 한 토지임대차계약에 있어서, 그 기간이 만료한 경우에 건물·수목 기타의 지상시설이 현존한 때에는, 임차인 등은 기존 임대차계약 등의 갱신을 청구할 수 있고, 만일에 토지소유자인 임대인 등이 계약의 갱신을 원하지 아니하는 때에는 임차인은 상당한 가액으로 그 공작물이나 수목의 매수를 청구할 수 있는 권리이다. 이를 토지임차인이나 지상권자의 지상물매수청구권이라고 부른다. 그리고 임차인 등이 지상물매수청구권을 행사한 경우에는 임대인 등은 그 매수를 거절하지 못한다. 즉 이 지상물매수청구권은 이른바 형성권으로서, 그 행사로 임대인·임차인 등 사이에 지상물에 관한 매매가 성립하게 된다. 이 규정은 강행규정이며, 이에 위반하는 것으로서 임차인 등에게 불리한 약정은 그 효력이 없다. 그런데 토지 소유자 甲이 원고가 되어 자기 소유 토지 위에 乙의 지상물이 존재한다는 이유로 청구취지에 지상물 철거 및 토지인도청구소송을 제기한 경우에, 피고 乙이 지상물매수청구권을 행사(이를 항변이라고 함)하고 그것이 인정될 경우 위 청구취지 속에는 지상물의 인도청구가 포함되어 있지 않기에 원고 청구는 기각을 면할 수가 없게 된다. 따라서 원고로서는 기존의 청구취지를 변경하여, 매매를 원인으로 하여 피고가 행사한 지상물의 인도 등을 구하여야만 한다. 그런데 원고가 법률 지식의 부족 등으로 인하여 청구취지를 변경하지 않을 때, 법원이 석명권을 행사하여 원고로 하여금 청구취지를 변경하도록 할 수 있는지, 더 나아가서는 이렇게 석명권을 행사하지 않는 것이 석명의무 위반이 되어 위법한 판결이 되는지가 문제 된다. 판례는 이와 같은 경우 법원의 석명권 행사 대상이 됨은 물론 이를 행사하지 않을 경우 석명의무에 위반하는 것으로 본다.

판례

대법원 1995. 7. 11. 선고 94다34265 전원합의체 판결 [건물명도등]

가. 토지임차인의 지상물매수청구권은 기간의 정함이 없는 임대차에 있어서 임대인에 의한 해지통고에 의하여 그 임차권이 소멸된 경우에도 마찬가지로 인정된다.

나. 지상물매수청구권은 이른바 형성권으로서 그 행사로 임대인·임차인 사이에 지상
물에 관한 매매가 성립하게 되며, 임차인이 지상물의 매수청구권을 행사한 경우에는
임대인은 그 매수를 거절하지 못하고, 이 규정은 강행규정이므로 이에 위반하는 것으
로서 임차인에게 불리한 약정은 그 효력이 없다.

다. 토지임대차 종료시 임대인의 건물철거와 그 부지인도 청구에는 건물매수대금 지
급과 동시에 건물명도를 구하는 청구가 포함되어 있다고 볼 수 없다.

라. '다'항의 경우에 법원으로서는 임대인이 종전의 청구를 계속 유지할 것인지, 아니
면 대금지급과 상환으로 지상물의 명도를 청구할 의사가 있는 것인지(예비적으로라도)
를 석명하고 임대인이 그 석명에 응하여 소를 변경한 때에는 지상물 명도의 판결을
함으로써 분쟁의 1회적 해결을 꾀하여야 한다. 그러므로 이와는 달리 이러한 경우에
도 법원에게 위와 같은 점을 석명하여 심리하지 아니한 것이 위법이 아니라는 취지의
당원 1972.5.23. 선고 72다341 판결은 이로써 이를 변경한다.

2) 주장의 석명 등

당사자가 변론에서 주장한 내용이 불분명하거나 상호 모순되는 때에도 법원
의 석명권 행사의 대상이 된다. 즉 부동산인도나 소유권이전등기청구소송 등에
서 주장이 불분명하여 청구원인이 매매인지, 대물변제인지 불분명하거나, 손해배
상청구소송에서 불법행위로 인한 책임인지 계약위반에 따른 채무불이행책임인지
등이 불분명한 경우가 이에 해당한다. 또한 주장이나 증거자료가 모순되는 경우,
예를 들어, 청구취지와 청구원인이 상호 모순되거나 제출한 증거 내용이 모순되
는 경우 등이 이에 해당한다. 법률상 정리되지 않는 주장을 하거나 소송자료보충
이 필요한 경우, 신소송자료의 제출이 필요한 경우(다만 전혀 예상할 수 없는 것은
금지)에도 석명권 행사의 대상이 된다. 그 밖에 당사자의 무지나 부주의, 오해로
인하여 증거를 대지 못하는 경우에는 증명촉구도 가능하다.

3) 지적의무

또한 민사소송법 제136조 제4항에 따라 법원은 당사자가 간과하였음이 분
명하다고 인정되는 법률상 사항에 관하여 당사자에게 의견을 진술할 기회를 주
어야 한다. 이를 법원의 지적의무(指摘義務)라고 부른다. 석명의무의 일종이라고
할 수 있다. 이는 비록 법률적 판단은 법원의 전권사항으로 당사자가 관여할 수

없지만, 변론에서 원고와 피고 쌍방 간에 전혀 쟁점도 되지 않았던 법리 판단으로 법원이 갑자기 판결을 선고할 경우 당사자는 전혀 대비하지 못한 상태에서 불이익을 입을 수 있다. 이에 당사자에게 전혀 예측하지 못한 손해를 주지 않으려는(이를 불의타를 방지한다고 함) 차원에서 당사자에게 절차적 기본권을 보장해 주려는 취지에서 나오는 법원의 의무이다.[40) 결국 지적의무는 법원의 전권영역에 해당하는 법적용과정에서 당사자의 참가권을 배제한 종전의 소송법원칙을 수정하여 이를 지적할 의무를 명확히 법에 규정한 것이다. 이를 통하여 앞서 설명한 것과 같이 석명권은 법원의 권한인 동시에 의무로서도 자리매김하게 되었다고 볼 수 있다.[41)

판례

대법원 2008. 12. 11. 선고 2008다45187 판결 [가등기에기한소유권이전등기절차이행]

당사자가 부주의 또는 오해로 인하여 명백히 간과한 법률상의 사항이 있거나 당사자의 주장이 법률상의 관점에서 보아 불명료 또는 불완전하거나 모순이 있는 경우, 법원은 적극적으로 석명권을 행사하여 당사자에게 의견진술의 기회를 부여하여야 하고, 만일 이를 게을리한 채 당사자가 전혀 예상하지 못하였던 법률적 관점에 기한 재판으로 당사자 일방에게 불의의 타격을 가하였다면 석명 또는 지적의무를 다하지 아니하여 심리를 제대로 하지 아니한 것으로서 위법하다.

라. 석명권의 행사

1) 행사 주체와 구문권

앞서 설명한 것과 같이 석명권은 법원에게 주어진 소송지휘권의 일종이므로 합의부 재판에서는 재판장이, 단독재판에서는 단독판사가 행사한다. 합의부원인 법관(배석판사)은 재판장에게 알리고 석명권을 행사할 수 있다(민사소송법 제136조 제1항). 그러나 상대방 당사자는 직접 석명권을 행사할 수는 없고, 단지 재판부에게 석명권을 행사하여 달라고 요청할 수 있는 권리만이 있는바, 이를 구문권(求

---

40) 법원행정처, 법원실무제요, 민사소송(Ⅱ), 2017, 991면.
41) 법원행정처, 법원실무제요, 민사소송(Ⅱ), 2017, 991면.

問權)이라고 한다.

상대방 당사자의 구문권 행사에 대하여 법원은 반드시 이에 응할 의무가 없다. 다만 구문권 행사에 응하지 않을 경우, 당사자는 이의를 제기할 수 있고, 이의 제기시에는 합의부인 법원이 결정으로 그 당부를 판단한다(민사소송법 제138조). 그러나 이의신청에 대한 재판에 대하여는 이것만으로 독립하여 불복할 수는 없고, 본안 판결 후 상소 등에 의하여만 다툴 수 있을 뿐이다.

2) 석명불응시의 조치

비록 법원이 석명권을 행사한다고 할지라도 당사자에게 석명에 응하여야 할 의무는 없다. 다만 당사자가 석명에 불응시에는 주장책임이나 증명책임의 원칙에 따라 주장이나 입증이 없는 것으로 취급되어 불이익을 입을 수 있고, 경우에 따라서는 청구취지나 진술취지의 불명 등으로 소나 공격방어방법이 부적법 각하되는 불이익을 받을 수 있다.

마. 석명처분

법원은 소송관계를 분명하게 하기 위하여 질문이나 증명촉구 이외에 적당한 처분을 할 수 있는바, 이를 석명처분(釋明處分)이라고 한다. 이러한 석명처분은 어디까지나 사건의 내용이나 쟁점을 파악하기 위한 것이므로 결코 증거조사가 아니다. 그에 따라 석명처분에 따라 얻은 자료는 증거로서의 효력이 없으며 단지 변론의 전취지로 참작될 수 있을 뿐이다. 다만 당사자가 이를 증거로 원용하면 그때부터 증거로 사용할 수 있다. 종전 실무에서는 석명처분이 앞의 석명권이나 석명준비명령의 보충 제도로 인식이 되어 그다지 활용되지 않았다. 그렇지만 점차 석명처분이 변론의 집중을 위한 정보 및 증거수집의 수단으로 기능할 수 있다는 점에 주목하여 석명처분의 적극적 활용이 필요하다는 주장이 제기되고 있다.[42]

---

42) 법원행정처, 법원실무제요, 민사소송(Ⅱ), 2017, 997면.

> **관련 법조문**
>
> 민사소송법 제140조(법원의 석명처분) ①법원은 소송관계를 분명하게 하기 위하여 다음 각호의 처분을 할 수 있다.
> 1. 당사자 본인 또는 그 법정대리인에게 출석하도록 명하는 일
> 2. 소송서류 또는 소송에 인용한 문서, 그 밖의 물건으로서 당사자가 가지고 있는 것을 제출하게 하는 일
> 3. 당사자 또는 제3자가 제출한 문서, 그 밖의 물건을 법원에 유치하는 일
> 4. 검증을 하고 감정을 명하는 일
> 5. 필요한 조사를 촉탁하는 일

4. 사적자치와 적시제출주의(공격방어방법의 제출 시기)

가. 일반

1) 의의와 이론적 근거

사적자치 원칙에 따른 당사자주의와 변론주의에 의하는 한 당사자는 변론에서 원하는 시기에 원하는 공격방어방법인 소송자료와 증거자료를 제출할 수 있다. 우리 민사소송법은 이에 따라 변론의 어느 단계에서든 공격방어방법을 제출할 수 있는 수시제출주의(隨時提出主義)를 취하였었다. 즉 공격방어방법은 특별한 규정이 없는 한 변론종결시까지 제출할 수 있었다. 이러한 수시제출주의는 소송자료를 유연성 있게 제출할 수 있다는 장점은 있으나, 변론의 집중이 어렵게 되고, 악의의 당사자에 의하여 소송이 지연되는 병폐를 안고 있다. 이에 당사자는 공격방어방법을 소송의 정도에 따라 적절한 시기에 제출하여야 한다는 적시제출주의(適時提出主義)로 전환하였다. 즉 소송의 집중과 변론의 집중을 위하여 신의칙에 의한 소송수행의무를 부과하여 2002년 민사소송법의 개정을 통하여 초기단계에서 주장과 증거자료를 제출하여 쟁점을 정리하는 집중심리방식을 위하여 적시제출주의로 전환하였다.

이는 민사소송법이 제1조 제2항에서 "당사자와 소송관계인은 신의에 따라 성실하게 소송을 수행하여야 한다."라는 신의성실의 원칙을 천명하고 있는바, 이러한 신의성실의 원칙에 따라 당사자에게 신의칙에 의한 소송수행의무를 부과한

것이라고 볼 수 있다. 즉 사적자치를 대원리로 하는 근대 민법의 3대 원리가 공공복리 등에 의해 일정 부분 제한될 수 있고, 그러한 제한을 가할 수 있는 준거원리가 민법 제2조의 권리남용금지와 신의성실의 원칙이라고 한다면, 공격방어방법의 적시제출주의는 민사소송법의 신의성실의 원칙에 따른 당사자주의와 변론주의의 수정원리가 된다고 할 것이다.

✎ 심화학습

민사소송에서 변론은 원고의 주장, 이에 대한 피고의 부인이나 항변, 피고의 항변에 대한 원고의 재항변, 원고의 재항변에 대한 피고의 재재항변 등의 절차에 따라 진행된다. 예를 들어, 원고가 피고에게 돈 1천만 원을 대여하였다고 주장하면서 대여금청구의 소를 제기한 경우에, 피고는 돈을 빌린 사실이 없다고 부인하거나 돈을 빌리기는 하였지만, 10년의 소멸시효가 완성되어 채무가 소멸하였다는 항변을 하고, 이에 대하여 원고가, 소멸시효 완성 전에 피고 재산에 가압류를 하여 놓았기에(즉 권리를 행사하였기에) 소멸시효가 중단되었다는 재항변을 하는 형식으로 소송이 진행된다. 여기서 원고는 대여 주장 단계(소장 제출단계)에서 대여하였다는 주장과 증거방법을 제출하여야 하고, 그 이후 피고는 소멸시효 완성에 따른 채무 소멸 주장을 하여야 하며, 그 이후 원고는 피고 재산에의 가압류 주장을 하여야만 한다. 즉 엄격한 순서를 정하여 각 변론의 단계마다 그에 맞는 공격방어방법과 증거자료를 제출하여야만 한다. 이를 법정순서주의라고 하는바, 이를 어길 경우, 더 이상 이를 주장하거나 제출할 수 없게 된다. 그러나 이러한 주의는 실권의 두려움에 빠진 당사자가 가정주장 등을 남발하게 되고, 소송지식이 부족한 당사자에게 가혹한 결과를 가져올 수 있다는 문제가 발생하였다. 이에 당사자주의에 따른 변론주의의 원칙에 따라 수시제출주의로 바뀌었고, 이것이 다시 적시제출주의로 변한 것이다. 이런 점에서 보면, 적시제출주의는 법정순서주의와 수시제출주의의 중간 형태라고 할 수 있다.

관련 법조문

민사소송법 제146조(적시제출주의) 공격 또는 방어의 방법은 소송의 정도에 따라 적절한 시기에 제출하여야 한다.

구 민사소송법 제136조(수시제출주의) 공격 또는 방어의 방법은 특별한 규정이 없으면 변론의 종결까지 제출할 수 있다.

2) 적용영역과 적절한 시기

적시제출주의는 당연히 변론주의의 영역에 한하고 직권탐지주의의 영역이나 직권조사사항에 관하여는 그 적용이 배제된다. 이들 영역은 소송의 촉진보다는 진실발견의 가치가 더 중요한 영역이기 때문이다. 여기서 '적절한 시기'가 무엇을 의미하는지 문제 된다. 이는 일률적으로 말할 수 없고, 개별 소송에서 구체적 상황에 따라 판단할 문제이다. 그러나 집중심리를 위하여 민사소송법이 마련한 소송절차의 취지와 당사자의 신의성실의무 특히 소송촉진의무가 판단의 기준이 될 수 있다.[43]

나. 실효성 확보제도

민사소송법은 이러한 적시제출주의의 실효성을 확보하기 위하여 아래와 같은 여러 제도를 마련해 두고 있다.

1) 제정기간제도(공격방어방법의 제출기간 제한)

재판장은 당사자의 의견을 들어 한쪽 또는 양쪽 당사자에 대하여 특정한 사항에 관하여 주장을 제출하거나 증거를 신청할 기간을 정할 수 있다. 즉 당사자가 특정한 공격방어방법을 적절한 시기에 제출하도록 재판장이 당사자의 의견을 듣고 제출기간을 정할 수 있으며, 당사자가 이를 지키지 못하여 그 기간 내에 제출하지 못하면 더 이상 그 공격방어방법을 제출할 수 없게 하는 실권제도(失權制度)를 두고 있다. 그리고 이 제도는 변론기일은 물론 변론준비절차에도 준용된다(민사소송법 제286조).

관련 법조문

민사소송법 제147조(제출기간의 제한) ①재판장은 당사자의 의견을 들어 한쪽 또는 양쪽 당사자에 대하여 특정한 사항에 관하여 주장을 제출하거나 증거를 신청할 기간을 정할 수 있다.

②당사자가 제1항의 기간을 넘긴 때에는 주장을 제출하거나 증거를 신청할 수 없다. 다만, 당사자가 정당한 사유로 그 기간 이내에 제출 또는 신청하지 못하였다는 것을 소명한 경우에는 그러하지 아니하다.

---

43) 이시윤, 신민사소송법, 박영사, 2019, 367면.

2) 실기한 공격방어방법의 각하

가) 의의

적시제출주의를 어겨 당사자의 고의나 중과실로 공격방어방법이 늦게 제출되어 소송절차를 지연시킬 때에는 법원은 직권 또는 상대 당사자의 신청에 따라 결정으로 이를 각하하고 심리하지 아니할 수 있다. 그러나 이를 너무 엄격히 적용할 경우 실체적 정의인 진실이 희생될 수 있고, 당사자에게 가혹할 수가 있어 실무에서는 이를 활용하는 것을 꺼리는 경향이 있다.

관련 법조문

민사소송법 제149조(실기한 공격·방어방법의 각하) ①당사자가 제146조의 규정을 어기어 고의 또는 중대한 과실로 공격 또는 방어방법을 뒤늦게 제출함으로써 소송의 완결을 지연시키게 하는 것으로 인정할 때에는 법원은 직권으로 또는 상대방의 신청에 따라 결정으로 이를 각하할 수 있다.

나) 각하 요건

각하 결정을 하기 위해서는 먼저 당해 공격방어방법이 시기에 늦은 제출이어야 한다. 예를 들어, 건물인도청구소송에서 피고가 유치권 항변을 1심이 아닌 항소심 단계에 와서 비로소 하는 경우에는 이러한 유치원 항변은 실기한 방어방법이라고 할 수 있다. 여기서 당해 공격방어방법이 유일한 방법인 경우에도 시기에 늦었다는 이유만으로 이를 각하할 수 있을지가 문제 된다. 판례는 일관된 입장을 보이지 않고 있지만, 기본적으로는 유일한 증거라도 당사자의 고의나 중과실로 인하여 제출하지 못하였을 때에는 이를 각하할 수 있다고 보고 있다. 다만 유일한 증거가 아닌 한 비록 당사자의 고의나 중과실이 없다 할지라도 각하할 수 있다는 판례도 있다.

또한 이렇게 실기한 것에 대하여 당사자에게 고의나 중과실이 있어야 하며, 실기한 공격방어방법을 심리할 경우 각하할 때보다 소송의 완결이 지연될 경우이어야만 한다. 즉 만일 당사자에게 실기의 책임을 돌릴 수 없거나 비록 실기하였다 할지라도 이를 심리함에 그다지 소송 지연이 초래되지 않는다면, 법원은 이를 각하할 수 없다.

판례

대법원 2009. 6. 25. 선고 2009다24415 판결 [손해배상(기)]

원고가 2007. 4. 19. 이 사건 소를 제기하였고, 제1심에서 피고의 변론재개신청을 받아들여 변론을 재개하면서 입증의 기회를 부여하였음에도 피고는 주장이 담긴 서면만 제출하였을 뿐 변론기일에 한 번도 출석하지 아니하였으며, 이 사건 소가 제기된 후 19개월이 다 된 2008. 11. 14. 원심의 제1차 변론기일에 이르러 비로소 감정신청을 한 사실을 알 수 있는바, 사실관계가 이와 같다면, 피고의 위 감정신청은 시기에 늦은 공격방어방법이라고 볼 수 있을 것이므로 원심이 이를 채택하지 아니하였다 하여 유일한 증거를 조사하지 아니하거나 심리미진의 위법이 있다고 할 수 없다.

판례

대법원 1962. 7. 26. 선고 62다315 판결 [전부금]

유일한 증거가 아닌 이상 증거신청이 당사자의 고의 또는 중대한 과실로 시기에 늦은 것이 아닌 경우라도 법원은 이를 각하할 수 있다.

판례

대법원 2000. 4. 7. 선고 99다53742 판결 [물품대금]

법원은 당사자의 고의 또는 중대한 과실로 시기에 늦게 제출한 공격 또는 방어방법이 그로 인하여 소송의 완결을 지연하게 하는 것으로 인정될 때에는 이를 각하할 수 있고, 이는 독립된 결정의 형식으로 뿐만 아니라, 판결이유 중에서 판단하는 방법에 의할 수도 있으나, 실기한 공격방어방법이라고 하더라도 어차피 기일의 속행을 필요로 하고 그 속행기일의 범위 내에서 공격방어방법의 심리도 마칠 수 있거나 그 내용이 이미 심리를 마친 소송자료의 범위 안에 포함되어 있는 때에는 소송의 완결을 지연시키는 것으로 볼 수 없으므로 이를 각하할 수 없다.

다) 각하 대상

각하 대상은 공격방어방법(주장, 부인, 항변, 증거신청)에 한정되고, 반소나 소의 변경, 참가신청 등은 이에 해당하지 않는다. 만일 변론준비절차기일을 거칠 경우 변론준비절차기일에 미제출한 공격방어방법은 동일하게 변론기일에 제출할 수 없음이 원칙이다(민사소송법 제285조).

라) 각하 재량

각하 요건 구비시 각하 여부는 법원의 재량적 사항이다. 각하를 함에는 독립된 결정의 형식으로 할 수도 있고, 판결 이유 속에 판단할 수도 있다.

3) 석명에 불응하는 공격방어방법의 각하

당사자의 공격방어방법 취지가 분명하지 않은 경우, 또는 당사자가 필요한 설명을 하지 않을 때에는 법원은 직권 또는 상대방의 신청에 따라 결정으로 이를 각하할 수 있다. 주로 재판장의 석명준비명령에 응하지 않은 경우에 활용된다.

관련 법조문

민사소송법 제149조(실기한 공격·방어방법의 각하) ②당사자가 제출한 공격 또는 방어방법의 취지가 분명하지 아니한 경우에, 당사자가 필요한 설명을 하지 아니하거나 설명할 기일에 출석하지 아니한 때에는 법원은 직권으로 또는 상대방의 신청에 따라 결정으로 이를 각하할 수 있다.

---

4) 답변서 제출 의무와 방소항변

원고의 청구에 대하여 피고가 이를 다툴 경우, 피고는 소장부본을 송달받은 날부터 30일 이내에 답변서를 제출하여야만 한다. 만일 피고가 이를 제출하지 않을 경우, 법원은 피고가 청구원인 사실을 자백한 것으로 보고 변론 없이 원고 승소 판결을 할 수 있다. 이를 변론 없이 하는 판결 또는 무변론판결(無辯論判決)이라고 한다. 또한 임의관할 위반, 소송비용의 담보제공, 중재합의의 존재 등과 같은 방소항변은 본안에 관한 변론 전까지 제출하여야 한다.

관련 법조문

민사소송법 257조(변론 없이 하는 판결) ①법원은 피고가 제256조제1항의 답변서를 제출하지 아니한 때에는 청구의 원인이 된 사실을 자백한 것으로 보고 변론 없이 판결할 수 있다. 다만, 직권으로 조사할 사항이 있거나 판결이 선고되기까지 피고가 원고의 청구를 다투는 취지의 답변서를 제출한 경우에는 그러하지 아니하다.

5. 변론의 진행과 내용

가. 본안의 신청(청구취지)

변론은 먼저 원고가 낸 소장의 청구취지에 따라 특정한 내용의 판결을 구하는 진술을 함으로써 시작된다. 이 변론에 대하여 법원은 종국판결로 판단, 응답한다.

나. 공격방어방법(주장과 증거신청)

당사자는 본안의 신청을 이유 있게 하기 위하여(즉 본안의 신청을 뒷받침하기 위하여) 또는 이유 없게 하기 위하여 소송자료를 제출하여야 하는데, 이를 공격방어방법이라고 한다. 이 중에 원고가 자기의 청구를 이유 있게 하기 위해서 제출하는 소송자료를 공격방법이라 하고, 피고가 원고의 청구를 배척하기 위해서(즉 이유 없게 하기 위해서) 제출하는 소송자료를 방어방법이라고 한다. 공격방어방법은 법률상 및 사실상의 주장과 부인과 항변 및 입증이 주된 것이지만 그 밖에 증거항변, 개개의 소송행위의 효력이나 방식의 당부에 관한 주장도 포함한다.

1) 주장(진술)
가) 법률상 주장과 권리자백

당사자의 주장은 법률상의 주장과 사실상의 주장으로 나누어지고, 법정에서 법원에 대하여 구두로 하여야 한다. 법률상의 주장(진술)이란, 법규의 존부와 그 내용 그리고 이의 해석과 적용에 관한 의견진술을 말한다. 그러나 법의 적용과 해석은 법원의 전권이기에 이러한 당사자의 주장은 법원을 구속할 수 없고 단지 법관의 주의를 환기시키는 의의만을 갖고 있다.

문제 되는 것으로는 구체적인 권리관계의 존부에 관한 자기의 판단이나 의견진술이다. 예를 들어, 원고가 소유권자라거나 피고는 원고에게 소유권이전등기 의무가 있다거나 원고는 피고에게 불법행위로 인한 손해배상청구권을 갖고 있다는 등의 진술이 있는데, 이는 사실상의 주장이 아니라 권리 주장으로서 좁은 의미의 법률상 주장이기에 이러한 주장도 변론주의의 적용을 받지 않는다. 그에 따라서 법원을 구속하지 못하며, 비록 잘못 주장하여도 법원은 이에 구속되지 않는다. 즉 자백의 법리가 적용되지 않아 당사자의 주장에 관계없이 법원은 증거에 의하여 사실을 인정하고 그에 따라 판결하여야만 한다. 다만 소송물인 권리관계 그 자체에 대한 자백은 앞서 설명한 것과 같이 일종의 소송물의 처분에 해당하여 청구의 포기나 인낙이 되어 구속력이 인정된다.

판례

대법원 2000. 1. 14. 선고 99다40937 판결 [제3자이의]
계약해제의 효과를 가지고 가압류채권자에게 대항할 수 있는지의 여부에 관한 원고의 주장은 사실상의 주장이 아니라 법률상의 주장이므로 그에 관하여는 의제자백이 성립할 여지가 없다.
따라서 원심이 계약해제에 의하여 그 권리를 해할 수 없는 제3자에는 가압류채권자도 포함된다고 판단하여 그에 관한 원고의 주장을 배척한 조치는 피고가 원고의 사실상의 주장을 명백히 다투었는지의 여부와 관계없이 정당하고, 거기에 의제자백에 관한 법리를 오해한 위법이 없다.

🖋 심화학습

이처럼 권리자백은 아무런 구속력이 없지만, 실제 소송에서는 당사자의 법률 지식의 부족으로, 아래에서 살펴볼 사실의 주장을 권리 주장으로 하는 경우가 종종 있다. 즉 당사자의 주장이 사실상의 주장인지, 권리 주장인지 애매할 때가 많이 있을 수 있다. 예를 들어, 당사자가 변론에서 매매나 임대차 등과 같은 법률용어를 사용하였다 할지라도 그 의미가 권리 주장이 아닌 단지 매매계약을 체결한 사실이나 임대차계약을 체결한 사실을 주장하기 위하여 이러한 법률용어를 사용하는 경우가 있을 수 있다.
따라서 일응 법률상의 주장이나 권리 주장으로 보인다 할지라도 그것이 사실상의 주장을 한 것인지를 살펴 자백을 인정할 필요도 있다. 실무상 가장 문제 되는 권리자백으로는 '소유권자'에 대한 자백이 있다. 즉 예를 들어, 피고가 변론에서 A 토지의 소유권자가 원고임을 인정한다는 진술을 한 경우에, 원고가 소유권자라는 점은 권리자백으로 이에 대한 자백의 구속력은 없지만, 이를 A 토지가 원고의 소유인 사실에 관한 자백으로 보면 이는 사실의 자백이기에 그 구속력을 인정하여야 한다.

판례

대법원 1989. 5. 9. 선고 87다카749 판결 [소유권이전등기말소]

소유권에 기한 이전등기말소청구소송에 있어서 피고가 원고 주장의 소유권을 인정하는 진술은 그 소전제가 되는 소유권의 내용을 이루는 사실에 대한 진술로 볼 수 있으므로 이는 재판상 자백이라 할 것이다.

기록에 의하면 원고가 임야소유권에 기하여 피고에게 이전등기말소철구를 구하는 이 소송에서 피고는 이 사건 임야는 원래 원고의 부친인 망 소외 1 외 3인의 공유였다는 원고의 주장사실을 인정하는 진술을 하였음을 알 수 있는 바(1985.5.8.자 답변서 참조), 원심이 피고의 위 진술을 재판상 자백으로 보고 위 자백이 진실에 반하고 착오에 인한 것이라는 증명이 없다는 이유로 그 자백취소의 효력을 인정하지 아니한 것은 정당하고 거기에 자백의 대상에 관한 법률해석을 그르치거나 권리자백의 취소에 관한 법리 오해의 위법이 없다.

소론이 지적하는 당원의 판례는 매매계약의 법률효과에 대한 자백은 권리자백으로서 자유로이 철회할 수 있다는 취지의 것이므로 이 사건에는 적절한 것이 되지 못한다.

　　나) 사실상 주장

　　이는 구체적 사실의 존부에 대한 당사자의 지식이나 인식의 진술을 말한다. 즉 법률효과를 발생시키는 법률요건에 해당하는 사실 및 경험칙상 이를 추인하게 하는 사실의 주장이다. 이러한 사실에는 주요사실, 간접사실, 보조사실이 포함되고, 반드시 외부적 사실만을 의미하지는 않고, 선의나 악의 고의나 과실과 같은 내면의 사실도 포함된다.[44] 당사자가 사실의 주장을 하여도 사실심 변론종결시까지는 언제든지 임의로 철회 또는 정정할 수 있지만 자기에게 불리한 사실상의 주장을 상대방이 원용한 때에는 재판상 자백이 되어 그 취소요건(민사소송

---

44) 법원행정처, 법원실무제요, 민사소송(Ⅱ), 2017, 954면.

법 제288조 단서)을 갖추지 않는 한 취소가 허용되지 않는다.

사실상의 주장은 절차의 불안정을 피하기 위하여 기본적으로 단순하여야 하고 조건이나 기간을 붙일 수 없다. 다만 가정적 주장(주위적 주장과 예비적 주장, 매매를 주장하다가 예비적으로 즉 매매가 인정되지 않는다면 취득시효가 완성되었다는 주장)이나, 대여금청구소송에서 처음에는 변제하였다고 항변하다가 예비적으로 채무면제를 받았다고 항변하는 것과 같은 가정항변은 절차의 불안전성을 해하는 것이 아니므로 얼마든지 허용된다.

2) 상대방의 태도(사실의 인부)

당사자 일방의 사실의 주장에 대하여 상대방은 아래와 같은 종류의 답변을 할 수 있다.

가) 부인

부인(否認)은 상대방이 증명책임을 부담하는 주장 사실을 사실이 아니라고 부정하는 진술이다. 예를 들어, 원고가 청구원인에서 피고에게 돈 1천만 원을 빌려주었다는 사실의 주장을 한 경우에 피고가 빌린 사실이 없다고, 즉 원고의 사실 주장을 부인하는 진술을 말한다. 이 경우 빌려준 사실에 대한 증명책임은 이를 주장하는 원고에게 있게 된다. 부인에는 직접부인과 간접부인이 있다. 직접부인은 위의 예와 같이 상대방이 주장하는 사실이 진실이 아니라고 진술함에 그치는 것으로 소극부인 또는 단순부인이라고 한다. 이에 비하여 간접부인은 상대방의 주장과 양립(兩立)할 수 없는 별개의 사실을 주장하는 방법에 의하여 부인하는 것이다. 이를 이유부부인 또는 적극부인이라고도 부른다. 예를 들어, 원고가 피고에게 돈을 대여하였다고 주장하는 경우에, 피고는 원고가 대여한 것이 아니라 증여한 것이라고 주장하는 형식의 부인이다. 이러한 간접부인에서는 단순히 원고 주장 사실이 진실이 아니라는 주장에 머무르지 않고 적극적으로 빌려준 사실과는 양립할 수 없는 증여 주장을 하는 것이다. 이러한 간접주장은 원고의 주장과 양립 불가능한 사실을 주장한다는 점에서 원고의 주장과 양립 가능한 별개의 새로운 주장을 하는 항변과도 구별된다. 그에 따라 뒤에서 살펴보겠지만, 항변으로 주장하는 사실의 존부와 진위에 대하여는 이를 주장하는 피고에게 증명책임이 있지만, 간접부인에서는 여전히 원고에게 대여사실에 대한 증명책임이 있게 된다.

판례

대법원 1972. 12. 12. 선고 72다221 판결 [대여금]

당사자간에 금원의 수수가 있다는 사실에 관하여 다툼이 없다고 하여도 원고가 이를 수수한 원인은 소비임차라 하고 피고는 그 수수의 원인을 다툴 때에는 그것이 소비임차로 인하여 수수되었다는 것은 이를 주장하는 원고가 입증할 책임이 있다.

나) 부지

부지(不知)는 당사자 일방의 주장 사실을 알지 못한다고 진술하는 것이다. 이처럼 부지라고 진술하는 경우에는 이는 상대방 주장을 다툰 것으로 보아 부인한 것으로 취급(추정)된다. 이러한 부지가 언제나 허용되는 것은 아니다. 즉 자기가 관여한 것으로 주장된 행위나 서증에 대하여는 성립인정, 부인의 인부절차에서 원칙적으로 부지라는 답변은 허용될 수 없고 부인만이 가능하다. 즉 부지는 자신이 관여하지 않은 자신의 인식의 대상이 아니었던 사실에 한하여 허용된다.

관련 법조문

민사소송법 제150조(자백간주) ②상대방이 주장한 사실에 대하여 알지 못한다고 진술한 때에는 그 사실을 다툰 것으로 추정한다.

다) 자백

자백은 자기에게 불리한 상대방의 주장 사실을 시인하는 진술로 자백한 사실은 증명을 필요로 하지 않으며 재판의 기초로 하지 않으면 안 된다. 이처럼 자백한 사실은 증명을 요하지 않기에 불요증사실(不要證事實)이라고도 부른다.

관련 법조문

민사소송법 제288조(불요증사실) 법원에서 당사자가 자백한 사실과 현저한 사실은 증명을 필요로 하지 아니한다. 다만, 진실에 어긋나는 자백은 그것이 착오로 말미암은 것임을 증명한 때에는 취소할 수 있다.

라) 침묵

침묵은 글자 그대로 상대방의 주장 사실을 명백히 다투지 않는 것으로, 변

론의 전취지에 비추어 다툰 것으로 인정할 경우를 제외하고는 원칙적으로 자백
한 것으로 간주된다.

관련 법조문

민사소송법 제150조(자백간주) ①당사자가 변론에서 상대방이 주장하는 사실을 명백히 다
투지 아니한 때에는 그 사실을 자백한 것으로 본다. 다만, 변론 전체의 취지로 보아 그 사
실에 대하여 다툰 것으로 인정되는 경우에는 그러하지 아니하다.

판례

대법원 2022. 4. 14. 선고 2021다280781 판결 [임금]

재판상 자백은 변론기일 또는 변론준비기일에서 상대방의 주장과 일치하면서 자신에
게는 불리한 사실을 진술하는 것을 말하며, 상대방의 주장에 단순히 침묵하거나 불분
명한 진술을 하는 것만으로는 자백이 있다고 인정하기에 충분하지 않다.

당사자가 변론에서 상대방이 주장하는 사실을 명백히 다투지 않았더라도 변론 전체의
취지로 보아 다툰 것으로 인정되는 때에는 자백간주가 성립하지 않는다(민사소송법
제150조 제1항 참조). 여기서 변론 전체의 취지로 보아 다투었다고 볼 것인지는 변론
종결 당시까지 당사자가 한 주장 취지와 소송의 경과를 전체적으로 종합해서 판단해
야 한다. 자백간주 역시 재판상 자백의 경우와 마찬가지로 상대방의 사실에 관한 주장
에 대해서만 적용되고, 법률상의 주장에 대해서는 적용되지 않는다.

3) 증거신청(입증)

부지나 부인처럼 다툼이 있는 사실에 대하여는 증거신청(입증)이 필요하다.
이는 상대방이 부인하거나 부지라고 한 사실에 대하여 법관으로 하여금 진실이
라는 확신을 갖도록 하기 위한 행위이다. 즉 법관으로 하여금 사실상 주장의 진
위 여부에 대한 확신을 얻게 하는 행위라고 할 수 있으며, 소송상 신청의 하나이
자 공격방어방법으로 취급된다.[45]

---

45) 법원행정처, 법원실무제요, 민사소송(Ⅱ), 2017, 954면.

다. 항변

1) 의의

피고가 원고의 청구를 배척하기 위하여 소송상 또는 실체상의 이유를 들어 적극적인 방어를 하는 것을 널리 항변이라고 한다. 항변(抗辯)에는 소송상 항변과 본안의 항변이 있고, 좁은 의미의 항변은 본안의 항변만을 뜻한다. 소송상 항변은 실체법상의 효과와 관계없는 항변을 말한다. 이에는 다시 원고가 제기한 소에 소송요건의 흠결이 있어(당사자능력이나 당사자적격 등과 같은 소송요건의 흠결) 소가 부적법(不適法)하다는 피고의 주장인 본안전항변(本案前抗辯)과 상대방의 증거신청에 대하여 채택하지 말아 달라는 취지의 각하를 구하거나 증거력이 없다는 취지로 증거조사결과를 채택하지 말아 달라는 진술인 증거항변(證據抗辯)이 있다.

그러나 소송요건의 대부분은 법원의 직권증거조사사항으로 어차피 법원이 그 유무를 조사해야 할 것이기 때문에 피고의 본안전 항변은 법원의 직권 발동을 촉구하는 의미(즉 소송요건의 구비 여부를 조사하여 달라는 의미)에 불과하다. 그러나 이 중에 피고의 주장을 기다려 비로소 고려하여야 할 소송요건이 있다. 이러한 것으로는 관할 중 전속관할이 아닌 임의관할에 위반하였다거나, 원고와 피고 사이에 소를 제기하지 않기로 합의하였음에도 원고가 이를 위반하여 소를 제기하였다는 주장(이를 부제소합의 위반이라고 함) 등이 있다. 이러한 항변을 방소항변(妨訴抗辯)이라고 부르고, 방소항변사항은 법원이 직권으로 조사할 수 없는 사항이기에 반드시 피고로부터의 항변이 있어야만 가능한 항변이다.

2) 본안의 항변

가) 의의

본안(本案)의 항변은 본안전항변과는 달리 실체법상 법률효과에 관한 항변으로 원고의 주장 사실을 배척하기 위하여 원고의 주장 사실이 진실임을 전제로 하여 이와(원고의 주장 사실과) 양립(兩立) 가능한 별개의 사항에 대하여 피고가 하는 사실상의 진술을 말한다. 즉 원고가 권리근거규정의 요건사실을 주장함에 대하여 피고가 그 반대규정의 요건사실을 주장하는 것이다. 예를 들어, 원고가 1천만 원의 대여를 주장함에 대하여 피고가 빌린 것은 맞지만(사실이지만) 이미 변제하였다고 주장할 때, 대여한 사실과 변제한 사실은 상호 양립 불가능한 것이 아니라 양립 가능한 주장으로 이를 항변이라고 한다. 이처럼 항변은 원고의 주장사실과 양립 가능한 별개의 사실에 대한 주장이라는 점에서, 양립 불가능한 사실을 주장하는 간접부인과 구별된다.

항변의 행사 방식으로는 먼저 원고의 주장사실을 인정하면서 양립 가능한 별개의 사실을 진술하는 제한부자백의 항변이 있다. 예를 들어, 원고로부터 돈을 빌린 것은 사실이지만 소멸시효가 완성되었다는 항변이다. 그리고 일응 원고의 주장사실을 부인하면서, 예비적으로 주장사실이 인정될 경우에 대비하여 별개의 사실을 가정적으로 주장하는 가정항변이 있다. 위 예에서 빌린 사실 자체가 없지만, 설사 원고로부터 빌렸다고 가정한다 할지라도 이미 소멸시효가 완성되어 채무가 소멸하였다는 항변의 형식이 그것이다.

나) 종류
(1) 권리장애사실의 항변
권리근거규정에 기한 권리발생을 처음부터(애당초부터) 방해하는 권리장애규정상의 요건사실을 주장하는 경우이다. 통정허위표시, 불공정 법률행위, 의사능력의 흠결 등과 같은 법률행위의 무효사유, 소송을 목적으로 하는 신탁, 비채변제에 있어서의 변제자의 악의(제742조) 등이 여기에 해당한다. 예를 들어, 원고가 매매를 원인으로 하는 소유권이전등기를 구하는 소를 제기한 경우에 피고가 매매계약을 체결한 것은 맞지만, 그 매매계약은 불공정한 계약으로 무효이어서 소유권이전등기의무가 없다는 취지의 항변이 이에 해당한다.

(2) 권리소멸사실의 항변
권리근거규정에 의하여 일단 발생한 권리(법률효과)를 소멸시키는 권리소멸규정(권리멸각규정)의 요건사실을 주장하는 경우이다. 소멸사실은 권리발생사실보다 보통 뒤에 발생하는 사유라는 점에서 위에서 살펴본 권리장애사실과 구별된다. 즉 권리장애사실은 법률행위 당시부터 하자가 있었다는 의미임에 반하여, 권리소멸사실은 권리 자체는 유효하게 성립하였지만, 그 이후의 사정에 의하여 권리가 소멸하였다는 취지의 항변이다. 예를 들어, 채권의 소멸원인(변제, 해제조건의 성취, 소멸시효의 완성, 경개, 후발적 이행불능 등)의 주장, 해제나 해지권, 취소권이나 상계권, 추인권 등 형성권의 행사로 인하여 일단 발생한 법률효과를 배제하는 주장 등이 이에 해당한다. 원고가 매매를 이유로 소유권이전등기청구소송을 한 경우에, 매매계약체결 사실이 원고의 권리근거규정에 대한 주장 사실이 되고, 이에 대하여 피고가 매매계약을 체결한 것은 사실이지만, 위 매매계약은 착오에 의한 법률행위이어서 착오를 이유로 취소하였다는 항변이 바로 권리소멸사유에 해당하는 항변이다.

(3) 권리저지사실의 항변

권리근거규정에 기한 권리의 발생을 저지시키거나 권리근거규정에 기하여 이미 발생한 권리의 행사를 저지시키는 권리저지규정의 요건사실을 주장하는 경우이다. 정지조건이나 기한 존재의 항변이 전자에 해당하고, 유치권의 항변, 보증인의 최고나 검색 항변, 동시이행의 항변, 기한유예의 항변, 변제기 미도래의 항변 등이 후자에 해당한다. 예를 들어, 원고가 금전 대여 사실을 주장한 경우에, 피고가 돈을 빌린 것은 사실이지만, 아직 이행기가 도래하지 않았다거나, 원고가 부동산매매계약체결을 이유로 소유권이전등기를 구함에 대하여, 피고가 매매계약을 체결한 사실은 있지만, 원고로부터 매매대금을 지급받지 못하였기에 소유권이전등기를 해 줄 수 없다는 내용의 동시이행항변이 여기에 해당한다.

3) 부인과 항변의 구별

부인(否認)이 원고의 주장 사실이 존재하지 않음을 주장하는 것임에 비하여 항변은 일응 원고의 주장 사실이 존재함을 전제로 이와 양립 가능한 또 다른 별개의 사실을 주장한다는 점에서 양자는 근본적인 차이를 갖고 있다. 직접부인은 물론이고, 간접부인조차도 원고의 주장 사실을 인정하지 않으면서 원고의 주장 사실과 양립 불가능한 별개의 사실을 주장하는 것이지만, 항변은 원고의 주장 사실과 양립 가능한 별개의 사실을 주장한다는 점에서 근본적인 차이점이 존재한다. 예를 들어, 원고의 대여 주장에 대하여 피고가 원고의 대여 사실이 없다거나(직접부인) 대여한 것이 아니라 원고가 증여한 것이라는 주장(간접부인)은 모두 돈을 빌려주었다는 주장과 양립 불가능한 주장이어서 부인에 해당한다. 반면에 돈을 빌린 것은 맞지만 이미 변제를 하였다는 주장은 원고의 주장 사실(대여 사실)이 존재함을 인정하면서도 대여 사실과는 양립할 수 있는 변제 사실을 주장하는 것이어서 항변이 된다.

이러한 차이점에 따라 먼저 증명책임에 있어서 부인시에는 원고가, 항변시에는 피고가 부담하게 된다. 즉 부인시에는 원고가 대여 사실을 증명하여야 하고, 항변시에는 피고 스스로 원고의 대여 주장을 인정하는 것으로 다시 변제라는 새로운 사실을 주장하는 것이기에 당연히 이를 주장하는 피고가 증명책임을 지는 것이다.

4) 재항변과 재재항변

피고의 항변에 대하여 다시 원고가 항변 사실과 양립 가능한 별개의 사실을 주장하는 것을 재항변(再抗辯)이라 한다. 그리고 재항변에 대하여 또다시 피고가 원고의 재항변 사실과 양립 가능한 별개의 사실을 주장하는 것을 재재항변(再再抗辯)이라 한다. 소송에서의 변론은 이러한 절차와 형식을 통하여 진행되고, 판결문에서의 판결이유도 이러한 순서에 따라 기술된다.

예를 들어, 대여금청구소송에서, 원고가 대여 사실을 주장하면, 피고가 이에 대하여 소멸시효가 완성되었다는 소멸시효 항변을 하고, 그러면 다시 원고가 피고의 채무승인 등에 의하여 소멸시효가 중단되었다는 재항변을 하는 형식이다. 또는 소유권에 기한 건물인도청구에서는 원고가 자신 소유의 건물을 피고가 점유하고 있다는 주장에 대하여, 피고가 원고 소유 건물을 자신이 점유하고 있는 것은 사실이지만, 원고와의 임대차계약을 통하여 적법하게 점유하고 있는 것이라는 임차권 항변을 하고, 이에 대하여 원고는 피고와 임대차계약을 체결한 것은 사실이지만 피고가 차임을 2회 이상 연체하여 임대차계약이 이미 해지되었다는 재항변을 하는 형식이다.

라. 소송상 형성권의 행사

1) 의의

소송상 공격방어방법으로 실체법상의 형성권을 행사하는 경우가 있다. 즉 이미 법정 외에서 행사한 형성권의 사법상 효과를 소송상 주장(진술)하는 것이 아니라 아직 행사되지 않은 형성권을 소송상 행사하는 동시에 이를 항변 등으로 진술하는 경우가 있다. 예를 들어, 원고가 매매를 원인으로 하여 소유권이전등기를 구하는 소송에서, 피고가 소송 제기 전에는 행사하지 않았던 착오를 원인으로 한 취소권을 행사하는 경우, 이는 취소권이라는 사법상의 형성권을 행사하는 것인 동시에 원고의 주장에 대한 권리소멸사실을 주장하는 항변을 한 것이 된다. 이 경우에 사법상의 효과가 어떻게 되는지가 문제 된다. 특히 소송상 형성권을 행사한 후에 소의 취하나 각하가 있는 경우, 또는 공격방어방법의 제출이 실기하여 각하되는 경우(상계권의 행사) 그 사법적 효과가 없어지게 되는지가 문제 된다.46)

2) 사법상 효과

이처럼 실체법상의 권리를 소송상 행사하는 경우, 그 법적 성격에 대하여는 사법행위와 소송행위가 병존한다는 병존설, 양자의 성격을 모두 갖고 있지만 두 개의 행위가 아닌 하나의 행위라는 양성설, 사법상의 법률행위가 아닌 순수한 소송행위라는 소송행위설로 견해가 대립하고 있다.

구체적으로는 소의 취하 등에 있어 병존설은 취하 등에도 불구하고 사법상의 효과는 그대로 남아 있다고 보고, 양성설은 사법상의 효과가 발생하였지만 취하 등으로 소급하여 소멸한다고 하며, 소송행위설은 처음부터 사법상의 효과는 발생하지 않았으므로 취하 등으로 인하여 달라지는 게 없다고 한다. 이에 대하여 신병존설은 사법상의 효과가 남아 있지만, 상계의 항변에서만큼은 소의 취하나 공격방어방법의 각하 등으로 판단을 받지 못한 경우에는 사법상의 효과가 발생하지 않은 것으로 해석하고 있다. 판례는 해제권의 행사에 있어서 소의 취하에도 불구하고 해제권의 행사에 아무런 영향도 미치지 않는다고 하는 한편, 상계항변에서는 그것이 일종의 예비적 항변으로서 소송상 상계의 의사표시에 의하여 효과가 발생하는 것이 아니라, 당해 소송에서 실질적으로 상계요건에 관한 판단이 이루어질 때 비로소 실체법상 상계의 효과가 발생한다는 입장이어서 간접적이기는 하지만 신병존설과 같은 입장에 서 있는 것으로 보인다.

---

46) 자세한 내용은 다음의 '소송행위와 법률행위'에서 별도로 설명한다.

판례

대법원 1982. 5. 11. 선고 80다916 판결 [소유권이전등기]

원고의 위 소 제기로서 이 사건 매매계약 해제의 의사표시를 명시적으로 하지는 않았다 하더라도 원고가 피고에게 이 사건 매매계약의 존속과는 양립할 수 없는 위약금의 지급 청구를 하고, 그 소장이 피고에게 송달됨으로써 해제권을 행사하였다 할 것이고 (대법원 1969.1.28. 선고 68다626판결 참조)해제권은 형성권이므로 비록 그 후에 원고가 그 소송을 취하하였다 하여 위 해제권 행사의 효력에 아무런 영향도 미치지 않는다 할 것이다.

판례

대법원 2014. 6. 12. 선고 2013다95964 판결 [관리비반환등]

소송상 방어방법으로서의 상계항변은 통상 수동채권의 존재가 확정되는 것을 전제로 하여 행하여지는 일종의 예비적 항변으로서 소송상 상계의 의사표시에 의해 확정적으로 효과가 발생하는 것이 아니라 당해 소송에서 수동채권의 존재 등 상계에 관한 법원의 실질적 판단이 이루어지는 경우에 비로소 실체법상 상계의 효과가 발생한다. 이러한 피고의 소송상 상계항변에 대하여 원고가 다시 피고의 자동채권을 소멸시키기 위하여 소송상 상계의 재항변을 하는 경우, 법원이 원고의 소송상 상계의 재항변과 무관한 사유로 피고의 소송상 상계항변을 배척하는 경우에는 소송상 상계의 재항변을 판단할 필요가 없고, 피고의 소송상 상계항변이 이유 있다고 판단하는 경우에는 원고의 청구채권인 수동채권과 피고의 자동채권이 상계적상 당시에 대등액에서 소멸한 것으로 보게 될 것이므로 원고가 소송상 상계의 재항변으로써 상계할 대상인 피고의 자동채권이 그 범위에서 존재하지 아니하는 것이 되어 이때에도 역시 원고의 소송상 상계의 재항변에 관하여 판단할 필요가 없게 된다. 또한, 원고가 소송물인 청구채권 외에 피고에 대하여 다른 채권을 가지고 있다면 소의 추가적 변경에 의하여 그 채권을 당해 소송에서 청구하거나 별소를 제기할 수 있다. 그렇다면 원고의 소송상 상계의 재항변은 일반적으로 이를 허용할 이익이 없다. 따라서 피고의 소송상 상계항변에 대하여 원고가 소송상 상계의 재항변을 하는 것은 다른 특별한 사정이 없는 한 허용되지 않는다고 보는 것이 타당하다.

6. 소송행위와 법률행위

가. 소송행위의 의의

앞에서 살펴본 바와 같이 실체법인 민법은 물론 절차법인 민사소송법에서도 사적자치 원칙이 기본으로 자리 잡고 있음을 알 수 있다. 그런데 실체법의 영역에서는 사적자치가 법률행위를 통하여 이루어짐에 비하여, 절차법이 규율되는 소송에서는 소송행위(訴訟行爲)를 통하여 이루어진다. 따라서 여기에서는 소송행위가 어떠한 의미와 성격을 갖고 있는지 살펴볼 필요가 있는데, 이는 법률행위와의 비교를 통한 방법이 유용하기에 양자를 비교하면서 살펴본다.

소송행위란 소송주체의 행위로서 소송주체인 법원과 당사자의 행위를 말한다. 다만 법원의 소송행위는 재판행위와 같은 국가기관의 행위이어서 사법행위(私法行爲)와는 전혀 다른 공권적 행위이기에 일반적으로 소송행위는 당사자의 소송행위만을 의미한다. 실체법에서의 법률행위에 상응하는 개념이라고 할 수 있다. 소송행위에 대하여는 소송절차를 형성하는 법률효과를 발생시키는 당사자의 모든 행위라고 보는 견해(효과설)도 있지만, 그 법률효과뿐만 아니라 요건까지도 소송법에 규정된 행위를 소송행위라고 보는 것이 다수설(요건 및 효과설)이다.[47]

다수설에 의할 경우 소송행위에는 민법상의 법률행위에 관한 규정이 직접적으로 적용될 수 없고, 다만 특별한 사정이 있는 경우에 한하여 예외적으로 유추적용될 수 있을 뿐이라고 한다. 반면에 효과설에 의하면 주요한 효과가 소송법의 영역에서 발생하기만 하면 소송행위라고 보기에 그 요건에 관하여 실체법의 규율을 받는 행위(아래에서 살펴보는 소송계약이 이에 해당함)라도 소송법상의 효과가 발생하면 되기에 소송행위로 보게 된다.[48] 그에 따라 일반 법률행위에 관계되는 요건이나 효과, 하자, 대리 등이 그대로 소송행위에도 적용되는 것인지, 그렇지 않다면, 어떤 차이가 있어 어느 정도까지 소송행위의 독자성이 확보되어야 하는 것인지 등이 주요 쟁점으로 다루어진다.

---

47) 김홍엽, 민사소송법, 박영사, 2021, 521~522면.
48) 이시윤, 신민사소송법, 박영사, 2019, 409~410면.

나. 소송상 합의(소송계약)

1) 의의와 사적자치의 원칙

소송상 합의란 현재 소송계속(訴訟係屬) 중이거나 또는 장래 계속될 특정의 소송에 대하여 직접 또는 간접으로 어떠한 영향을 미치는 법적 효과의 발생을 목적으로 하는 당사자의 합의를 말한다. 이는 바로 실체법에서의 계약에 상응하는 개념으로 소송계약(訴訟契約)이라고도 한다. 계약이라는 점에서는 실체법상의 요건이 되어 법률행위가 되고, 계약의 내용과 그에 따른 법률효과가 실체법상의 법률효과가 아닌 소송법상의 법률효과가 발생한다는 점에서는 소송행위가 된다.

소송상 합의에는 법률상 명문의 규정을 두고 있는 경우(관할 합의, 기일변경의 합의, 불항소 합의 등)도 있지만, 명문의 규정이 없는 경우도 있다. 여기서 법률에 명문의 규정이 없는 경우에도 이를 일반적으로 허용할 것인지가 문제 된다. 이는 바로 사적자치 원칙에 따른 법률행위자유의 원칙이나 당사자주의의 원칙을 소송에서 어디까지 허용할 것인지의 문제이기도 하다.

종전에는 소송법이야말로 법률행위자유의 원칙의 지배를 받지 않는 영역이라는 이유로 그 적법성을 부인하기도 하였다. 그러나 사적자치의 원칙에 다른 법률행위자유의 원칙과 당사자주의의 원칙에 의할 때 전속관할의 합의나 증거력의 제한과 같은 공익에 직결되는 강행법규를 변경 내지 배제하려는 합의는 무효이지만, 비록 분쟁이 발생하여도 소를 제기하지 않기로 하는 부제소합의처럼 당사자에게 처분의 자유가 보장된 경우는 이를 허용할 것이다. 이는 실체법의 영역에서 법률행위자유의 원칙이나 계약자유의 원칙에 따라 민법 규정이 강행규정이 아닌 임의규정에 관한 내용은 당사자의 자유로운 처분의 영역에 맡겨 이를 허용하는 것과 같은 이치라고 할 수 있다. 따라서 분쟁이 발생하여도 소를 제기하지 않기로 당사자 사이에 합의하는 부제소합의, 소송계속 중 소나 상소를 취하하기로 하는 소(상소)취하합의, 강제집행을 하지 않기로 하는 부집행합의 등은 적법한 소송상 합의로서 허용된다고 할 것이다.

다만 부제소합의의 경우, 이는 소송당사자에게 부여된 헌법상의 재판청구권을 포기한다는 의미로서 중대한 소송법상의 효과를 발생시킨다. 따라서 법원은 부제소합의가 존재하는지에 대하여 신중하게 판단하여야 한다. 또한 일단 부제소합의가 존재하여 소송요건흠결을 이유로 부적법 각하판결을 하기 위해서는 당사자에게 의견진술 기회를 주어야 함은 물론 부제소합의에 이르게 된 동기나 연유, 당사자의 진정한 의사 등에 관하여 충분한 심리를 하여야만 한다.

관련 법조문
민사소송법 제29조(합의관할) ①당사자는 합의로 제1심 관할법원을 정할 수 있다.

판례

대법원 2013. 11. 28. 선고 2011다80449 판결 [낙찰자지위확인등]

부제소합의는 소송당사자에게 헌법상 보장된 재판청구권의 포기와 같은 중대한 소송법상의 효과를 발생시키는 것으로서 그 합의 시에 예상할 수 있는 상황에 관한 것이어야 유효하고, 그 효력의 유무나 범위를 둘러싸고 이견이 있을 수 있는 경우에는 당사자의 의사를 합리적으로 해석한 후 이를 판단하여야 한다. 따라서 당사자들이 부제소합의의 효력이나 그 범위에 관하여 쟁점으로 삼아 소의 적법 여부를 다투지 아니하는데도 법원이 직권으로 부제소합의에 위배되었다는 이유로 소가 부적법하다고 판단하기 위해서는 그와 같은 법률적 관점에 대하여 당사자에게 의견을 진술할 기회를 주어야 하고, 부제소합의를 하게 된 동기 및 경위, 그 합의에 의하여 달성하려는 목적, 당사자의 진정한 의사 등에 관하여도 충분히 심리할 필요가 있다. 법원이 그와 같이 하지 않고 직권으로 부제소 합의를 인정하여 소를 각하하는 것은 예상외의 재판으로 당사자 일방에게 불의의 타격을 가하는 것으로서 석명의무를 위반하여 필요한 심리를 제대로 하지 아니하는 것이다.

2) 법적 성질

부제소합의와 같이 법률상 명문의 규정은 없지만 당사자 사이의 합의를 인정하여야 할 경우에 그 법적 성질이 문제 된다. 즉 소송상 합의 성질이 일반 법률행위로서의 합의, 즉 계약으로 일반 계약상의 원리와 법률효과가 적용되는 것인지, 아니면 독자적인 소송법상의 개념으로서 일반 계약49)상의 원리와 법률효과가 적용되지 않는 것인지의 문제이다. 하나의 예를 들면, 소송상 합의시 민법상의 착오를 이유로 당해 합의를 취소할 수 있는지 등이 문제 되는 것이다.

---

49) 가장 근접한 계약으로는 민법상의 화해계약을 들 수 있다.

가) 사법행위설

이는 소송상의 사항에 관하여 약정한 대로 일정한 의무를 발생시키는 사법상의 계약이라고 보는 입장이다. 이 학설에는 다시 당사자 일방의 합의 불이행 시에는 상대방은 별도로 그 의무이행을 구할 수 있다는 견해(의무이행소구설)도 있지만, 의무이행을 소구하는 판결을 받아도 이를 강제집행까지 할 수는 없고 단지 소송상 항변권을 행사할 수 있게 된다고 보는 견해(항변권발생설)가 일반적이다.

나) 소송행위설

이는 소송에 관한 합의는 그 대상이 소송상의 사항인 만큼 여기서 실체법상의 의무가 발생할 여지가 없고, 직접적으로 소송법상의 효과만을 발생시킨다고 보는 입장이다. 이에 의할 경우, 소송상 합의가 있을 경우 당사자의 주장이나 항변에 관계없이 법원은 직권으로 이를 고려하여야 한다는 입장이다.

다) 병존설

소송상 합의가 사법상 계약과 소송상 계약이 병존하는 것으로 보고, 당사자 사이에는 사법상 계약에 따라 소송행위를 할 의무를 부담하고, 동시에 소송상 계약에 따라 소송상 효력이 생긴다고 한다. 예를 들어, 원고가 소 취하의 합의에도 불구하고 소를 취하하지 않을 경우 법원은 소송종료선언을 하게 되며, 한편 원고가 소 취하 합의를 위반하여 소를 계속 진행, 패소판결을 받고 확정된 경우에 피고는 소 취하 합의의 의무 위반을 이유로 소송지연에 따른 손해배상청구가 가능하다고 본다.

라) 판례

판례는 명시적으로 사법계약이라고 판시하지는 않았지만, 사법행위설 중 항변권발생설을 취하고 있는 것으로 보인다.

판례

1966. 5. 31. 선고 66다564 판결 [부동산강제경매신청취하]

강제집행 당사자사이에 그 신청을 취하하기로 하는 약정은 사법상으로는 유효하다 할지라도 이를 위배하였다하여 직접 소송으로서 그 취하를 청구하는 것은 공법상의 권리의 처분을 구하는 것이어서 할 수 없는 것이다.

판례

대법원 1996. 7. 26. 선고 95다19072 판결 [청구이의등]

부집행의 합의는 실체상의 청구의 실현에 관련하여 이루어지는 사법상의 채권계약이라고 봄이 상당하고, 이것에 위반하는 집행은 실체상 부당한 집행이라고 할 수 있으므로 민사소송법 제505조가 유추적용 내지 준용되어 청구이의의 사유가 된다.

판례

대법원 2005. 6. 10. 선고 2005다14861 판결 [원인무효로인한소유권이전등기말소등기]

재판상 화해에 있어서 법원에 계속중인 다른 소송을 취하하기로 하는 내용의 화해조서가 작성되었다면 당사자 사이에는 법원에 계속중인 다른 소송을 취하하기로 하는 합의가 이루어졌다 할 것이므로, 다른 소송이 계속중인 법원에 취하서를 제출하지 않는 이상 그 소송이 취하로 종결되지는 않지만 위 재판상 화해가 재심의 소에 의하여 취소 또는 변경되는 등의 특별한 사정이 없는 한 그 소송의 원고에게는 권리보호의 이익이 없게 되어 그 소는 각하되어야 한다.

(3) 소송상 합의의 특징과 직권조사사항 여부

법률행위에 있어서의 방식의 자유와 같이 소송상 합의는 관할합의를 제외하면 원칙적으로 아무런 방식의 제한이 없다. 따라서 반드시 서면으로만 하여야 하는 것은 아니고 구두(말)로도 얼마든지 가능하다. 또한 계약자유의 원칙이 적용되는 법률행위와는 달리 소송행위는 법원에 대한 단독행위가 원칙이다. 소송상 합의는 일종의 계약이라는 점에서 단독적 소송행위와는 달리 조건이나 기한 등

부관을 붙일 수 있으며 합의 해제도 가능하다. 또한 의사표시의 흠이 있는 경우 민법의 규정을 유추적용하여 취소나 무효를 주장할 수 있다.

소송상 합의 중에서 법률에 명문으로 규정을 둔 합의의 존부는 소송행위로서 당연히 법원의 직권조사사항이다. 그러나 법률상 명문의 규정이 없는 소송상 합의는 사법계약으로서 이의 존부는 직권조사사항이 아닌 항변사항이다. 다만 판례는 대법원에 상고할 권리를 유보하지 않고 상소를 하지 않기로 합의하는 불상소합의는 비록 법률상 명문의 규정은 없지만, 법률상 명문으로 규정을 두고 있는 불항소합의와 같이 소송행위로 보아, 불상소합의의 존부만큼은 직권조사사항으로 본다.

관련 법조문

민사소송법 제390조(항소의 대상) ①항소(抗訴)는 제1심 법원이 선고한 종국판결에 대하여 할 수 있다. 다만, 종국판결 뒤에 양 쪽 당사자가 상고(上告)할 권리를 유보하고 항소를 하지 아니하기로 합의한 때에는 그러하지 아니하다.

판례

대법원 1980. 1. 29. 선고 79다2066 판결 [소유권이전등기말소]
불항소 합의의 유무는 항소의 적법요건에 관한 것으로서 법원의 직권조사 사항이다.

다. 소송행위의 철회와 의사의 하자

1) 철회

소송행위는 상대방이 그에 의하여 소송상의 지위를 취득하기 전까지는 자유롭게 이를 철회할 수 있다. 예를 들어, 소제기 이후에 아직 피고로부터의 응소(답변서 제출 등)행위가 없는 한 제기한 소를 자유롭게 취하할 수 있다. 그러나 응소 후의 소 취하나 재판상 자백의 취소 등과 같이 일단 상대방이 그에 의하여 소송상의 지위를 취득한 경우나 상대방에게 불리한 경우에는 원칙적으로 상대방의 동의가 없는 한 자유롭게 철회할 수 없다.

2) 착오, 사기, 강박에 의한 소송행위의 취소나 무효 주장 가부

통설과 판례는 특별한 규정이 없는 한 원칙적으로 민법의 규정이 유추적용되지 않는다고 본다. 고도의 절차적 안정성과 명확성을 위하여 표시주의, 외관주의가 강조되어야 하기 때문이다. 다만 통설도 일정한 경우에는 민법 규정의 유추적용을 인정하고 있다. 즉 관할합의 등 소송상 합의(소송계약)와 같이 소송 전 내지는 소송 외에서 이루어진 것이면 이러한 경우는 법원의 관여 없이 당사자의 의사 합치에 따라 이루어진 것이므로 민법규정이 유추적용된다고 본다(사법행위설에 의할 경우에는 당연한 결론이고, 소송행위설에 의하여도 같은 결론이다).

- 소송절차를 종료시키는 행위(청구의 포기나 인낙, 재판상 화해 등)
  이는 준재심으로만 구제될 수 있으므로 그 의사표시에 흠이 있다고 하여 소송절차 내에서 구제될 수 있는 경우를 상정할 수 없다고 본다.
- 소의 취하
  판례는 원고의 착오로 소의 일부를 취하한 경우에 이를 무효로 볼 수 없다고 한다.

다만 소의 취하가 사기나 강박에 의한 경우, 이는 형사상 처벌받을 다른 사람의 행위로 말미암은 것이므로(제451조 제1항 제5호) 재심사유에 해당하는바, 통설은 유죄확정판결을 요구하지 않고 당해 소송절차 내에서 재심사유를 고려하면 된다는 입장이다. 그러나 판례는 통설과 같은 입장도 있고, 다른 사람의 처벌을 받을 행위로 이루어진 경우에 원칙적으로 유죄확정판결을 받을 때 비로소 고려할 수 있다는 판결도 있다.

다만, 착오를 이유로 소취하합의를 취소할 수 있는지에 대하여 소취하합의가 기본적으로 사법계약임을 전제로, 소취하합의가 민법상의 화해계약에 해당하는 경우에는 민법 제733조에 따라 취소할 수 있고, 만일 민법상 화해계약에 이르지 않는 법률행위에 해당하는 경우에는 민법 제109조에 따라 취소할 수 있다는 입장이다.

판례

대법원 2020. 10. 15. 선고 2020다227523, 227530 판결

[1] 화해계약은 당사자가 상호 양보하여 당사자 간의 분쟁을 종지할 것을 약정하는 것으로(민법 제731조), 당사자 일방이 양보한 권리가 소멸되고 상대방이 화해로 인하여 그 권리를 취득하는 효력이 있다(민법 제732조). 즉, 화해계약이 성립되면 특별한 사정이 없는 한 그 창설적 효력에 따라 종전의 법률관계를 바탕으로 한 권리의무관계는 소멸하고, 계약 당사자 사이에 종전의 법률관계가 어떠하였는지를 묻지 않고 화해계약에 따라 새로운 법률관계가 생긴다.

민법상의 화해계약을 체결한 경우 당사자는 착오를 이유로 취소하지 못하고 다만 화해 당사자의 자격 또는 화해의 목적인 분쟁 이외의 사항에 착오가 있는 때에 한하여 이를 취소할 수 있다(민법 제733조). '화해의 목적인 분쟁 이외의 사항'이라 함은 분쟁의 대상이 아니라 분쟁의 전제 또는 기초가 된 사항으로서, 쌍방 당사자가 예정한 것이어서 상호 양보의 내용으로 되지 않고 다툼이 없는 사실로 양해된 사항을 말한다.

[2] 소취하합의의 의사표시 역시 민법 제109조에 따라 법률행위의 내용의 중요 부분에 착오가 있는 때에는 취소할 수 있을 것이다.

판례

대법원 1984. 5. 29. 선고 82다카963 판결 [소유권이전등기말소등]

원고의 소송대리인이 피고의 기망에 의하여 착오로 처분금지가처분신청을 취소하고 집행해제원을 제출하였다 하여도 소송행위에는 민법 제109조, 제110조의 규정이 적용될 여지가 없으므로 위 원고 대리인의 가처분신청취소가 사기, 강박 등 형사상 처벌을 받을 타인의 행위로 인한 것이라 하더라도 유효하다.

소송행위가 사기, 강박 등 형사상 처벌을 받을 타인의 행위로 인하여 이루어졌다고 하여도 그 타인의 행위에 대하여 유죄판결이 확정되고 또 그 소송행위가 그에 부합되는 의사없이 외형적으로만 존재할 때에 한하여 민사소송법 제422조 제1항 제5호, 제2항의 규정을 유추해석하여 그 효력을 부인할 수 있다고 해석함이 상당하므로 타인의 범죄행위가 소송행위를 하는데 착오를 일으키게 한 정도에 불과할 뿐 소송행위에 부합되는 의사가 존재할 때에는 그 소송행위의 효력을 다툴 수 없다.

7. 증거

가. 증거의 의의

　재판은 분쟁을 법적으로 해결하는 제도로, 구체적 분쟁사건을 전제로, 당해 사건에서의 사실관계를 확정한 후, 이 확정된 사실에 법규범을 해석·적용하여 권리 유무와 내용에 관한 결론을 내리는 과정이다. 이때 사실관계를 확정하기 위해서는 인정자료가 있어야 하는데, 그 자료가 바로 증거이다. 결국 증거(證據)란 사실인정의 자료, 즉 사실을 확정하기 위한 자료를 말한다고 할 수 있다. 그리고 여기서 법의 해석과 적용은 법원의 몫이지만, 앞서 살펴본 것과 같이 사적자치 원칙에 따른 당사자주의와 변론주의에 의거하여 사실확정 자료인 증거의 제출책임과 이 증거를 통하여 법원으로 하여금 일정한 사실을 인정하게 할 책임인 증명책임은 당사자에게 있다.

　증거라는 말은 여러 뜻으로 쓰이지만, 일반적으로 증거방법은 증인과 같은 인증이나 계약서와 같은 물증과 같이 사실확정을 위하여 조사하는 대상을 말한다. 그리고 증거자료는 증인의 증언, 문서감정결과 문서의 기재 내용과 같이 증거방법을 조사하여 얻은 내용을 의미하고, 증거원인은 변론의 전취지나 증거자료 등과 같이 법관의 심증 형성에 원인(근거)이 된 자료나 상황을 말한다.

나. 증거능력과 증거력

1) 증거능력

　증거를 공부하기에 앞서 먼저 이해하여야 할 개념이 있다. 바로 증거능력과 증거력이라는 개념이다. 이 중 증거능력(證據能力)은 유형물인 증거방법으로서 증거조사의 대상이 될 자격을 말한다. 즉 증거능력이 없는 증거방법을 법정에 들어오지 못하게 하여 법관의 면전에서 배제함으로써 오판을 막으려는 의도에서 나온 개념으로 주로 형사재판에서 강조되는 개념이다.

　이에 비하여 민사소송에서는 당사자 본인이나 법정대리인은 증인능력이 없다고 법이 명문으로 규정하고 있지 않은 이상 원칙적으로 자유심증주의에 따라 증거능력의 제한은 없다. 즉 증거능력이 없다는 이유로 증거에서 배제시키지 않고, 법관의 자유심증에 따라 자유롭게 판단하려는 의도에서 민사소송에는 형사소송과 달리 법률에 특별한 규정이 없는 한 증거능력의 제한이 이루어지지 않고 있다. 그에 따라 형사소송과는 달리 비록 전문증거(傳聞證據)라 할지라도 증거능력이 인정된다. 그러나 아래의 위법수집증거에서 살펴보듯이 민사소송 영역에서도 하급심 판결을 중심으로 일정 부분 증거능력의 개념을 인정하려는 시도가 엿보인다.

✏️ 심화학습

전문증거(傳聞證據)란 글자 그대로 법원이 직접 듣지 않고 전해 들은 증거를 말한다. 예를 들어, 甲이 직접 목격하거나 경험하지 않은 상태에서 단지 乙로부터 일정한 내용을 전해 들은 내용을 법정에서 증언하는 경우에, 甲의 증언은 전문증거가 된다. 이에 비하여 만일 乙이 직접 법정에 나와 증언을 한다면 이는 전문증거가 아닌 원본증거(본래증거)가 된다. 형사소송에서 전문증거는 법이 특별히 증거로 삼을 수 있음을 인정한 경우 이외에는 증거능력이 없어 원칙적으로 증거로 삼을 수 없다. 이를 전문법칙 또는 전문증거의 배제법칙이라고 한다. 이처럼 전문증거의 증거능력을 부인하는 이유는 전문증거는 반대편 당사자에 의한 반대신문권이 보장되지 않는다는 점과 법원이 법정에서 직접 보고 들은 내용만으로 재판하여야 한다는 직접주의 원칙에 있다.

---

2) 증거력(증명력)

증거자료가 요증사실(要證事實, 주요사실이나 간접사실 등)의 인정에 기여하는 정도를 말하는 것으로 증명력(證明力) 또는 증거가치라고도 한다. 쉽게 말하면 증거의 신빙성 유무와 그 정도로, 과연 그 증거가 보여주는 내용을 믿을만하여 사실인정의 자료로 삼을 만한가, 아닌가의 문제라고 할 수 있다. 증거력에는 형식적 증거력과 실질적 증거력의 두 단계가 있고, 서증(書證, 영수증이나 계약서와 같이 문서의 의미나 내용이 증거자료로 된 증거방법으로 뒤에서 자세히 설명함)에서 중요하게 다루어진다.

형식적 증거력은 그 내용의 진실 여부는 차치하고라도 과연 증거로 증명하려는 입증자에 의하여 작성자로 주장되는 자의 의사에 의하여 작성된 자료인지의 문제(이를 문서의 진정성립이라고 함)이다.[50] 즉 그 문서가 작성자에 의하여 진실로 작성된 문서로 그의 의사와는 무관하게 다른 사람에 의하여 위조나 변조된 것이 아님을 뜻할 뿐 그 문서의 내용이 진실한 것까지 말하는 것은 아니다. 예를 들어, 甲이 乙로부터 돈 1천만 원을 빌린다는 내용의 차용증이 있는 경우에 과연 이 차용증이 甲이 작성한 차용증이 맞는가의 문제로, 위조나 변조된 문서인지의 문제이다. 만일 甲이 작성한 문서인 점이 증명되지 않는다면, 이는 형식적 증거력이 없기 때문에 그 내용이 진실한 것인지 여부인 실질적 증거력의 유무를 따질 필요도 없이 증거로 삼을 수 없다. 그러나 일단 형식적 증거력만 인정이 된다면, 실질적 증거력은 자유심증주의(自由心證主義)에 따라 법관이 논리법칙과 경험법칙에 입각하여 자유롭게 판단한다.

판례

대법원 1993. 4. 13. 선고 92다12070 판결

서증은 형식적 증거력이 없으면 채용할 수 없으므로 법원이 어떤 서증을 채택하였다는 것은 당연히 그 서증이 형식적 증거력을 구비하였다는 것을 전제로 하는 것이라고 보아야 하고 따라서 상대방이 서증에 대한 위조 항변이나 부인, 또는 부지로 다툰 경우에도 서증의 진정성립에 석연치 않은 점이 있을 경우가 아니면 진정성립의 근거를 판결이유에서 밝힘이 없이 그 서증을 사실인정의 자료로 삼았다 하여 이유불비의 위법이 있다고 단정지을 수 없다.

---

3) 위법수집증거방법의 증거능력

가) 문제점

이처럼 형사소송과는 달리 민사소송 영역에서는 증거능력의 개념이 사실상 존재하지 않게 된다. 그러나 최근 들어 민사소송에서도 증거능력이 문제 되기 시작하였는데 그 대표적인 것이 바로 위법하게, 즉 법에 어긋나게 수집한 증거까지도 증거능력을 배제하지 않고, 증거력의 문제만으로 사실인정을 할 수 있는지 여부이다. 이는 민사소송에서도 형사소송과 마찬가지로 위법하게 수집된 증거는 그것이 아무리 신빙성이 높아 증거력이 인정된다 할지라도 증거능력이 없는 것으로 보아 배척할 것인지의 문제이다. 예를 들어, 무단녹음이나 불법 도청에 의하여 이루어진 통화자료, 불법체포 상태에서 작성된 진술서, 불법으로 유출된 개

---

50) 법원행정처, 법원실무제요, 민사소송(Ⅲ), 2017, 1427면.

인정보물, 인터넷 해킹물 등도 증거능력이 있는 것인지 여부로 논의되고 있다.

나) 무단 녹음한 녹음테이프

현행 통신비밀보호법상 공개되지 않은 타인 간의 대화를 제3자가 녹음하면, 제16조 제1항, 제1호, 제3조에 따라 형사처벌의 대상이 되지만, 대화자 간의 녹음은 비록 상대방의 동의를 받지 않았다 할지라도 처벌 대상이 아니다. 그에 따라 상대방의 동의 없는 녹음, 특히 그중에서도 형사처벌의 대상이 되는 제3자에 의한 녹음자료도 증거능력이 인정될 수 있는지가 문제 된다. 이에 대하여 대법원은 일단 형사처벌의 대상이 되지 않는 대화자간의 대화나 통화녹음은 비록 상대방의 동의 없이 비밀리에 녹음되었다 할지라도 증거능력이 인정되는 것으로 보고 있다. 다만, 이러한 무단 녹음행위가 불법행위를 구성하여 손해배상책임을 질 것인지의 문제는 별개의 문제로 우리 판례는 일정한 경우, 이는 인격권이나 초상권, 음성권을 침해한 것으로 보아 그 위법성을 인정하여 손해배상의 대상으로 보기도 한다. 여기서 더 나아가 타인 간의 대확녹음과 같이 범죄가 되어 형사처벌의 대상이 되는 행위에 의한 자료를 민사소송에서 증거능력을 인정하여 증거로 쓸 수 있는지에 대하여는 아직 대법원의 명백한 판례가 잘 보이지 않고 있다.

관련 법조문

통신비밀보호법 제3조(통신 및 대화비밀의 보호) ①누구든지 이 법과 형사소송법 또는 군사법원법의 규정에 의하지 아니하고는 우편물의 검열·전기통신의 감청 또는 통신사실확인자료의 제공을 하거나 공개되지 아니한 타인간의 대화를 녹음 또는 청취하지 못한다.

제16조(벌칙) ①다음 각 호의 어느 하나에 해당하는 자는 1년 이상 10년 이하의 징역과 5년 이하의 자격정지에 처한다.

1. 제3조의 규정에 위반하여 우편물의 검열 또는 전기통신의 감청을 하거나 공개되지 아니한 타인간의 대화를 녹음 또는 청취한 자

판례

대법원 1999. 5. 25. 선고 99다1789 판결 [손해배상(기)]

자유심증주의를 채택하고 있는 우리 민사소송법하에서 상대방 부지 중 비밀리에 상대

방과의 대화를 녹음하였다는 이유만으로 그 녹음테이프가 증거능력이 없다고 단정할 수 없고, 그 채증 여부는 사실심 법원의 재량에 속하는 것이며, 녹음테이프에 대한 증거조사는 검증의 방법에 의하여야 한다.

판례

대법원 2006. 10. 13. 선고 2004다16280 판결 [위자료]

[1] 사람은 누구나 자신의 얼굴 기타 사회통념상 특정인임을 식별할 수 있는 신체적 특징에 관하여 함부로 촬영 또는 그림묘사되거나 공표되지 아니하며 영리적으로 이용당하지 않을 권리를 가지는데, 이러한 초상권은 우리 헌법 제10조 제1문에 의하여 헌법적으로 보장되는 권리이다.

[2] 초상권 및 사생활의 비밀과 자유에 대한 부당한 침해는 불법행위를 구성하는데, 위 침해는 그것이 공개된 장소에서 이루어졌다거나 민사소송의 증거를 수집할 목적으로 이루어졌다는 사유만으로 정당화되지 아니한다.

[3] 초상권이나 사생활의 비밀과 자유를 침해하는 행위를 둘러싸고 서로 다른 두 방향의 이익이 충돌하는 경우에는 구체적 사안에서의 사정을 종합적으로 고려한 이익형량을 통하여 침해행위의 최종적인 위법성이 가려지는바, 이러한 이익형량과정에서, 첫째 침해행위의 영역에 속하는 고려요소로는 침해행위로 달성하려는 이익의 내용 및 그 중대성, 침해행위의 필요성과 효과성, 침해행위의 보충성과 긴급성, 침해방법의 상당성 등이 있고, 둘째 피해이익의 영역에 속하는 고려요소로는 피해법익의 내용과 중대성 및 침해행위로 인하여 피해자가 입는 피해의 정도, 피해이익의 보호가치 등이 있다.

[4] 보험회사 직원이 보험회사를 상대로 손해배상청구소송을 제기한 교통사고 피해자들의 장해 정도에 관한 증거자료를 수집할 목적으로 피해자들의 일상생활을 촬영한 행위가 초상권 및 사생활의 비밀과 자유를 침해하는 불법행위에 해당한다고 본 사례.

다. 증거의 종류

1) 직접증거와 간접증거

주요사실(요건사실)의 존부를 직접 증명하는 증거를 직접증거(直接證據), 간접사실이나 보조사실을 증명하기 위한 증거를 간접증거(間接證據)라고 한다. 예를 들어, 甲이 乙에게 돈 1천만 원을 빌려주었으나 乙이 이를 갚지 않는다고 주장하면서 법원에 1천만 원의 지급을 구하는 대여금청구소송을 제기한 사건에서 乙이 작성한 차용증은 주요사실인 甲의 대여사실(乙의 차용사실)을 직접 증명하는 증거이기에, 직접증거가 된다. 그러나 이 사례에서 차용증이 아니라 당시 乙이 경제적으로 쪼들리는 상태에서 살고 있는 전세보증금 인상 문제로 어려워하면서 지인들로부터 돈을 빌리고 다녔다는 사실, 그 무렵 乙이 甲을 찾아간 사실, 그 후 乙이 돈을 마련하여 전세보증금 1천만 원을 해결하여 집 주인에게 이를 지급한 사실 등은 비록 乙이 甲으로부터 돈 1천만 원을 빌렸다는 주요사실에 대한 증거가 아니지만. 일종의 간접사실이기에, 이러한 내용에 대한 증언은 간접증거가 된다. 간접증거는 주요사실의 증명에 간접적으로 이바지하며, 법원은 이에 의하여도 주요사실에 대한 확신을 얻어 주요사실의 존재를 인정할 수 있다.

2) 본증, 반증, 반대사실의 증거

이는 증명책임의 소재를 기준으로 한 분류이다. 당사자가 자기에게 증명책임이 있는 사실을 증명하기 위하여 제출하는 증거를 본증(本證)이라 하고, 상대방이 증명책임을 지는 사실을 부정하기 위하여 제출하는 증거를 반증(反證)이라고 한다. 甲이 乙에게 돈 1천만 원을 대여하였다고 주장하면서 대여금청구소송을 제기한 위 사례에서 차용증은 대여사실에 대한 증명책임을 부담하는 甲이 제출한 증거이기에 본증이 된다.

반면에 만일 乙이 실은 甲이 돈을 빌려준 것이 아니라 증여한 것이라고 하면서 증여서류를 제출한다면, 이 증여서류는 甲이 돈을 빌려주었다는 사실을 부정하는 데 사용하기 위한 증거이기에 반증이 된다. 위 사례에서 乙이 甲으로부터 돈을 빌리지 않은 사실을 알고 있다는 내용의 증언이나 확인서 등도 결국은 원고 주장사실을 부정하는 것이어서 본증이 아닌 반증이 된다. 본증의 경우에는 법관으로 하여금 요증사실의 존재가 확실하다고 확신을 갖게 하여야 하지만, 반증의 경우에는 단지 요증사실의 존재가 확실하지 못하다는 정도의 심증을 형성케하면 충분하다.

반증과 구별하여야 할 것이 반대사실의 증거이다. 반대사실의 증거는 법률상의 추정[51]이 되었을 때 그 추정을 깨뜨리기 위하여 그 추정을 다투는 사람이

---

51) 추정에 대하여는 뒤에서 다룰 증명책임에서 자세하게 설명한다.

제출하는 증거이다. 그렇기 때문에 반대사실의 증거는 증명책임을 지는 자가 제출하는 증거가 되고, 따라서 이는 반증이 아닌 본증에 해당한다. 즉 당사자로서는 법원이 그 추정사실의 존재에 대하여 의심을 품게 하는 정도로는 되지 않고 그 추정사실을 번복할 만한 반대사실을 완벽하게 증명하여야만 한다.

예를 들어, 취득시효법리에 따라 소유의 의사로 타인의 부동산을 20년간 점유한 자는 일정한 경우 등기함으로써 당해 부동산의 소유권을 취득한다. 여기서 민법은 타인의 부동산을 점유한 자는 소유의 의사로 점유하는 것으로(이를 자주점유라고 함) 추정하고 있다. 이러한 추정에 따라 점유자는 단순히 점유사실의 증명만으로 그 점유가 자주점유로 추정되므로, 그 점유가 자주점유가 아닌 사실, 즉 소유의 의사에 의한 점유가 아니라는(이를 타주점유라고 함) 사실은 반대사실로서(자주점유라는 추정사실을 깨고 완벽하게 뒤집어야만 하는 사실이기에) 상대방이 이를 증명하여야 하고, 이는 본증이 된다. 그렇기 때문에 상대방은 소유의 의사에 의한 점유가 아닌 타주점유인 사실을 본증으로 증명하여야만 한다. 결국 반대사실의 증거는 법률상 추정이 이루어는 경우에 한하여 문제된다고 볼 수 있다.

🖋 심화학습

반증과 비슷하지만 구별할 것으로 방증이 있다. 방증(傍證)이란 주요사실에 대한 증거가 아니라 위에서 살펴본 바와 같이 간접사실을 인정하는 증거로서 간접증거라고 할 수 있다. 즉 반증은 증명책임을 지지 않는 자가 상대방 주장사실을 부인하기 위하여 세우는 증거임이 비하여 반증은 간접사실의 증명책임을 부담하는 자가 세우는 증거라고 할 수 있다.

관련 법조문

민법 제245조(점유로 인한 부동산소유권의 취득기간) ①20년간 소유의 의사로 평온, 공연하게 부동산을 점유하는 자는 등기함으로써 그 소유권을 취득한다.
제197조(점유의 태양) ①점유자는 소유의 의사로 선의, 평온 및 공연하게 점유한 것으로 추정한다.

판례

대법원 1997. 8. 21. 선고 95다28625 전원합의체 판결 [소유권이전등기]

민법 제197조 제1항에 의하면 물건의 점유자는 소유의 의사로 점유한 것으로 추정되므로 점유자가 취득시효를 주장하는 경우에 있어서 스스로 소유의 의사를 입증할 책임은 없고, 오히려 그 점유자의 점유가 소유의 의사가 없는 점유임을 주장하여 점유자의 취득시효의 성립을 부정하는 자에게 그 입증책임이 있다.

판례

대법원 2021. 7. 22. 선고 2020다248124 전원합의체 판결 [지역권설정]

언론중재법 제26조 제3항과 장애인차별금지법 제48조 제3항은 법률이 예외적으로 판결절차에서 간접강제를 명할 수 있다고 규정한 것이다. 이와 달리 명확한 법 규정이 없는데도 해석론에 의하여 판결절차에서 간접강제를 명할 수 있다고 본다면, 위와 같은 법 규정은 오히려 불필요한 것이다. 위 법 규정은 특별법의 내용에 불과하므로, 이를 민사집행에 관한 일반법의 영역에서 해석 기준으로 삼거나 일반 법질서의 내용으로 편입시킬 수는 없다. 민법의 특별법인 주택임대차보호법의 내용을 가지고 민법의 임대차에 관한 일반 규율을 수정할 수 없는 것과 마찬가지이다. 따라서 위 특별법 규정은 현행 법체계에서는 명시적인 법 규정이 없는 한 판결절차에서는 간접강제를 명할 수 없다는 방증이라고 보아야 한다.

라. 증명과 소명

이는 증명의 정도(이를 증명도라고 함)를 기준으로 한 분류로서 어느 정도의 증명인가의 문제이다. 이 중 요증사실의 존부에 관하여 고도의 개연성, 즉 법관으로 하여금 확신을 얻을 정도의 상태를 증명(證明)이라 하고, 확신에는 이르지 못하지만, 일응 확실할 것이라는 추측(대강 그럴 것이다)을 얻은 상태를 소명(疏明)이라고 말한다. 민사소송에서는 원칙적으로 증명을 요하고, 소명은 보전소송절차에서의 가압류나 가처분과 같이 법률에 특별한 규정이 있는 경우에 한한다.

마. 엄격한 증명과 자유로운 증명

법률에서 정한 증거방법에 대하여 법률이 정한 절차에 따라 시행하는 증명을 엄격한 증명이라고 하고, 증거방법과 절차에 대하여 법률에 정한 규정에서 해방되는 증명을 자유로운 증명이라고 한다. 자유로운 증명은 간이, 신속을 요하는 결정절차나 직권조사사항 등에 한하여 인정된다. 외국법, 관습법, 경험법칙 등에 대한 증명이 이에 해당한다. 그러나 소송요건이나 상소요건은 엄격한 증명을 필요로 한다.

8. 서증

가. 의의

서증(書證)이란 문서에 담긴(표현된) 의사나 내용을 증거자료로 하여 요증사실을 증명하려는 증거방법을 말한다. 증인과 같은 인적증거(人的證據)와 대비되는 물적증거(物的證據)의 일종이다. 문서(文書)란 문자나 기호를 통하여 일정한 의사나 관념 또는 사상을 나타낸 것을 말한다. 여기서 서증은 문서에 나타난 의미나 내용이 증거자료로 되는 것이기에, 문서 그 자체의 외형적 존재나, 문서의 형상, 지질, 필적 등은 서증이 아니고, 이는 검증의 대상이 되는 검증물이다.

판례

대법원 1992. 7. 10. 선고 92다12919 판결 [가등기말소등]

일방 당사자가 증거서류를 제출한 취지가 그 서류가 위조되었다는 사실을 입증하기 위한 것일 뿐, 거기에 기재된 사상이나 내용을 증거로 하려는 것이 아니어서 서증으로 제출한 것이 아님을 알 수 있는데도 상대방이 그 서류의 진정성립을 인정하였다는 이유로 그 진정성립에 다툼이 없다고 판단하고 그 기재에 의하여 상대방 당사자의 주장 사실을 인정한 원심판결에 당사자의 주장을 오인하고 증거 없이 사실을 인정한 위법이 있다 하여 이를 파기한 사례.

심화학습

요증사실(要證事實)이란 증명을 필요로 하는 사실, 즉 증명의 대상을 뜻한다. 요증사실은 실체법상의 권리의무 발생요건인 요건사실이나 절차법상의 주요사실이 주를 이루지만, 반드시 여기에 한정되지는 않는다. 앞서 설명한 간접사실이나 보조사실도 이를 통하여 주요사실을 증명하려고 하는 때에는 요증사실에 포함된다.

나. 문서의 종류

1) 공문서와 사문서

공무원이 그 직무권한 범위 내의 사항에 대하여 직무상 작성한 문서를 공문서(公文書)라고 하고, 그 이외의 나머지 문서를 모두 사문서(私文書)라고 한다. 다만 공무원은 아니지만 공증인 또는 그 직무를 행하는 자(법무법인 등)가 작성한 공정증서 역시 공문서로 취급되며, 그들이 작성한 사서증서의 인증부분 역시 같다.

공문서와 사문서를 구별할 필요는 서증의 성립의 진정 여부로서, 앞에서 말한 증거의 형식적 증거력에 차이가 있기 때문이다. 공문서의 경우에는 그 공문서가 진정하게 성립한 것으로(이를 성립의 진정 또는 진정성립이라고 함), 즉 작성 권한자가 작성한 문서로 추정(推定)되어 별도로 그 공문서가 진정성립한 문서임을 증명할 필요가 없다. 그러나 사문서의 경우에는 상대방이 그 문서가 진정하게 성립한 것으로 인정하지 않는 한(이를 성립인정이라고 함), 문서 제출자는 그 문서가 작성명의자에 의하여 진정으로 작성된 문서임을 다른 증거방법으로 증명하여야만 한다. 다만 사문서에 본인이나 대리인의 서명이나 날인 또는 무인(소위 손도장)이 있는 때에는 그 사문서는 진정한 것으로 추정한다.

관련 법조문

민사소송법 제356조(공문서의 진정의 추정) ①문서의 작성방식과 취지에 의하여 공무원이 직무상 작성한 것으로 인정한 때에는 이를 진정한 공문서로 추정한다.
제357조(사문서의 진정의 증명) 사문서는 그것이 진정한 것임을 증명하여야 한다.
제358조(사문서의 진정의 추정) 사문서는 본인 또는 대리인의 서명이나 날인 또는 무인(拇印)이 있는 때에는 진정한 것으로 추정한다.

공사병존문서(公私並存文書)가 있다. 이는 사문서에 공무원이 직무상 일정한 사항을 기입해 넣은 문서를 말한다. 예를 들어, 법원 등기관이 매매계약서에 소유권이전등를 마쳤다는 의미의 등기필을 기입한 등기필증, 건물임대차계약서에 동사무소 공무원이 확정일자를 부여한 확정일자를 갖춘 임대차계약서, 내용증명 우편에 의한 통지서에서의 등기필부 등이 바로 공사병존문서이다. 공사병존문서는 그 문서 일부가 비록 공문서이기는 하지만 공문서 부분의 성립으로 사문서부분까지도 자동으로 진정성립(眞正成立)을 추정할 수는 없다. 따라서 사문서 부분에 대하여는 서증 제출자가 그 문서의 진정성립을 다른 증거방법으로 증명하여야만 한다.

 심화학습

사문서에 있어서의 진정성립과 앞서 설명한 문서의 형식적 증거력과의 관계가 문제 된다. 일반적으로는 양자를 같은 개념으로 보아 문서의 진정성립이 인정되면, 형시적 증거력을 갖는 것으로 이해한다. 그러나 이 둘의 구별이 필요하다고 보는 견해에 의하면, 문서의 진정성립은 작성자의 의사에 기하여 작성되었는지의 문제임에 비하여, 형식적 증거력은 사상의 표현으로서, 예를 들어, 연습용으로 작성한 문서는 작성자의 의사에 의하여 작성되었으므로 진정성립은 인정되나, 형식적 증거력은 없는 문서가 된다고 한다.[52]

판례

대법원 2000. 10. 13. 선고 2000다38602 판결 [구상금]
사문서의 작성명의자가 그 사문서의 진정성립 여부에 관하여 부지라고 답변하였으나 그 사문서상의 인영이 자신의 진정한 인장에 의한 것임을 인정하는 취지로 진술하고 그 작성명의자가 타인에게 위임하여 발급받은 자신의 인감증명서상의 인영과 그 사문서상의 인영을 육안으로 대조하여 보아도 동일한 것으로 보이는 경우, 원심으로서는 그 작성명의자에게 그 인영 부분의 진정성립 여부를 석명한 후 그에 따라 그 서증의 진부에 대한 심리를 더하여 보고 그 결과 그 사문서의 진정성립이 추정되면 그 작성명의자가 자신의 인장이 도용되었거나 위조되었음을 입증하지 아니하는 한 그 진정성

---

52) 자세한 것은 이시윤, 신민사소송법, 박영사, 2019, 529면 참조.

립을 부정할 수 없음에도 바로 그 사문서의 형식적 증거력을 배척한 원심판결은 사문서의 진정성립에 관한 법리오해가 있다고 하여 이를 파기한 사례.

2) 처분문서와 보고문서

문서 중에서 계약서, 영수증, 유언장, 어음, 수표, 차용증서 등과 같이 증명하고자 하는 법률적 행위(처분)가 그 문서 자체에 의하여 이루어진 경우의 문서를 처분문서(處分文書)라고 한다. 즉 증명하고자 하는 법률적 행위가 그 문서 자체에 의하여 이루어진 문서이다. 이에 비하여 보고문서(報告文書)란 일기, 보고서, 진단서 등과 같이 작성자 자신이 보고, 듣고, 느끼고 판단한 바를 기재한 문서를 말한다. 판결문은 어떠한 내용의 판결이 있었다는 점에 있어서는 처분문서이지만 거기서 판단한 사실인정 부분은 보고문서에 불과하다.[53]

처분문서와 보고문서의 구별은 증거력 중 실질적 증거력의 유무를 따지는 데 그 주된 목적이 있다. 처분문서는 진정성립만 인정되면, 특별한 사정이 없는 한 그 내용인 법률행위의 존재도 인정되어 그 법률행위가 있었던 것이 증명된 것으로 보게 된다. 예를 들어, 원고와 피고 명의의 매매계약서가 증거로 제출된 경우에, 그 매매계약서가 작성명의자인 원고와 피고의 의사에 기하여 작성된 것으로 진정성립이 인정되어 형식적 증거력이 인정된다면, 특별한 사정이 없는 한 원고와 피고 사이에 매매계약이 체결된 사실이 증명된 것으로 된다. 이에 비하여 보고문서는 비록 그 진정성립이 인정된다 할지라도 그 문서에 기재된 내용이 진실한 것인지의 여부는 법원의 자유심증에 맡겨져 있어, 법원은 그 문서의 내용을 믿지 않아도 무방하게 된다.

판례

대법원 1987. 6. 23. 선고 87다카400 판결 [소유권이전등기등]

어떤 문서가 처분문서라고 할 수 있기 위하여는 증명하고자 하는 공법상 또는 사법상의 행위가 그 문서에 의하여 행하여졌음을 필요로 하고 그 문서의 내용이 작성자 자신의 법률행위에 관한 것이라 할지라도 그 법률행위를 외부적 사실로서 보고, 기술하

---

53) 법원행정처, 법원실무제요, 민사소송(Ⅲ), 2017, 1425면.

고 있거나 그에 관한 의견이나 감상을 기재하고 있는 경우에는 처분문서가 아니라 보고문서라고 할 것인바, 과거에 체결된 매매계약의 이행여부와 그 계약이 유효하게 존속하는가 여부에 관한 기억내용 및 의견을 기재한 것일 뿐 이에 의하여 증명하고자 하는 어떤 행위가 행하여진 것이 아님이 분명한 문서는 보고문서라고 할 것이다.

판례

대법원 1997. 4. 11. 선고 96다50520 판결 [소유권이전등기]
처분문서인 매매계약서의 진정성립이 인정되는 경우에는 특별한 사정이 없는 한 그 내용이 되는 매매계약의 존재를 인정하여야 하고, 그 매매목적물로 표시된 토지의 지번이 계약서에 기재된 매매일자에 존재하지 않은 지번으로 밝혀졌다면, 처분문서상의 일시·장소의 기재는 보고문서의 성질을 갖는 것에 불과하므로 당사자의 주장에 따라 그 매매일자가 진실한 것인지 여부를 심리하거나 당사자가 목적물의 지번에 관하여 착오를 일으켜 계약서상 목적물을 잘못 표시하였는지 여부 등을 심리하여야 한다.

3) 원본, 정본, 등본, 초본

원본(原本)이란 판결원본이나 계약서원본처럼 최초에 확정적으로 작성된 문서 그 자체를 말한다. 이에 비하여 등본(謄本)이라 함은 원본 전부를 복사한(베껴 쓴, 옮겨 쓴) 사본(寫本)이며, 초본(抄本)은 원본의 전부가 아닌 일부분을 베껴 쓴 사본을 말한다. 등본 중 가족관계등록사항증명서나 주민등록등본처럼 인증기관이 그 내용이 원본과 동일함을 공증한 문서를 인증등본(認證謄本)이라고 한다. 정본(正本)이란 특히 정본이라고 표시한 문서의 등본으로서 원본과 같은 효력이 인정되는 것을 말한다(판결정본 등). 문서의 제출 또는 송부는 원본, 정본 또는 인증등본에 의할 것을 원칙으로 한다. 부본도 있다. 부본(副本)은 원본이 복수인 경우에 그 원본 중에서 송달에 이용하기 위하여 작성된 문서로 실무상으로는 등본으로 취급된다. 예를 들어, 원고가 소장을 제출하는 경우에, 그 소장을 피고에게 송달하여야 하는바, 이때 송달용으로 만들어진 원본을 부본이라고 하는 것이다.

다. 문서의 증거능력

앞서 설명한 것과 같이 민사소송에서는 원칙적으로 증거능력의 개념이 존재하지 않기에 형사소송과는 달리 증거능력의 제한이 없으므로 모든 문서는, 설사 그것이 사본이라 할지라도 증거능력을 갖는다. 판례는 비록 소제기 이후 그 소송에 사용하기 위하여 작성된 문서도 반드시 증거능력이 없는 것이라고 할 수는 없다고 한다.

판례

대법원 1992. 4. 14. 선고 91다24755 판결 [소유권이전등기말소]
소제기 이후에 작성된 사문서라는 점만으로 당연히 증거능력이 부정되는 것은 아니다.

라. 문서의 증거력

1) 의의

앞서 설명한 것과 같이 당해 문서가 요증사실의 증명에 기여하는 효과를 증거력이라고 한다. 여기에는 문서의 진정성립을 의미하는 문서의 형식적 증거력과 문서의 증거가치를 의미하는 문서의 실질적 증거력이 있다. 일반적으로는 문서의 형식적 증거력이 있어야 비로소 실질적 증거력의 유무를 판단한다. 즉 형식적 증거력이 인정되지 않으면, 더 나아가 실질적 증거력 유무를 판단하지 않는다.

판례

대법원 1997. 4. 11. 선고 96다50520 판결 [소유권이전등기]
서증은 문서에 표현된 작성자의 의사를 증거자료로 하여 요증사실을 증명하려는 증거방법이므로 우선 그 문서가 거증자에 의하여 작성자로 주장되는 자의 의사에 의하여 작성된 것임이 밝혀져야 하고, 이러한 형식적 증거력이 인정된 다음 비로소 작성자의 의사가 요증사실의 증거로서 얼마나 유용하느냐에 관한 실질적 증명력을 판단하여야 한다.

2) 문서의 진정성립(형식적 증거력)에 대한 인부

문서가 증거로(서증으로) 제출되면 상대방이 그 문서의 진정성립 여부를 인정할 것인지에 대하여 답변하게 하는 절차를 '성립의 인부(認否)'라고 한다. 이러한 인부에는, 성립인정(成立認定), 부지(不知), 부인(否認), 침묵(沈默)이 있다. 앞서 설명한 대로 문서에 본인이나 그 대리인의 서명이나 날인이 되어 있는 문서에 대하여는 부지라고 할 수 없으며 성립인정이나 부인만을 할 수 있다.

3) 문서의 진정성립의 추정 등
가) 공문서의 경우

문서의 방식과 취지에 의하여 공문서로 인정되는 때에는 진정한 공문서로 추정된다. 소위 말하는 증거법적 추정이 이루어진다. 이 경우 상대방이 어느 정도의 증명으로 추정사실을 깨뜨릴 수 있는지에 대하여는 앞에서 설명한 것과 같이 판례는 상대방이 반증이 아니라 본증, 즉 반대사실(즉 위조 문서인 사실)을 증명할 책임이 있다고 보고 있다.

판례

대법원 1985. 5. 14. 선고 84누786 판결 [침사자격존재확인]
가. 민사소송법 제327조 제1항은 공문서의 진정추정에 관하여 문서의 방식과 취지에 의하여 공무원이 그 직무상 작성한 것으로 인정할 때에는 이를 진정한 공문서로 추정한다고 규정하고 있으므로 이 추정을 뒤집을 만한 특단의 사정이 증거에 의하여 밝혀지지 않는 한 그 성립의 진정은 부인될 수 없다.
나. 입증책임은 당사자에 분배되는 것이 원칙이고 실체법상 법률효과의 발생에 장애가 되는 규정 즉 권리장애규정의 요건사실에 관하여는 그 효과를 다투는 당사자에게 입증책임이 돌아가는 것과 같이 소송법상 상대방의 증거방법에 관하여 그 증명력 내지 신빙성을 다투는 자는 이에 대한 입증책임을 진다.

나) 공정증서 등의 증거력

판례는 공증인이 작성한 공정증서(公正證書)에 관하여 성질상 공문서와 같은 추정력을 인정한다. 따라서 이 경우 신빙성 있는 반대자료가 없는 한 증거능력을 부정할 수가 없다고 한다. 사서증서를 인증한 경우에는 공증인법에 규정된 절차를 제대로 거치지 않았다는 사실의 주장, 입증이 없는 한 공증인이 작성한 사서증서의 진정성립을 추정하였다. 한편 공증인법의 개정으로 촉탁인이 공증인 앞에서 사서증서의 내용이 진실함을 선서하는 경우 그 형식적 진정성뿐만 아니라 내용의 진실성까지 인증하는 선서인증제도(공증인법 제57조의2, 66조의5)를 도입하였다.

다) 사문서의 경우

사문서의 진정에 대하여는 신청인측에서 그 성립의 진정을 증명하여야 하여야 한다. 그러나 그 문서에 본인 또는 대리인에 의하여 서명, 날인, 무인(拇印)이 진정한 것임을 증명한 때에는 진정한 문서로서 추정을 받는다(민사소송법 제358조).

그리고 문서에 날인된 작성명의인의 인영이 그의 인장에 의하여 현출된 것이라면(즉 인영부분 인정으로 자기 도장이 맞다면) 특별한 사정이 없는 한 그 인영의 진정성립, 즉 날인행위(捺印行爲)가 작성명의자의 의사에 기한 것임이 사실상 추정된다. 그리고 일단 인영의 진정성립(날인행위)이 추정되면 민사소송법 제358조에 의하여 그 문서 전체의 진정성립(즉 그 문서자 작성 명의자에 의하여 진정하게 작성됨)이 추정(증거법적 추정)된다.

이 중 1단계인 인영의 진정성립, 즉 날인행위가 작성 명의자의 의사에 기한 것이라는 추정은 사실상 추정이므로, 그 날인행위가 작성 명의인의 의사에 기하여 이루어진 것이 아니라거나 작성 명의인 이외의 자에 의하여 이루어진 것임이 밝혀진 경우에는 그 추정이 깨어진다. 그러나 2단계 추정은 증거법적 추정으로서 반증이 아니라 본증(반대사실의 증명)에 의하여만 그 추정력이 깨질 수 있다.

실무에서는 일반적으로, 상대방이 해당 문서 전체의 진정성립을 인정하면서 단지 그 입증취지만을 부인하거나, 아니면 전부가 아닌 인영부분만 본인의 인영임을 인정한다는 취지로 인영 부분 인정이라고 하거나, 인영 및 날인행위 인정(이를 날인사실 인정이라고 함)이라는 3가지 형식으로 서증인부가 이루어진다. 이 중 문서에 날인된 인영 부분만 인정하면 그 인영의 날인은 인영 명의자에 의하여 이루어진 것으로 사실상 추정되고, 이 날인행위가 인정되면(사실상 추정되면), 민사소송법 제358조에 의하여 문서 전체의 진정성립이 법률상 추정되어 형식적 증거력을 갖게 되는 구조로 이루어진다. 즉 사문서의 진정성립은 인영 부분 인정, 날인행위 인정, 문서 전체의 진정성립 인정이라는 3단계로 이루어지고, 이 중 1단계가 인정되면, 2단계는 사실상 진정성립이 추정되고, 2단계가 인정 혹은 추정되면, 3단계는 법률상 추정되어 비로소 문서 전제의 진정성립이 인정되는 형식이다.

판례

대법원 2002. 2. 22. 선고 2001다78768 판결 [소유권말소등기등]

[1] 사문서는 본인 또는 대리인의 서명이나 날인 또는 무인이 있는 때에는 진정한 것으로 추정되므로(민사소송법 제358조), 사문서의 작성명의인이 스스로 당해 사문서에 서명·날인·무인하였음을 인정하는 경우, 즉 인영 부분 등의 성립을 인정하는 경우에는 반증으로 그러한 추정이 번복되는 등의 다른 특별한 사정이 없는 한 그 문서 전체에 관한 진정성립이 추정된다.

[2] 인영 부분 등의 진정성립이 인정된다면 다른 특별한 사정이 없는 한 당해 문서는 그 전체가 완성되어 있는 상태에서 작성명의인이 그러한 서명·날인·무인을 하였다고 추정할 수 있다.

[3] 인영 부분 등의 진정성립이 인정되는 경우, 그 당시 그 문서의 전부 또는 일부가 미완성된 상태에서 서명날인만을 먼저 하였다는 등의 사정은 이례에 속한다고 볼 것이므로 완성문서로서의 진정성립의 추정력을 뒤집으려면 그럴 만한 합리적인 이유와 이를 뒷받침할 간접반증 등의 증거가 필요하다고 할 것이고, 만일 그러한 완성문서로서의 진정성립의 추정이 번복되어 백지문서 또는 미완성 부분을 작성명의자가 아닌 자가 보충하였다는 등의 사정이 밝혀진 경우라면, 다시 그 백지문서 또는 미완성 부분이 정당한 권한에 기하여 보충되었다는 점에 관하여는 그 문서의 진정성립을 주장하는 자 또는 문서제출자에게 그 입증책임이 있다.

---

4) 문서의 실질적 증거력(증거가치)

가) 공문서

공문서는 그 진정성립이 추정됨과 아울러 그 기재 내용의 증명력 역시 진실에 반한다는 특별한 사정이 없는 한 쉽게 배척할 수가 없다. 민·형사 판결(외국의 판결도 같다)을 통하여 확정된 사실도 특단의 사정이 없는 한 유력한 증거로서 합리적 이유 없이 배척할 수 없다.

대법원 2002. 2. 22. 선고 2001다78768 판결 [소유권말소등기등]
진정성립이 추정되는 공문서는 진실에 반한다는 등의 특별한 사정이 없는 한 그 내용
의 증명력을 쉽게 배척할 수는 없다고 할 것이고, 그 공문서의 기재 중 붉은 선으로
그어 말소된 부분이 있는 경우에도 그 말소의 경위나 태양 등에 있어 비정상으로 이
루어졌다는 등의 특별한 사정이 없는 한 그 말소된 기재 내용대로의 증명력을 가진다.

나) 처분문서

앞서 설명한 것과 같이 서증 중 처분문서는 그 진정성립이 인정되면 법원은
그 기재 내용을 부인할만한 분명하고도 수긍할 수 있는 반증이 없는 한, 그 처분
문서에 기재되어 있는 문언(내용)대로의 의사표시의 존재와 내용을 인정하여야
한다. 만일 법원이 이를 인정하지 않으려면, 판결문에 합리적인 이유 설시가 반
드시 필요하다.

대법원 2000. 1. 21. 선고 97다1013 판결 [구상금]
처분문서의 진정성립이 인정되면 반증에 의하여 그 기재 내용과 다른 특별한 명시적
또는 묵시적 약정이 있었다는 사실이 인정되지 아니하는 한 법원은 그 문서의 기재
내용에 따른 의사표시의 존재와 내용을 인정하여야 하고, 합리적인 이유 설시도 없이
이를 배척하여서는 아니 된다.

9. 증명책임

가. 의의

소송에서 심리 결과 어떤 사실이 존재하는지, 아닌지 그 존부(存否)가 확실
하지 않은 경우에, 이를 존재하는 것으로 취급하는 것은 불가능하다. 예를 들어,

원고가 피고에게 돈을 대여하였다고 주장하지만, 변론 결과 과연 돈을 빌려준 것이 사실인지 불명확함에도, 돈을 빌려준 것으로 취급하여 피고에게 대여금의 반환을 명할 수는 없다. 여기서 요건사실(주요사실)의 존재를 전제로 하는 법률효과가 발생되지 않는다고 하는 불이익 내지 위험(여기서는 원고가 입는 불이익이나 위험)을 객관적 증명책임이라고 한다.54)

즉 객관적 증명책임이란 소송상 증명을 요하는 어느 사실이 존재하는지, 아닌지 그 존부가 확정되지 않을 때(이를 진위 불명이라고 함) 당해 사실을 요건으로 하는 법의 적용이 부정됨으로써 자기에게 유리한 법률효과를 얻을 수 없게 되는 당사자 한쪽의 위험 또는 불이익을 말한다고 할 수 있다. 위 사례에서 원고의 대여 주장 사실이 증명되지 않는 경우에는 대여하지 않은 것으로 되어 그 불이익을 원고가 입고, 그에 따라 법원은 원고 청구를 기각하는 판결을 선고하여야 한다. 이처럼 증명책임은 어느 사실에 대한 존부가 불확실할 때 비로소 문제 되는 것이기에 이미 법원이 확신을 갖고 있을 때에는 전혀 문제 되지 않는다.

이에 반하여 주관적 증명책임은 객관적 증명책임에 의해 진위 여부가 불분명한 때에 불이익한 판단을 피하기 위하여 증명책임을 지는 사실에 대해 증거를 제출하여야 할 행위책임으로서, 증거제출책임이라고도 한다. 일반적으로 증명책임이란 객관적 증명책임을 뜻한다. 이와 비슷한 개념으로 증명의 필요가 있다. 소송 진행 중에 법관의 심증 형성 여부에 따라 자기에게 불리하다고 판단한 당사자로서는 자기에게 유리한 증거를 제출할 필요가 있는데, 이를 증명의 필요라고 한다. 주관적 증명책임과 증명의 필요를 같은 개념으로 보는 견해도 있다. 그러나 아래에서 살펴보듯이 증명책임은 추상적 요건에 의하여 누가 부담할 것인지가 고정적으로 정해짐에 비하여, 증명의 필요는 소송의 진행이나 상황에 따라 원고에서 피고로, 또는 피고에서 원고로 옮겨지기도 한다는 점에서 둘은 구별된다.55)

객관적 증명책임은 심리의 최종 단계에 이르러도 사실 주장이 진실인지 아닌지 확신이 없을 때 즉 증명이 되지 않았을 때 누가 불이익을 받을 것인지의 문제임에 비하여 주관적 증명책임은 심리의 개시단계부터 문제가 된다. 또한 직권탐지주의하에서도 진실 여부가 불분명한 결과가 발생할 수 있으므로 객관적 증

54) 사법연수원, 요건사실론, 2016, 5면.
55) 사법연수원, 요건사실론, 2016, 6면.

명책임은 직권탐지주의에서도 문제 되지만 주관적 증명책임은 변론주의에서만 문제 된다.

나. 증명책임의 분배

1) 의의

증명책임의 분배는 증명의 대상이 되는 사실(요중사실)의 진실 여부가 불분명한 경우에 과연 당사자 가운데 누구에게 불이익을 돌릴 것인가의 문제이다. 기본적으로 우리 법은 증명책임의 분배에 관하여 아무런 규정이 없다. 다만 예외적으로 무권대리인의 상대방에 대한 책임(135조), 보증인의 최고 검색의 항변권(제437조), 자동차손해배상보장법 제3조 단서상의 운행자의 면책증명 등에서는 증명책임의 분배를 법률에서 명문으로 규정하고 있을 뿐이다. 따라서 어떻게 증명책임을 각 당사자에게 분배할 것인지는 전적으로 학설에 맡겨져 있다고 볼 수 있다.

2) 증명책임 분배이론

가) 법률요건 분류설

이 견해는 법규의 구조나 형식 속에서 어떻게 분배할 것인지를 정하여야 한다는 입장이다. 이 학설에 의하면 법률효과의 발생 원인이 되는 일정한 사실(요건사실)이 존재하지 않음으로 인하여 법원이 법규를 적용하지 못하게 됨에 따른 불이익은 그 법규가 적용되었다면 승소하였을 당사자에게 돌아가므로 각 당사자는 자기에게 유리한 법규의 요건사실에 관한 증명책임을 부담한다고 본다. 현재 학계의 통설 및 판례는 법률요건분류설을 취하고 있다. 이에 아래에서는 법률요건분류설을 따를 때 증명책임이 어떻게 분배되는지를 살펴본다.

나) 법률요건분류설에 따른 증명책임의 분배

(1) 권리근거규정사실

일반적으로 법률요건과 법률효과로 구성된 법률 규정은 권리의 발생에 관한 근거규정과 권리발생의 장애가 되는 장애요건에 관한 규정, 그리고 권리의 소멸에 관한 규정인 권리소멸규정, 권리의 발생을 일시적으로 저지하는 규정인 권리행사저지규정으로 분류된다. 여기에서 권리의 존재를 주장하는 자는 요중사실 중 권리근거규정의 요건사실(권리발생사실)에 대하여 증명책임을 진다. 즉 권리근거규정의 요건사실에 대한 증명책임은 당해 권리의 존재를 주장하는 당사자에게 분배된다.

예를 들어, 매매계약을 이유로 부동산소유권이전등기절차의 이행을 구하는 경우, 소유권이전등기청구권이라는 권리는 매매계약을 통하여 발생하는 권리이므로 매매계약 체결 사실은 권리근거규정의 요건사실이 된다. 따라서 이 등기청구권이라는 권리를 주장하는 원고가 피고와의 사이에 부동산 매매계약을 체결한 사실의 존재를 증명하여야 한다. 그리고 이것이 증명되지 않을 때 법원은 매매계약체결 사실이 존재하지 않는 것으로 보고, 그에 따라 부동산이전등기청구권은 발생하지 않기에 원고 패소판결을 한다. 그 결과 매매계약 체결 사실의 존부가 불명확함으로써 발생하는 불이익을 원고가 부담하는 것이다. 다만 일정한 채무가 존재하지 않는다는 채무부존재확인소송에서는 채무자로 지목되고 있는 원고가 먼저 청구를 특정하여 채무발생원인사실을 부정하면 즉 차용사실을 부정하면, 채권자라고 주장하는 피고는 그 권리관계의 요건사실인 대여사실에 관하여 주장 및 증명책임을 부담한다.

판례

대법원 1998. 3. 13. 선고 97다45259 판결 [채무부존재확인]
금전채무부존재확인소송에 있어서는, 채무자인 원고가 먼저 청구를 특정하여 채무발생원인사실을 부정하는 주장을 하면 채권자인 피고는 권리관계의 요건사실에 관하여 주장·입증책임을 부담한다.

나) 반대사실

이에 대하여 권리의 존재를 다투는 상대방은 요증사실 가운데 반대규정의 요건사실(반대사실, 항변사실)에 대하여 증명책임을 진다. 이러한 반대사실에는 권리장애규정의 권리장애사실, 권리소멸규정의 권리소멸사실, 권리행사저지규정의 권리저지사실에 대한 증명책임을 부담한다.

> **판례**
>
> **대법원 2023. 11. 30. 선고 2022다280283 판결 [손해배상(기)]**
>
> 사실을 적시함으로써 타인의 명예를 훼손하는 경우 원고가 청구원인으로 적시된 사실
> 이 허위사실이라고 주장하며 손해배상을 구하는 때에는 허위성에 대한 증명책임은 원
> 고에게 있다. 다만 피고가 적시된 사실에 대하여 그 목적이 오로지 공공의 이익을 위
> 한 것이고 그 내용이 진실한 사실이거나 진실이라고 믿을 만한 상당한 이유가 있어
> 위법성이 없다고 항변할 경우 위법성을 조각시키는 사유에 대한 증명책임은 이를 피
> 고가 부담한다.

다) 법률요건분류설의 문제점과 신이론의 등장

(1) 현대형 소송의 문제점(증거의 편재와 공정성)

이처럼 법규의 형식에 기초한 법률요건분류설에 의할 경우 분명하고도 명확
하게 증명책임의 소재를 밝힐 수 있다는 장점이 있다. 반면에 실제로 당해 법규
정의 요증사실이 근거규정인지 장애규정인지 불분명한 경우도 있을 수 있다. 뿐
만 아니라 환경소송, 의료과오소송이나 제조물책임소송과 같은 새로운 소송형태
가 대두되면서 이들 소송에도 기계적으로 법률요건분류설에 따라 증명책임을 분
배할 경우, 대부분의 증거나 자료 등을 피해자로부터 가해자로 지목된 기업 등이
이를 가지고 있거나 지배하고 있어 사실상 피해자가 증명을 하지 못하는 결과가
발생할 수 있다. 이로 인하여 공평의 원칙에 위배되거나 실질적 정의 등에 반하
는 결과가 초래될 수 있는 문제점이 발생한다. 이에 그 한계를 극복하고자 새로
운 견해가 등장하였고, 이 중에 가장 유력하게 대두되는 학설이 바로 아래의 위
험영역설과 이익형량설이다.[56]

(2) 위험영역설

이 학설은 위험영역 또는 지배영역을 기준으로 하여 증명책임을 분배하자는
입장이다. 즉 위험을 발생시킬 수 있는 수단을 자기의 지배하에 두고 있는 사실
적 생활영역(위험영역)에 주목하여 피해자는 단지 손해 원인이 가해자 쪽의 위험
영역에서 발생하였다는 사실만 증명하고 나머지는 모두 가해자 쪽에서 증명하자

---

56) 이하 자세한 내용은 김홍엽, 민사소송법, 박영사, 2021, 753면 참조.

는 견해이다. 즉 손해배상청구사건에서 손해의 원인이 가해자 영역에서 발생하거나 가해자가 지배하는 영역에서 발생하였다면 가해자 쪽이 사실관계를 용이하게 해명할 수 있는 입장에 있으므로 피해자는 그 손해가 가해자 지배영역에서 발생한 사실만 증명하면 되고, 나머지 사실 즉 고의, 과실 등의 책임이 없다거나 손해가 발생하지 않았다는 등과 같이 책임의 부존재에 대하여 증명책임을 가해자에게 부담시키는 것이 공평의 원칙이나 실질적 정의에 부합한다는 입장이다. 결국 증명책임을 피해자에서 가해자에게로 전환하는 이론이다.

예를 들어, 공장의 매연 배출로 인하여 피해를 입었다고 주장하면서 손해배상청구소송을 제기한 경우에, 법률요건분류설에 의할 경우에는 공장 쪽에 위법행위가 존재하고, 그에 대한 고의나 과실이 있고, 손해가 발생하였으며, 그 위법행위와 손해 발생 사이에 인과관계가 존재한다는 사실 모두가 권리근거규정상의 요건사실이 되기에 피해자를 자처하는 자에게 그 증명책임이 분배된다. 그러나 위험영역설을 따를 경우, 피해자는 매연이 가해자 공장에서 발생(배출)된 사실만 증명하면 되고, 매연의 배출에 대한 고의나 과실의 존재 여부에 대한 각종 자료나 증거 등은 모두 행위자인 공장 쪽에 있으므로 가해자로 지목된 공장 쪽에서 이들의 부존재에 대한 증명책임이 있는 것으로 보게 된다.

(3) 이익형량설

당사자의 공평한 조정의 관점에서 입법자의 의사, 신의칙, 증거와의 거리, 증명의 난이 등 당사자를 둘러싼 각종의 이익을 종합적으로 형량하여 실질적인 증명책임의 분배기준을 정하자는 입장이다. 피해자와 가해자 중 증거의 거리에 따르자는 입장이기에 증거거리설이라고도 부른다.

(4) 수정요건분류설

기본적으로는 법률요건분류설에 의하되, 그렇게 할 경우 타당성이 현저히 결여되거나 요증사실이 근거규정인지 장애규정인지 불분명한 경우에 한하여 이를 보충, 수정하는 원리로서 위험영역설과 같은 새로운 이론에 따라 증명책임을 분배하자는 견해이다.

다. 증명책임의 전환과 완화

이처럼 법규의 형식에 따라 증명책임을 분배하자는 법률요건분류설에 의할 경우에 공평의 원칙이나 실질적 정의에 부합되지 않을 경우가 발생한다. 이때 이의 수정이나 보완을 통하여 증명책임을 전환하거나 완화할 수가 있다. 이처럼 증명책임이 전환되는 경우로는 법률에서 그 전환을 규정한 경우와, 비록 법률에 규정은 없지만 해석상 그 전환이나 완화가 인정되는 경우로 나눌 수 있다.

1) 법률의 규정에 의한 증명책임의 전환

일반원칙과 다른 증명책임의 분배를 법률에 의하여 규정한 것을 말한다. 예를 들어, 가해자에게 무과실의 증명책임을 지우는 경우가 가장 대표적인 전환의 예이다. 민법 제759조 제1항, 자동차손해배상보장법 제3조, 제조물책임법 제4조 제1항 등이 바로 그것이다.

관련 법조문

민법 제758조(공작물등의 점유자, 소유자의 책임) ①공작물의 설치 또는 보존의 하자로 인하여 타인에게 손해를 가한 때에는 공작물점유자가 손해를 배상할 책임이 있다. 그러나 점유자가 손해의 방지에 필요한 주의를 해태하지 아니한 때에는 그 소유자가 손해를 배상할 책임이 있다.

자동차손해배상보장법 제3조(자동차손해배상책임) 자기를 위하여 자동차를 운행하는 자는 그 운행으로 다른 사람을 사망하게 하거나 부상하게 한 경우에는 그 손해를 배상할 책임을 진다. 다만, 다음 각 호의 어느 하나에 해당하면 그러하지 아니하다.

1. 승객이 아닌 자가 사망하거나 부상한 경우에 자기와 운전자가 자동차의 운행에 주의를 게을리 하지 아니하였고, 피해자 또는 자기 및 운전자 외의 제3자에게 고의 또는 과실이 있으며, 자동차의 구조상의 결함이나 기능상의 장해가 없었다는 것을 증명한 경우

2. 승객이 고의나 자살행위로 사망하거나 부상한 경우

---

2) 해석에 의한 증명책임의 전환

이에는 증명방해이론, 설명의무위반이론 등이 있다. 그러나 판례는 원칙적으로 해석에 의한 증명책임의 전환을 인정하지 않고 있다. 다만 아래 판결에서

보듯이 극히 예외적으로 해석에 의하여 증명책임을 전환시킨 것으로 볼 수 있는 판결이 있다.

판례

대법원 2010. 10. 14. 선고 2008두7687 판결 [부가가치세등부과처분취소]

구 부가가치세법(2003. 12. 30. 법률 제7007호로 개정되기 전의 것) 제21조 제2항 단서, 구 부가가치세법 시행령(2003. 12. 30. 대통령령 제18175호로 개정되기 전의 것) 제69조 제1항 제5호, 구 소득세법(2009. 12. 31. 법률 제9897호로 개정되기 전의 것) 제80조 제3항 단서, 소득세법 시행령 제144조 제1항 제5호, 제144조 제4항의 각 규정에 의한 수입금액의 추계가 정당한 것으로 시인되기 위해서는 수입금액을 추계할 수 있는 요건을 갖추었다는 것만으로 부족하고, 추계의 내용과 방법이 구체적인 사안에서 가장 진실에 가까운 수입금액의 실액을 반영할 수 있도록 합리적이고 타당성이 있는 것이어야 하며, 추계방법의 적법 여부가 다투어지는 경우에 합리성과 타당성에 대한 증명책임은 과세관청에 있지만, 과세관청이 관계 규정이 정한 방법과 절차에 따라 추계하였다면 합리성과 타당성은 일단 증명되었고, 구체적인 내용이 현저하게 불합리하여 수입금액의 실액을 반영하기에 적절하지 않다는 점에 관하여는 이를 다투는 납세자가 증명할 필요가 있다

---

3) 증명책임의 완화

형평의 이념상 증명책임을 지는 당사자에게 증명책임의 일반원칙을 완화시켜 주는 입법대책과 해석론이 있다. 입법으로는 아래에서 다룰 법률상의 추정이 있으며, 해석론으로는 일응의 추정 등이 활용된다.

라. 법률상의 추정

1) 법률상 추정과 사실상 추정

추정(推定)이란 어느 하나의 사실을 통하여 다른 사실도 존재하는 것으로 미루어 짐작하는 것을 말한다. 증거법의 영역에서는 일정한 전제사실이 존재할 경우 그 전제사실을 가지고 요증사실이나 권리의 존재를 증명하는 것을 말한다. 이 경우 증명책임 부담자는 증명이 어려운 요증사실이나 권리의 존재 대신 증명이

상대적으로 용이한 전제사실만 증명하면(이를 간접증명이라고 한다) 요증사실이나 권리가 존재하는 것으로 추정되므로 증명의 용이함을 얻을 수 있다. 여기서 전제 사실을 통하여 주요사실(요증사실)이나 권리의 존재를 추정하게 하는 근거로는 법률의 규정일 수도 있고, 경험법칙일 수도 있다. 이에 비하여 사실상의 추정은 추정에 관한 법률상의 근거 규정은 없지만, 법관의 경험칙에 의하여 사실상 추정 하는 것으로서, 이는 법관의 자유심증주의의 한 과정에 불과하다.

2) 법률상의 사실추정과 법률상의 권리추정

법률상의 추정에는 사실추정과 권리추정이 있다. 즉 일정한 전제사실로부터 요건사실이 추정되는 것을 사실추정이라 하고, 권리가 추정되는 것이 권리추정 이다. 법률상의 사실추정으로는 민법상의 동시사망추정, 점유계속의 추정, 혼인 중 포태자의 부의 친생자 추정 등이 있다. 법률상의 권리추정으로는 점유자의 권 리추정, 부부의 특유재산의 추정 등을 들 수 있다.

관련 법조문

민법 제30조(동시사망) 2인 이상이 동일한 위난으로 사망한 경우에는 동시에 사망한 것으 로 추정한다.

제198조(점유계속의 추정) 전후양시에 점유한 사실이 있는 때에는 그 점유는 계속한 것으 로 추정한다.

제200조(권리의 적법의 추정) 점유자가 점유물에 대하여 행사하는 권리는 적법하게 보유 한 것으로 추정한다.

---

3) 추정의 효과

증명책임을 지는 자는 증명책임이 완화되고(주요사실 대신 전제사실의 증명만 하면 충분하므로), 상대방은 추정사실과 반대되는 사실을 증명하거나(반대사실의 증 명으로서 본증에 해당) 전제사실에 대하여 반증을 통하여 추정을 깨뜨려야 하는바 (간접반증), 이 경우의 간접반증은 사실상 본증과 같을 정도의 증명을 요하므로 결과적으로 증명책임 전환의 효과가 발생한다.

위에서 언급한 바와 같이 민법은 2인 이상이 선박 침몰 사고와 같은 동일 위난에 의한 사망시 동시에 사망 추정하고 있는데, 이 경우 동시에 사망하였다는 주장자는 증명이 상대적으로 쉬운 2인이 사망하였고, 그 사망이 동일한 위난에서 발생한 사망이라는 점만 증명하면, 추정규정에 따라 2인은 모두 동시에 사망한 것으로 추정되므로, 주장자는 굳이 증명이 어려운 2인이 동시에 사망하였다는 점까지 증명할 필요가 없다. 반면에 동시사망이 아니라 서로 다른 시각에(이시에) 사망한 것이라고 주장하는 상대방은 전제사실인 동일 위난으로 인한 사망이라는 점에 대한 법원의 확신을 흔들리게 할 정도의 반증을 제출하거나(간접반증, 즉 동일한 위난이 아니라는 사실에 대한 증명) 또는 추정사실과 반대되는 사실, 즉 비록 동일한 위난이지만 각각 다른 시각에 사망한 사실에 대한 본증(반대사실의 증거)을 제출하여야 한다.

판례

대법원 1998. 8. 21. 선고 98다8974 판결 [손해배상(자)]

민법 제30조에 의하면, 2인 이상이 동일한 위난으로 사망한 경우에는 동시에 사망한 것으로 추정하도록 규정하고 있는바, 이 추정은 법률상 추정으로서 이를 번복하기 위하여는 동일한 위난으로 사망하였다는 전제사실에 대하여 법원의 확신을 흔들리게 하는 반증을 제출하거나 또는 각자 다른 시각에 사망하였다는 점에 대하여 법원에 확신을 줄 수 있는 본증을 제출하여야 하는데, 이 경우 사망의 선후에 의하여 관계인들의 법적 지위에 중대한 영향을 미치는 점을 감안할 때 충분하고도 명백한 입증이 없는 한 위 추정은 깨어지지 아니한다고 보아야 한다.

판례

서울고등법원 2011. 5. 26. 선고 판결 [건물인도]

피고 회사가 이 사건 건물에 설치하고 사용하였다는 전화(전화번호 생략) 및 팩스(팩스번호 생략)는 각 2009. 6. 17.과 2009. 7. 17.에 각 소외 5 명의로 이 사건 토지 지번을 주소지로 하여 설치되었고, 위 전화 및 팩스의 역발신내역 또한 2009. 5. 및 6.경 이전에는 전혀 없다가 그 이후에서야 나타난 점, 피고 회사 직원이 이 사건 토지 및 건물에서 교대로 근무하였다는 점을 인정할 만한 객관적인 증거가 없는 점, 2008. 9. 26. 소외 회사 명의로 신청된 전기사용이 소외 회사의 전기요금 체납으로 해지되었을 뿐 아니라, 2008. 7. 이후로는 이 사건 토지 소재지에서의 전기사용이 전혀 없는 점, 수원지방법원 성남지원 2007타경2871 경매절차에서 2007. 3. 22. 실시된 현황조사 및 감정평가를 위한 조사 당시 이 사건 건물이 폐문되어 있었고, 이를 별도로 관리하는 사람도 없는 등 피고 회사의 유치권 행사 사실을 알 수 있을 만한 외관이 없었던 것으로 보이는 점 등에 비추어 보면, 피고 회사의 점유는 적어도 2007. 3. 22. 경 전에 중단된 것으로 판단된다. 따라서 피고 회사의 위와 같은 점유계속의 추정은 번복되었으므로, 피고 회사는 여전히 현재의 점유가 위 각 강제경매개시결정 기입등기 이전에 개시된 사실을 입증할 책임이 있다.

4) 등기의 추정력

부동산등기부에 일정한 내용의 등기가 이루어진 경우에, 등기부상 내용이 적법하고 진실한 것으로 볼 수 있는지(즉 진실한 것으로 추정할 수 있는지)가 문제된다. 이에 관하여는 법에 명문의 규정은 없지만 판례는 이를 법률상의 추정으로 보고 있다. 즉 진실한 권리관계에 대한 법률상의 추정, 등기절차와 원인에 대한 사실상의 추정, 등기절차의 적법성 추정을 인정하고 있다.

판례

대법원 1992. 10. 27. 선고 92다30047 판결 [소유권이전등기말소]
현재 피고 명의로 이 사건 공유지분 4/22 지분에 관하여 지분이전등기가 마쳐져있는 이상 그 등기는 적법하게 된 것으로서 진실한 권리상태를 공시하는 것이라고 추정되므로, 그 등기가 위법하게 된 것이라고 주장하는 원고에게 그 추정력을 번복할 만한 반대사실을 입증할 책임이 있는 것(임)

마. 유사적 추정

법률상 추정과 구별되는 것으로 유사적 추정(類似的 推定)이 있다. 법률상 추정은 기본적으로 일정한 전제사실의 존재를 반드시 필요로 하지만, 유사적 추정은 비록 추정이라는 용어를 사용하기는 하지만 그러한 전제사실이 존재하지 않기에 엄밀한 의미의 추정은 아니다. 이러한 유사적 추정으로는 점유자의 점유를 소유의 의사나, 평온하고도 공연한 점유로 추정하는 잠정적 진실(무조건 추정)이 있다. 또한 기한이익을 채무자의 이익으로 추정하거나 계약 당사자 사이에 어느 한쪽 당사자가 계약을 위반한 경우에 불이익으로서 위약금약정을 한 경우에, 그 위약금은 손해배상액의 예정으로도 볼 수 있고, 위약벌약정으로도 볼 수 있는데, 이때 그 위약금을 위약벌이 아닌 손해배상예정액으로 추정하는 것과 같이 당사자의 의사를 추정하는 것이다(이는 일종의 의사해석의 문제임). 다음으로는 증거법칙적 추정이 있다. 이는 증거의 증거력이나 증거가치에 관한 사실, 즉 보조사실을 추정하는 것이다. 이는 일종의 자유심증주의에 제한을 두는 것으로서, 앞에서 설명한 문서의 진정성립을 추정하는 공문서의 진정추정(민사소송법 제356조), 사문서의 진정추정(제358조) 등이 여기에 해당한다.

관련 법조문

민법 제153조(기한의 이익과 그 포기) ①기한은 채무자의 이익을 위한 것으로 추정한다.
제398조(배상액의 예정) ①당사자는 채무불이행에 관한 손해배상액을 예정할 수 있다.
④위약금의 약정은 손해배상액의 예정으로 추정한다.

바. 일응의 추정 내지 표현증명

이는 앞에서 설명한 사실상 추정의 한 종류로 고도의 개연성 있는 경험법칙을 이용하여 간접사실로부터 주요사실을 추정하는 경우를 일응의 추정이라고 하고, 이렇게 추정된 사실은 거의 증명된 것이나 마찬가지로 보기 때문에 이를 표현증명(表現證明)이라고 한다. 여기서 간접사실이 있으면 경험법칙상 주요사실이 존재함을 추정할 수 있을 때 사실상 추정을 통하여 주요사실을 증명하는 것을 간접증명이라고 한다. 일응의 추정은 이러한 간접증명 중 가장 강한 증명력을 가지는 경우이다. 예를 들어, 자동차 사고시 피해자의 과실을 증명하기보다는 자동차가 갑자기 인도로 돌진하였다는 간접사실을 증명함으로써 사고 발생에 대한 고도의 개연성 있는 경험법칙을 이용하여 사고 발생의 주요사실을 추인시키는 경우이다. 이는 자유심증주의에 반하는 것은 아니고 단지 자유심증의 범위 안의 문제이기에 허용된다.

사. 간접반증

이는 간접사실에 대하여 일응의 추정이 생긴 경우에, 그 추정의 전제사실과 양립되는 별개의 간접사실, 즉 특별한 사정을 증명하여 일응의 추정을 방해하기 위한 증명활동을 말한다. 예를 들어, 앞의 사례에서 운전자 차량이 갑자기 인도로 돌진한 것이 뒤에 있던 트럭에 충돌을 받았기 때문이라는 사정을 상대방이 증명하는 것을 간접반증이라고 한다. 이러한 간접반증은 주요사실에 대하여는 반증이 되지만 간접사실에 대하여는 본증이 된다.

판례

대법원 2023. 6. 15. 선고 2017다46274 판결 [손해배상(기)]
제조업체가 위법한 쟁의행위로 조업을 하지 못함으로써 입은 고정비용 상당 손해배상을 구하는 경우, 제조업체는 조업중단으로 인하여 일정량의 제품을 생산하지 못하였다는 점 및 생산 감소로 인하여 매출이 감소하였다는 점을 증명하여야 할 것이지만, 제품이 생산되었다면 그 후 판매되어 제조업체가 이로 인한 매출이익을 얻고 또 생산에 지출된 고정비용을 매출원가의 일부로 회수할 수 있다고 추정함이 상당하고, 다만 해당 제품이 이른바 적자제품이라거나 불황 또는 제품의 결함 등으로 판매가능성이 없다는 등의 특별한 사정에 대한 간접반증이 있으면 이러한 추정은 복멸된다.

10. 소송요건과 소송판결

가. 소송요건

1) 일반

모든 국민은 헌법이 보장하는 재판청구권을 갖는다. 이는 국민에 대해서는 국민의 재판청구권을 헌법상의 기본권으로 보장하는 취지인 한편, 법원에 대하여는 국민의 재판청구를 거절하지 못하게 하는 금지규정이기도 하다. 즉 헌법은 모든 국민이 법원에 접근하는 것을 보장하는 것이다.[57] 이러한 재판청구권은 권

---

57) 법원행정처, 법원실무제요 민사소송(Ⅰ), 2017, 3면.

리와 의무에 관한 다툼이 생긴 경우에 그 분쟁을 해결하고 권리를 보호받기 위하여 법관에 의한 재판을 받을 권리를 말한다. 이는 소송을 통하여 자유롭게 권리보호를 받을 수 있는 소제기권(이를 제소권이라고 함)을 포함하는 권리로서,[58] 여기에는 민사소송을 제기할 수 있는 권리를 포함한다. 그리고 앞서 설명한 바와 같이 본인의 권리 침해 여부에 대한 구제방법으로 권리자는 소송을 통하여 해결할지, 소송 이외의 방법을 통하여 해결할 수 있는지도 결정지을 수 있다.

즉 사적자치의 원리에 따라 권리구제방법에도 본인의 의사와 선택에 따르게 된다. 그에 따라 모든 국민은 본인의 권리 침해가 있다고 판단하면 언제, 어느 상황에서도 소송을 통한 분쟁해결과 권리구제책으로 민사소송을 제기할 수 있다. 그리고 법원은 이에 대하여 원고의 권리나 법적 지위가 침해당하였는지 등 그 실체에 관하여 심리하여 판결을 할 책무를 부담한다. 여기서 권리의무의 실체에 관한 판단을 본안판단이라고 하고, 그에 따른 판결을 본안판결(本案判決)이라고 한다.

그러나 이를 모든 사건의 민사소송에 적용할 경우, 소제기가 남발될 뿐만 아니라 일정한 경우에는 무의미하거나 무익한 소송절차가 진행될 우려도 있다. 이는 당사자 본인과 그 상대방은 물론 법원 등 국가심판기관의 부담만 가중시킬 뿐이다. 이에 본안청구의 당부에 대한 판단에 앞서는 일정한 요건을 설정한 후, 이 요건을 구비한 소송에 대하여만 본안에 관하여 심리하여 판단하게 할 필요가 있다. 여기서 도출된 개념이 바로 소송요건의 구비와 그에 대한 법원의 판단인 소송판결이다. 앞서 말한 재판청구권도 무제한으로 인정되는 것이 아니라 헌법과 법률이 정하는 절차와 내용에 따라 인정되는 것이기에, 소송요건 개념이 국민의 재판받을 권리를 침해하는 것은 아니다.

> **관련 법조문**
> 헌법 제27조 ①모든 국민은 헌법과 법률이 정한 법관에 의하여 법률에 의한 재판을 받을 권리를 가진다.

소송요건(訴訟要件)이란 소가 적법한 취급을 받기 위하여 갖추어야 할 사항

---

58) 허영, 한국헌법론(전정14판), 박영사, 2018, 407면.

으로 본안심리요건인 동시에 본안판결요건이다. 소가 적법한 취급을 받기 위하여 필요한 요건이기에 소의 적법요건(適法要件)이라고도 부른다.59) 소송요건은 소송능력이나 소송대리권의 유무와 같은 개개의 소송행위의 유효요건과는 다르다. 소송행위의 유효요건의 흠이 있으면 원칙적으로 당해 소송행위만이 무효가 될 뿐, 본안판결을 함에는 아무런 지장이 없다.

소송요건인 소의 적법요건과 구별할 것이 소장의 적식요건(適式要件)이다. 소장의 적식요건은 소가 아닌 소장 자체가 법이 요구하는 형식요건을 갖추었는지의 문제(소송성립요건)이다. 그렇기 때문에 심사대상은 소가 아닌 소장이고, 심사 주체도 법원이 아닌 재판장이다. 다만 재판장의 과도한 업무부담 해소 등의 차원에서 소장을 접수하는 단계에서는 접수 담당 사무관인 접수사무관과 재판부에 참여하는 참여사무관이 정형적으로 처리하고, 그 이후 비로소 재판장에 의한 소장심사가 본격적으로 이루어진다.

이러한 재판장의 소장심사는 통상 소가 제기되어 법원에 접수된 후 피고에게 소장 부본이 송달되어 소송계속이 이루어지기 전까지 가능하고, 그 이후에는 소의 적법요건인 소송요건의 구비 여부에 대한 판단으로 넘어간다. 결국 소장심사는 소장부본의 송달시까지 가능하고 그 이후에는 소송요건의 심사단계로 넘어간다고 할 수 있다. 소송요건의 심사는 소장심사 후 본안 심리 이전에 이루어지는 것이 일반적이지만, 반드시 이에 구속되는 것은 아니고, 본안심리 중에도 수시로 이루어진다.

재판장에 의한 소장심사의 주요 대상은 소장에 반드시 기재하여야 할 필요적 기재사항에 관한 흠결과 소장에 첨부될 인지가 법률규정에 따라 제대로 붙어 있는지 등이다. 소장의 필수적 기재사항으로는 당사자와 그 법정대리인, 청구취지, 청구원인이 있는데, 이들이 제대로 기재되었는지 여부를 심사한다. 재판장에 의한 소장의 적식심사단계에서는 소가 소송요건을 구비한 적법한 것인지, 그 청구는 이유가 있는 것인지 등과 같은 실질적 심사는 할 수 없다.

그리고 이의 흠결시 이를 바로잡으려는 내용의 재판장에 의한 보정명령(補正命令)이 이루어지고, 보정명령에 따른 보완을 하지 않거나 할 수 없는 경우 등에는 재판장은 명령으로 소장을 각하한다. 이러한 명령을 소장각하명령(訴狀却下

---

59) 김홍엽, 민사소송법, 박영사, 2021, 263면.

命令)이라 한다. 이는 소송요건의 흠결에 따른 조치인 소각하판결(訴却下判決)이
나 청구의 이유 없음에 따른 청구기각판결과 같은 본안판결과 구별된다.

관련 법조문

민사소송법 제254조(재판장등의 소장심사권) ①소장이 제249조제1항의 규정에 어긋나는
경우와 소장에 법률의 규정에 따른 인지를 붙이지 아니한 경우에는 재판장은 상당한 기간
을 정하고, 그 기간 이내에 흠을 보정하도록 명하여야 한다. 재판장은 법원사무관등으로 하
여금 위 보정명령을 하게 할 수 있다.

②원고가 제1항의 기간 이내에 흠을 보정하지 아니한 때에는 재판장은 명령으로 소장을
각하하여야 한다.

제249조(소장의 기재사항) ①소장에는 당사자와 법정대리인, 청구의 취지와 원인을 적어야
한다.

판례

대법원 2004. 11. 24. 자 2004무54 결정

행정소송법 제8조 제2항에 의하여 준용되는 민사소송법 제254조는 소장이 제249조
제1항의 규정에 어긋나는 경우에는 재판장은 상당한 기간을 정하고, 그 기간 이내에
흠을 보정하도록 명하여야 하고, 원고가 그 기간 내에 흠을 보정하지 아니한 때에는
명령으로 소장을 각하하여야 한다고 규정하고 있으며, 민사소송법 제249조 제1항은
소장에 당사자와 법정대리인, 청구의 취지와 원인을 적어야 한다고 규정하고 있는바,
여기서 민사소송법 제254조에 의한 소장심사의 대상이 되는 것은 소장에 필요적 기
재 사항, 즉 청구취지 및 원인 등이 빠짐없이 기재되어 있는지의 여부에 있고, 소장에
일응 청구의 특정이 가능한 정도로 청구취지 및 원인이 기재되어 있다면 비록 그것이
불명확하여 파악하기 어렵다 하더라도 그 후는 석명권 행사의 문제로서 민사소송법
제254조 제1항의 소장심사의 대상이 되지는 않는다고 할 것이고, 석명권 행사에 의
하여도 원고의 주장이 명확하게 되지 않는 경우에는 비로소 원고의 청구를 기각할 수
있을 뿐이다.

판례

대법원 1995. 5. 3. 자 95마337 결정 [항소장각하]

항소심 재판장이 민사소송법 제371조 제1항, 제2항에 의하여 항소인에게 상당한 기간을 정하여 그 기간 내에 흠결을 보정할 것을 명하고 항소인이 그 흠결을 보정하지 않은 때에는 명령으로 항소장을 각하하는 것은, 항소장이 같은법 제367조 제2항의 규정에 위배되거나 항소장에 법률의 규정에 의한 인지가 붙어 있지 아니한데도 제1심 재판장이 같은 법 제368조의2 제1항에 의한 보정명령을 하지 아니한 때 및 항소장의 부본을 송달할 수 없는 때에 한하는 것이고, 항소인에 대한 변론기일소환장이 송달불능되었다고 하더라도, 피항소인에게 항소장 부본이 적법히 송달된 이상 항소인에 대한 변론기일소환장 등의 송달을 공시송달로 하여 변론기일을 실시함은 별론으로 하고, 항소심 재판장이 항소인에 대하여 항소인 자신의 주소를 보정할 것을 명하고, 이에 따른 보정이 없다고 하여 명령으로 항소장을 각하할 수는 없다.

2) 소송요건의 종류(소송의 3요소에 따른 분류)

소장의 적식요건인 소장의 필수적 기재 사항에 대하여 민사소송법이 명문으로 규정한 것과는 달리 무엇이 소송요건인지에 대하여는 민사소송법에 통일적인 규정이 없고, 여러 곳에 흩어져 있다. 이들 개별 규정들을 소송의 주체인 법원과 소송당사자에 관한 사항, 소송의 객체로서 심판대상인 소송물에 관한 사항으로 나누어 소송요건을 살펴보면 다음과 같다.

가) 법원에 관한 사항

우리나라 법원에서 재판하기 위해서는 피고에게 재판권이 미치고 국제관할권도 있어야만 한다. 그렇기 때문에 재판권 면제자를 상대로 한 재판이나 국내법원과 외국법원 사이의 재판권 분장에 따른 재판권의 배제와 같은 경우에는 우리나라에 재판권이 없다. 재판권이 우리나라에 있는 경우에 전국에 소재한 각 법원 사이에서 재판권을 분장하여 놓았기 때문에 각 법원마다 재판권을 달리 갖게 될 수 있다. 이를 관할권이라고 한다. 이러한 관할권의 유무도 소송요건의 하나이다. 다만, 일반 소송요건의 흠결과는 달리 관할권 흠결시 소송요건 흠결을 이유로 소각하판결을 하지 않고, 관할권을 갖고 있는 법원(이를 관할법원이라고 함)으로 이송결정을 하여야 한다.

 심화학습

관할이란 같거나 다른 종류의 법원 사이에서 재판권을 분장(分掌, 사무를 나누어 맡아 처리한다는 의미임)해 놓은 것을 말한다. 이는 각 법원이 특정사건에 대하여 재판권을 행사할 수 있는 재판권을 갖고 있는가의 문제이기에 각 법원 입장에서 보면 특정사건에 관하여 재판할 권한인 관할권의 유무로 된다.60)

관할권은 재판권과는 구별되어야 한다. 재판권은 특정사건에 대하여 우리나라 법원에서 재판할 수 있는가의 문제이다. 즉 재판권은 법원이 국가주권(國家主權)으로서 사법권을 행사할 수 있는가의 문제로, 주로 국가와 국가 사이의 재판권의 조정 문제이다. 이에 비하여, 관할권은 우리나라에 재판권이 있음을 전제로, 그 재판권을 전국의 어느 법원에서 맡아 행사할 것인가의 문제이다. 또한 관할권은 재판사무의 분담과도 구별된다. 관할이 조직법적 의미의 법원 사이의 재판권의 분배 문제라고 한다면, 사무분담은 같은 법원 내에서 특정사건에 관하여 권한 있는 법관을 정하는 사건배당의 문제이다.

판례

대법원 2023. 4. 27. 선고 2019다247903 판결 [건물등철거]

[1] 국제관습법에 의하면 국가의 주권적 행위는 다른 국가의 재판권으로부터 면제되는 것이 원칙이다. 그러나 우리나라의 영토 내에서 행하여진 외국의 사법적(사법적) 행위에 대하여는 그것이 주권적 활동에 속하는 것이거나 이와 밀접한 관련이 있어서 이에 대한 재판권의 행사가 외국의 주권적 활동에 대한 부당한 간섭이 될 우려가 있다는 등의 특별한 사정이 없는 한 해당 국가를 피고로 하여 우리나라 법원이 재판권을 행사할 수 있다.

[2] 부동산은 영토주권의 객체로, 부동산 점유 주체가 외국이라는 이유만으로 부동산 소재지 국가 법원의 재판권에서 당연히 면제된다고 보기 어렵고, 부동산을 점유하는 데에는 다양한 원인과 목적, 형태가 있을 수 있으므로, 외국이 국내 부동산을 점유하는 것을 두고 반드시 주권적 활동에 속하거나 이와 밀접한 관련이 있는 사법적 행위에 해당한다고 볼 수도 없다.

---

60) 법원행정처, 법원실무제요 민사소송(Ⅰ), 2017, 38면.

다만 외교공관은 한 국가가 자국을 대표하여 외교 활동을 하고 자국민을 보호하며 영
사 사무 등을 처리하기 위하여 다른 국가에 설치한 기관이므로, 외국이 부동산을 공관
지역으로 점유하는 것은 그 성질과 목적에 비추어 주권적 활동과 밀접한 관련이 있다
고 볼 수 있고, 국제법상 외국의 공관지역은 원칙적으로 불가침이며 접수국은 이를 보
호할 의무가 있다. 따라서 외국이 부동산을 공관지역으로 점유하는 것과 관련하여 해
당 국가를 피고로 하여 제기된 소송이 외교공관의 직무 수행을 방해할 우려가 있는
때에는 그에 대한 우리나라 법원의 재판권 행사가 제한되고, 이때 그 소송이 외교공관
의 직무 수행을 방해할 우려가 있는지 여부는 원고가 주장하는 청구 권원과 내용, 그
에 근거한 승소판결의 효력, 그 청구나 판결과 외교공관 또는 공관직무의 관련성 정도
등을 종합적으로 고려하여 판단하여야 한다.

나) 당사자에 관한 사항

(1) 당사자의 실재와 당사자능력

소송은 실체법상의 권리가 침해된 경우에 당해 권리의 구제를 위하여 제기
하는 법적 절차이다. 그렇기 때문에 소를 제기하는 자나 그 상대방 모두 권리를
취득하고 의무를 부담할 능력이 있음을 전제로 한다. 이를 당사자능력이라고 한
다. 즉 당사자능력이란 권리의무의 주체가 될 수 있는 실체법상의 능력인 권리능
력의 소송법적 능력이라고 할 수 있다. 당사자능력이 없는 자에 의한 또는 당사
자능력이 없는 상대방을 상대로 하는 소송은 소송요건을 흠결한 것으로 보아 역
시 부적법한 소로 취급된다.

당사자능력의 유무는 다음과 같은 경우에 문제 된다. 먼저 당사자가 실재(實
在)하여야만 한다. 소송을 제기하였는데, 당사자가 존재하지 않는 사람이거나(이
를 허무인이라고 함), 상대방인 피고가 이미 사망하였거나 소제기 후 소장 부본이
송달되기 전에 사망한 자인 경우(이를 죽은 자를 상대로 한 소송이라고 하여 사자상
대소송이라고 함)에는 이들은 더 이상 생존하지 않기에 자연인이 아니다. 즉 자연
인은 생존한 동안만 권리능력이 있기에 사망자나 허무인은 자연인이 아니고 그
에 따라 권리능력과 당사자능력이 없다. 그러므로 설사 판결을 받는다 할지라도
그 판결은 아무런 의미가 없는 무효의 판결이다. 이러한 무효인 판결을 내기 위
하여 무의미한 재판을 할 수는 없기에 허무인이거나 사자 상대의 소가 제기되면

소송요건이 결여되어 그 소는 부적법한 것으로 처리한다.

　　또한 민사소송법상 당사자능력자는 민법상의 권리능력자이고, 민법상 권리능력자는 자연인과 법인이다. 따라서 자연인과 법인 이외의 존재나 기구는 권리능력이 없고, 그에 따라 당사자능력도 없다. 그러므로 민법상의 조합은 자연인도 아니고, 법인도 아니기에 당연히 권리능력도 없고, 그러므로 당사자능력도 없다. 따라서 조합은 조합 이름으로 소를 제기할 수도 없고, 조합 그 자체를 상대로 소를 제기할 수도 없어, 소송요건의 결여에 따른 부적법한 소가 된다. 다만, 민사소송법은 권리능력 없는 사단이나 재단이라 할지라도 대표자 또는 관리인이 있는 경우에는 당사자능력을 부여하고 있다.

관련 법조문

민법 제3조(권리능력의 존속기간) 사람은 생존한 동안 권리와 의무의 주체가 된다.

제34조(법인의 권리능력) 법인은 법률의 규정에 좇아 정관으로 정한 목적의 범위내에서 권리와 의무의 주체가 된다.

민사소송법 제51조(당사자능력·소송능력 등에 대한 원칙) 당사자능력(當事者能力), 소송능력(訴訟能力), 소송무능력자(訴訟無能力者)의 법정대리와 소송행위에 필요한 권한의 수여는 이 법에 특별한 규정이 없으면 민법, 그 밖의 법률에 따른다.

제52조(법인이 아닌 사단 등의 당사자능력) 법인이 아닌 사단이나 재단은 대표자 또는 관리인이 있는 경우에는 그 사단이나 재단의 이름으로 당사자가 될 수 있다.

판례

대법원 1996. 1. 26. 선고 94다45562 판결 [토지인도등]

사설 사암이나 사설 사찰이 아닌 한국불교 태고종에 등록된 일반적인 사찰은 독자적인 권리능력과 당사자능력을 가진 법인격 없는 사단이나 재단이라 할 것이므로, 그 사찰의 토지 및 건물을 점유하고 있는 자는 사찰 자신이고, 그 주지의 지위에 있는 자가 그 토지와 건물을 점유하는 것은 아니다.

판례

대법원 1973. 3. 20. 자 70마103 결정 [소장각하명령에대한재항고]
원고가 사자를 피고로 하는 소를 제기하였을 경우에 재판장의 소장심사권으로 그 보정을 명할 수는 없고 법원은 그 소를 부적합한 것으로 인정하여 판결로서 각하하는 것이 타당하다.

 심화학습

이처럼 사자를 상대로 한 소송은 소송요건이 결여된 부적법한 소로서 소각하판결의 대상이 된다. 다만 판례는 원고가 피고로 삼은 자가 사망한 사실을 알았다면, 사망한 자가 아닌 그 상속인 등을 상대로 소송을 제기하였을 것임이 명백한 경우 등에는 단순히 피고의 표시를 잘못한 것으로 취급하여, 사망자에서 그 상속인 등으로의 당사자 표시를 정정해주어 소송을 계속 진행, 본안판결을 한다. 이를 당사자표시정정(當事者表示訂正)이라고 한다.

판례

대법원 2009. 10. 15. 선고 2009다49964 판결 [상속채무금]
원고가 피고의 사망 사실을 모르고 사망자를 피고로 표시하여 소를 제기한 경우에, 청구의 내용과 원인사실, 당해 소송을 통하여 분쟁을 실질적으로 해결하려는 원고의 소 제기 목적 내지는 사망 사실을 안 이후 원고의 피고표시정정신청 등 여러 사정을 종합하여 볼 때에, 실질적인 피고는 당사자능력이 없어 소송당사자가 될 수 없는 사망자가 아니라 처음부터 사망자의 상속자이고 다만 그 표시에 잘못이 있는 것에 지나지 않는다고 인정되면 사망자의 상속인으로 피고의 표시를 정정할 수 있다 할 것인바, 상속개시 이후 상속의 포기를 통한 상속채무의 순차적 승계 및 그에 따른 상속채무자 확정의 곤란성 등 상속제도의 특성에 비추어 위의 법리는 채권자가 채무자의 사망 이후 그 1순위 상속인의 상속포기 사실을 알지 못하고 1순위 상속인을 상대로 소를 제기한 경우에도 채권자가 의도한 실질적 피고의 동일성에 관한 위 전제요건이 충족되는 한 마찬가지로 적용이 된다.

(2) 당사자적격

(가) 의의

당사자적격(當事者適格)이란 특정 소송사건에서 정당한 당사자로서 소송을 수행하여 본안판결을 받기에 적합한 자격을 뜻한다. 이는 일반적으로 당사자가 될 수 있는 자격이나 능력인 당사자능력과 구별되는 개념이다. 당사자능력이 실체법상의 권리능력에 대응하는 개념이라면, 당사자적격은 실체법상의 관리처분권에 대응하는 개념이라고 할 수 있다.[61] 즉 당사자적격은 당사자능력이 있음을 전제로 구체적 사건에서 당사자가 당해 소송의 결과에 따른 본안판결인 청구의 당부에 관한 판결을 받기에 적합한 자격을 갖고 있는지 여부에 관한 문제이다.

소송에서 당사자적격을 문제 삼는 이유는 본안판결을 받기에 적합한 자격이 없는 당사자를 상대로 재판과 판결을 한다 할지라도, 그에 따라 판결로서의 법적 효력을 인정할 수 없는데, 이를 위하여 절차를 진행하는 모순을 없애기 위한 의미에서 논의되는 개념이다. 즉 본안판결을 받기에 적합하지 않은 판결은 무의미한 판결이기에, 이를 방지하기 위하여 당사자적격의 유무를 소송요건의 하나로 보는 것이다.

(나) 소의 유형에 따른 당사자적격의 유무

앞서 소의 종류를 이행의 소, 확인의 소, 형성의 소로 나누어 보았는바, 당사자적격의 유무도 소의 종류에 따라 살펴볼 필요가 있다.

① 이행의 소

이행(履行)의 소에서는 원고가 이행청구권을 갖고 있는지, 피고에게 이행의무가 있는지 여부를 소송요건으로 문제 삼지 않고, 이는 청구기각이나 인용 여부인 본안에 관한 판단에서 문제 삼는다. 그렇기에 기본적으로 이행의 소에서는 당사자적격이 문제가 되지 않는다. 즉 이행의 소에서는 원칙적으로 모두 당사자적격이 있다. 실제로 채권이나 청구권이 없다 할지라도 원고 본인에게 청구권이 있고, 피고에게 그 의무가 있다고 주장함으로써 당사자적격이 인정되기에 이행의 소에서는 기본적으로 당사자적격이 문제 되지 않는 것이다.

---

61) 손종학, 강해 민사실무 Ⅰ, 충남대학교 출판문화원, 2017, 82면.

심화학습

이처럼 이행의 소에서는 원칙적으로 당사자적격이 문제되지 않지만, 말소등기청구나 말소등기회복청구 시에는 반드시 등기의무자만을 상대로 소를 제기하여야 한다. 만일 등기의무자가 아닌 자를 피고로 한 경우에 그 피고는 당사자적격이 없다.

판례

대법원 1992. 7. 28. 선고 92다10173, 10180(병합) 판결

등기의무자(등기명의인이거나 그 포괄승계인)가 아닌 자나 등기에 관한 이해관계 있는 제3자가 아닌 자를 상대로 한 등기의 말소절차이행을 구하는 소는 당사자적격이 없는 자를 상대로 한 부적법한 소라고 할 것이다.

채권자에 의하여 채권 압류 및 추심명령이 있은 후에 채무자가 제3채무자를 피고로 하여 압류 및 추심명령이 난 채권을 이유로 제기한 이행의 소도 채무자는 이미 채권을 추심할 권능인 추심권이 없기에 채무자는 당사자적격이 없는 자가 된다. 그러나 그러나 압류 및 전부명령시나 채권양도시에는 채권양도인이나 전부채무자는 자신이 이행청구권자임을 주장하는 한 당사자적격은 있고, 단지 채권양도 등으로 이행청구권이 없는 것으로 보아 소각하판결이 아닌 청구기각의 판결을 하여야 함을 주의하여야 한다. 단순히 채권에 대한 가압류만 되어 있는 경우에도, 이는 가압류채무자가 제3채무자로부터 현실로 급부를 추심하는 것만을 금지하는 것이므로 가압류채무자는 제3채무자를 상대로 그 이행을 구하는 소송을 제기할 수 있고, 법원은 가압류가 되어 있음을 이유로 이를 배척할 수 없으므로 원고 청구를 인용하는 승소판결을 하여야 한다.

판례

대법원 2000. 4. 11. 선고 99다23888 판결 [채권양수금]

[1] 일반적으로 채권에 대한 가압류가 있더라도 이는 가압류채무자가 제3채무자로부터 현실로 급부를 추심하는 것만을 금지하는 것이므로 가압류채무자는 제3채무자를 상대로 그 이행을 구하는 소송을 제기할 수 있고, 법원은 가압류가 되어 있음을 이유로 이를 배척할 수 없는 것이며, 채권양도는 구 채권자인 양도인과 신 채권자인 양수

인 사이에 채권을 그 동일성을 유지하면서 전자로부터 후자에게로 이전시킬 것을 목적으로 하는 계약을 말한다 할 것이고, 채권양도에 의하여 채권은 그 동일성을 잃지 않고 양도인으로부터 양수인에게 이전된다 할 것이며, 가압류된 채권도 이를 양도하는 데 아무런 제한이 없으나, 다만 가압류된 채권을 양수받은 양수인은 그러한 가압류에 의하여 권리가 제한된 상태의 채권을 양수받는다고 보아야 할 것이다.
[2] 채권에 대한 압류 및 추심명령이 있으면 제3채무자에 대한 이행의 소는 추심채권자만이 제기할 수 있고 채무자는 피압류채권에 대한 이행소송을 제기할 당사자적격을 상실한다.

② 확인의 소

확인(確認)의 소에서의 당사자적격의 문제는 확인의 이익 문제로 귀결된다. 즉 확인의 이익이 있는 자가 원고적격자로, 원고의 이익과 대립하는 이익을 갖는 자가 피고적격자로 되기에 결국 확인의 소에서는 당사자적격 문제는 확인의 이익 문제로 귀결되어, 확인의 이익 유무에서 판단할 일이지 별도로 당사자적격 유무를 따질 필요가 없다. 확인의 이익에 대하여는 뒤에서 설명할 소의 이익 부분에서 자세히 다룬다.

따라서 대표자를 선출한 주주총회나 이사회결의의 무효나 부존재를 다투는 확인의 소에서의 피고는 당해 회사만이 피고적격을 갖게 되며, 이때 당해 이사회나 주주총회의 결의에 따라 대표자로 선출된 자를 상대로 한 소는 소의 이익이 없게 되지만, 여전히 피고 회사를 대표할 대표자로만 되어 소송을 수행한다. 다만 당해 대표자에 대하여 직무집행정지 및 직무대행자선임의 가처분이 있는 경우에는 그 직무대행자가 피고를 대표한다. 또한 당해 대표자를 직무에서 배제시키기 위하여 제기하는 직무집행정지 가처분신청사건에서는 회사가 아닌 당해 대표자 개인이 피신청인적격을 갖고 회사는 피신청인적격이 없다.

판례

대법원 2003. 1. 10. 선고 2001다1171 판결 [협정무효확인]
확인의 소에 있어서 오로지 원고와 피고 사이의 권리관계만이 확인의 대상이 될 수 있는 것은 아니고 필요에 따라 다른 사람들 사이의 권리관계 존부의 확인을 구할 수도 있는 것이나, 권리관계의 직접 당사자가 아닌 원고가 권리관계의 당사자인 피고들을 상대로 피고들 사이의 권리관계의 존부에 관하여 확인의 소를 제기하는 경우에는, 그 권리관계에 관하여 원고와 피고들 사이에 다툼이 있어서 원고의 권리관계에 불안이나 위험이 초래되고, 피고들에 대한 관계에서 그 법률관계를 확정시키는 것이 원고의 권리관계에 대한 불안이나 위험을 제거할 수 있는 유효 적절한 수단이 되는 경우에 한하여 이를 구할 확인의 이익이 있다고 할 것이다.

③ 형성의 소

앞서 설명한 것과 같이 형성(形成)의 소는 법률의 규정이 있는 경우에만 제기할 수 있는바, 형성의 소에서는 각각의 근거 법규에서 원고와 피고적격자를 정하여 놓고 있다. 그렇기 때문에 원칙적으로 당해 법규에 규정된 자만이 당사자적격이 있고, 그 외의 자는 당사자적격이 없다. 또한 법규 자체에서 명시하고 있지 아니한 때에도 판례에 의하여 제한되는 경우가 많다. 예를 들어, 혼인취소의 소는 형성의 소인바, 부부가 아닌 자를 피고로 삼을 수는 없다. 주주총회결의취소의 소는 주주, 이사 또는 감사만이 원고적격을 갖는다.

관련 법조문

민법 제817조(나이위반 혼인 등의 취소청구권자) 혼인이 제807조, 제808조의 규정에 위반한 때에는 당사자 또는 그 법정대리인이 그 취소를 청구할 수 있고 제809조의 규정에 위반한 때에는 당사자, 그 직계존속 또는 4촌 이내의 방계혈족이 그 취소를 청구할 수 있다.

상법 제376조(결의취소의 소) ①총회의 소집절차 또는 결의방법이 법령 또는 정관에 위반하거나 현저하게 불공정한 때 또는 그 결의의 내용이 정관에 위반한 때에는 주주·이사 또는 감사는 결의의 날로부터 2월내에 결의취소의 소를 제기할 수 있다.

(다) 당사자적격이 문제 되는 주요 사례

① 사해행위취소의 소에서의 채무자

채권자취소권에 의한 사해행위취소의 소에 있어서 피고가 될 수 있는 당사자적격자는 수익자나 전득자뿐이고, 채무자는 피고적격이 없다. 이는 사해행위취소의 소는 채권자가 채무자와 제3자(이를 수익자라고 함) 사이의 법률행위를 취소하고, 그 원상회복을 청구하는 소송으로서 취소 대상은 채무자와 수익자 사이의 매매나 증여 등 법률행위이고, 취소에 따른 원상회복의 당사자는 수익자나 그로부터 이를 다시 취득한 전득자이기 때문이다.

그리고 판례에 의하는 한 사해행위취소에 따른 효력은 채권자와 수익자, 또는 채권자와 전득자에게만 미치고 채무자와 수익자 사이, 수익자와 전득자 사이에는 미치지 않는다. 결국 취소 효과는 채무자에 대하여는 미치지 않기에, 이들의 법률행위는 여전히 유효하다(이른바 상대적 효력설). 이처럼 사해행위취소는 절대적 취소가 아닌 상대적 취소로 채권자와 악의의 수익자나 악의의 전득자에 대한 관계에서만 상대적으로 취소되는 것이어서 채무자에게는 채권자취소권을 행사할 수 없는 것이어서 채무자는 당연히 피고적격이 없게 된다.[62]

판례

대법원 1962. 2. 15. 선고 4294민상378 판결 [사해행위취소]

채권자취소권에 있어서의 채무자 사해행위의 취소는 절대적인 취소가 아니라 악의의 수익자 또는 악의의 전득자에 대한 관계에 있어서만 상대적으로 취소하는 것이므로 위 취소청구권은 악의의 수익자 또는 악의의 전득자에 대하여서만 있는 것이고 채무자에 대하여서는 행사할 수 없다 할 것이므로 채무자를 상대로 취소청구는 할 수 없다.

판례

대법원 2004. 8. 30. 선고 2004다21923 판결 [사해행위취소]

[1] 채권자가 채권자취소권을 행사하려면 사해행위로 인하여 이익을 받은 자나 전득한 자를 상대로 그 법률행위의 취소를 청구하는 소송을 제기하여야 되는 것으로서 채무자를 상대로 그 소송을 제기할 수는 없다.

[2] 채권자가 전득자를 상대로 하여 사해행위의 취소와 함께 책임재산의 회복을 구하는 사해행위취소의 소를 제기한 경우에 그 취소의 효과는 채권자와 전득자 사이의 상대적인 관계에서만 생기는 것이고 채무자 또는 채무자와 수익자 사이의 법률관계에는

---

62) 자세한 것은 손종학, 강해계약법 Ⅰ, 충남대학교출판문화원, 2020, 99~101면 참조.

미치지 않는 것이므로, 이 경우 취소의 대상이 되는 사해행위는 채무자와 수익자 사이에서 행하여진 법률행위에 국한되고, 수익자와 전득자 사이의 법률행위는 취소의 대상이 되지 않는다.

② 고유필수적 공동소송

하나의 소송절차에서 여러 사람이 원고나 피고가 되는 소송을 공동소송(共同訴訟)이라고 하고, 이를 소의 주관적 병합이라고 한다. 즉 원고나 피고가 복수인 소송이다. 이에 비하여 소송물이 복수인 소송을 소의 객관적 병합이라고 한다. 공동소송에는 통상공동소송(또는 보통공동소송)과 필수적 공동소송이 있다. 통상공동소송은 공동소송인 사이에 판결의 결론이 똑같을 필요(이를 합일확정의 필요라고 함)가 없는 공동소송을 말한다. 즉 판결의 결론이 각 당사자별로 달라 승패가 일률적으로 될 필요가 없어 문제 되지 않는 공동소송을 말한다. 이에 비하여 필수적 공동소송은 공동소송인 사이에 합일확정(合一確定)을 필수적으로 요하는 공동소송을 말한다.

필수적 공동소송은 다시 심리단계에서부터 소송공동이 강제되는 고유필수적 공동소송과 소송공동이 강제되지는 않지만, 일단 공동으로 소송을 수행하는 경우에는 법률상 합일확정의 필요가 있어 당사자 사이에 승패를 일률적으로 해야만 하는 공동소송을 말하는 유사필수적 공동소송으로 나뉜다. 고유필수적 공동소송은 민법 등 실체법상 관리처분권이 여러 사람에게 공동으로 귀속되는 경우이므로, 이를 실체법상의 이유에 의한 필수적 공동소송이라고도 한다.[63] 유사필수적 공동소송으로는 수인의 채권자가 제기하는 채권자대위소송, 수인이 제기하는 회사설립무효나 회사합병무효의 소 등이 있다. 고유필수적 공동소송으로는 공유물분할청구소송, 합유관계소송(단, 합유자가 제3자를 상대로 제기한 보존행위에 기한 소송은 합유자 중 1인이 단독으로 제기할 수 있음, 즉 당사자적격이 부여됨) 등이 있다.

이처럼 고유필수적 공동소송은 소송공동이 강제되기에 실체법상의 관리처분권자 중 누구라도 당사자에서 빠질 경우, 당사자적격이 없어 소송요건 흠결로 부적법한 소가 된다. 예를 들어, 공유물분할청구소송에서는 분할을 원하는 공유

---

63) 김홍엽, 민사소송법, 박영사, 2021, 1040~1041면.

자는 나머지 공유자 전부를 반드시 모두 피고로 삼아야 하며, 합유관계에 있는 조합관계소송에서 조합의 채권자가 조합원에 대하여 조합재산에 의한 공동책임을 묻는 경우에도 반드시 조합원 전원을 상대로 하여야만 한다.

관련 법조문

민사소송법 제65조(공동소송의 요건) 소송목적이 되는 권리나 의무가 여러 사람에게 공통되거나 사실상 또는 법률상 같은 원인으로 말미암아 생긴 경우에는 그 여러 사람이 공동소송인으로서 당사자가 될 수 있다. 소송목적이 되는 권리나 의무가 같은 종류의 것이고, 사실상 또는 법률상 같은 종류의 원인으로 말미암은 것인 경우에도 또한 같다.

제66조(통상공동소송인의 지위) 공동소송인 가운데 한 사람의 소송행위 또는 이에 대한 상대방의 소송행위와 공동소송인 가운데 한 사람에 관한 사항은 다른 공동소송인에게 영향을 미치지 아니한다

제67조(필수적 공동소송에 대한 특별규정) ①소송목적이 공동소송인 모두에게 합일적으로 확정되어야 할 공동소송의 경우에 공동소송인 가운데 한 사람의 소송행위는 모두의 이익을 위하여서만 효력을 가진다.

판례

대법원 2022. 6. 30. 선고 2020다210686, 210693 판결

공유물분할청구소송은 분할을 청구하는 공유자가 원고가 되어 다른 공유자 전부를 공동피고로 삼아야 하는 고유필수적 공동소송이다. 따라서 소송계속 중 변론종결일 전에 공유자의 지분이 이전된 경우에는 변론종결 시까지 민사소송법 제81조에서 정한 승계참가나 민사소송법 제82조에서 정한 소송인수 등의 방식으로 일부 지분권을 이전받은 자가 소송당사자가 되어야 한다. 그렇지 못할 경우에는 소송 전부가 부적법하게 된다.

판례

대법원 1994. 10. 25. 선고 93다54064 판결 [소유권이전등기]

동업약정에 따라 동업자 공동으로 토지를 매수하였다면 그 토지는 동업자들을 조합원으로 하는 동업체에서 토지를 매수한 것이므로 그 동업자들은 토지에 대한 소유권이전등

기청구권을 준합유하는 관계에 있고, 합유재산에 관한 소는 이른바 고유필요적공동소송이라 할 것이므로 그 매매계약에 기하여 소유권이전등기의 이행을 구하는 소를 제기하려면 동업자들이 공동으로 하지 않으면 안된다.

③ 제3자에 의한 소송담당

채권자대위권(債權者代位權)에 기한 채권자대위소송(債權者代位訴訟)의 경우, 채권자가 채무자를 대위하여 원고로서 채무자의 채무자인 제3채무자를 피고로 하여 소송을 제기하는 것과 같이 본래의 채권자가 아닌 제3자에게 소송담당의 자격이나 권한을 부여하는 것을 제3자에 의한 소송담당(訴訟擔當)이라고 한다. 즉 소송물인 권리관계의 존부에 관하여 스스로 법적 이익을 갖는 통상의 당사자적격자(이를 실질적 이익귀속주체라고 부름)를 대신하여 제3자에게 당사자적격이 있는 경우를 제3자 소송담당이라고 한다. 이때 당사자적격을 부여받은 자가 갖는 소송법적 권리를 소송수행권(訴訟遂行權)이라고 하며, 실체법상의 관리처분권에 상응하는 개념이라고 할 수 있다.

제3자에게 소송담당권이 부여되는 근거가 법률의 규정에 의할 때를 법정소송담당, 본래의 권리귀속주체가 임의로 부여하였을 때를 임의적 소송담당이라고 한다. 이처럼 소송수행권은 실체법상의 본래의 청구권이나 채권이 없는 제3자가 소송수행권을 갖게 되는 것이기에, 소송담당권(소송수행권)의 존재가 소송요건이 된다. 그러므로 만일 제3자에게 이러한 소송수행권이 없을 경우에는 당사자적격이 없어 소송요건 흠결로 부적법한 소로 인정된다.

위 채권자대위소송에서 乙이 丙에 대하여 1천만 원의 대여금채권을 갖고 있는 경우에, 甲이 乙에 대하여 1천만 원의 물품대금채권을 갖고 있다고 주장하면서 乙을 대위하여 丙을 상대로 1천만 원을 지급하라는 소송을 제기하였으나, 만일 甲의 乙에 대한 채권이 없다면, 甲에게는 乙을 대위할 권리가 없기에(이를 피보전채권의 부존재라고 함) 甲은 당사자적격이 없어 결국 위 소는 부적법한 소가 된다.

관련 법조문

민법 제404조(채권자대위권) ①채권자는 자기의 채권을 보전하기 위하여 채무자의 권리를 행사할 수 있다. 그러나 일신에 전속한 권리는 그러하지 아니하다.

판례

대법원 2021. 7. 21. 선고 2020다300893 판결 [소유권이전등기]

채권자대위소송에서 대위에 의하여 보전될 채권자의 채무자에 대한 권리가 인정되지 아니할 경우에는 채권자가 스스로 원고가 되어 채무자의 제3채무자에 대한 권리를 행사할 당사자적격이 없게 되므로 그 대위소송은 부적법하여 각하할 것인바, 피대위자인 채무자가 실존인물이 아니거나 사망한 사람인 경우 역시 피보전채권인 채권자의 채무자에 대한 권리를 인정할 수 없는 경우에 해당하므로 그러한 채권자대위소송은 당사자적격이 없어 부적법하다.

④ 총유관계소송

법인격 없는 사단의 소유 형태를 총유(總有)라고 한다. 그런데 앞에서 설명한 것과 같이 법인격 없는 사단은 대표자가 존재하는 한 당사자능력이 인정되어 법인격 없는 사단의 이름으로 소를 제기할 수 있다. 그렇기 때문에 법인격 없는 사단의 이름으로 소를 제기하거나 이를 상대방으로 하여 소제기를 하는 것은 무방하다. 즉 당사자능력이나 당사자적격이 문제 되지 않는다. 또한 이론상으로는 총유자 전원의 이름으로도 소제기가 가능하다. 이 경우 총유자 전부(즉 권리능력 없는 사단의 사원 전부)가 당사자가 되어야 하고, 이 중 일부라도 누락할 경우에는 당사자적격이 없어 부적법한 소가 된다. 즉 총유관계소송에서는 구성원 전부가 당사자가 되어야만 한다.

여기서 문제 되는 것이 바로 총유물의 보존을 위한 소송인 경우에도 반드시 총유자 전부가 당사자가 되어야 하는지이다. 예를 들어, 종중은 전형적인 권리능력 없는 사단의 일종으로, 그 소유 형태는 총유이다. 따라서 어느 누군가가 마치 종중 재산을 매수한 것으로 하여 자기 명의로 소유권이전등기를 이전해 놓은 경우에, 위 종중재산을 원래대로 되찾아 놓기 위해서는 위 소유권이전등기가 원인 없이 이루어진 무효의 등기라고 주장하면서 위 소유권이전등기의 말소를 구하는 소를 제기하여야만 한다. 이때 종중의 이러한 행위는 종중재산의 보존을 위한 것이기에 이를 보존행위(保存行爲)라고 하여 처분행위(處分行爲)와 구별한다. 만일 종중 이름으로 소를 제기한다면, 종중은 비록 법인격이 없다 할지라도 당사자능력이 있어 소송요건이 전혀 문제 되지 않는다. 그런데, 종중 이름이 아닌 종중 구성원 이름으로도 소송을 제기할 수 있는데, 이 경우 반드시 종중원 모두가 당사자가 되어야 하는지, 아니면 보존행위의 경우에는 종중원 1인이라도 소를 제기할 수 있어 당사자적격이 전혀 문제 되지 않는지 여부이다. 왜냐하면, 공동소유의 또 다른 형태인 공유(共有)나 합유(合有)에서는 보존행위만큼은 공동소유자 1인도 얼마든지 할 수 있기 때문이다.

이에 대하여 판례는 공유나 합유관계와는 달리 비록 보존행위라 할지라도 총유자의 1인(비록 그 1인이 대표자라 할지라도)이나 일부가 소를 제기한 때에는 당사자적격이 없는 것으로 보고 있다. 종전에는 판례가 총유물에 관한 소송에서도 공유나 합유에서의 보존행위를 단독으로 할 수 있다는 민법의 조문을 준용하여 당사자적격을 인정하였었다. 그러나 총유에는 공유나 합유와는 달리 비록 보존행위라 할지라도 단독으로 할 수 있다는 명문 규정이 없고, 총유에는 지분의 개념도 없으므로 공유나 합유에서의 관련 규정을 유추적용할 수 없다는 이유로 단독으로는 당사자적격이 없어 소를 제기할 수 없는 것으로 판례가 변경되었다.

✎ 심화학습

2인 이상이 물건을 공동으로 소유하는 것을 공동소유(共同所有)라고 한다. 이러한 공동소유에는 공유(共有), 합유(合有), 총유(總有)가 있다. 공유는 글자 그대로 2인 이상이 지분(持分, 소유의 비율 혹은 몫을 의미함)으로 물건을 소유하는 것을 말한다. 이에 비하여 합유는 법률의 규정이나 계약에 의하여 수인이 조합체로서 물건을 소유하는 형태를 말한다. 2인 이상이 공동사업을 목적으로 하는 조합계약에 의하여 이루어진 조합(組合)의 소유 형태가 가장 전형적인 합유이다. 총유는 법인이 아닌 사단(권리능력 없는 사단)의 사원(구성원)이 집합체로서 물건을 소유하는 형태이다. 종중의 소유 형태가 가장 전형적인 모습이다. 공유와 합유에서는 자기 몫이라는 소유의 비율인 지분이 존재하지만, 총유에서는 지분이 없다는 점에서 분명한 차이가 있다.

관련 법조문

민법 제262조(물건의 공유) ①물건이 지분에 의하여 수인의 소유로 된 때에는 공유로 한다.

제265조(공유물의 관리, 보존) 공유물의 관리에 관한 사항은 공유자의 지분의 과반수로써 결정한다. 그러나 보존행위는 각자가 할 수 있다.

제271조(물건의 합유) ①법률의 규정 또는 계약에 의하여 수인이 조합체로서 물건을 소유하는 때에는 합유로 한다. 합유자의 권리는 합유물 전부에 미친다.

제272조(합유물의 처분, 변경과 보존) 합유물을 처분 또는 변경함에는 합유자 전원의 동의가 있어야 한다. 그러나 보존행위는 각자가 할 수 있다.

제275조(물건의 총유) ①법인이 아닌 사단의 사원이 집합체로서 물건을 소유할 때에는 총유로 한다.

판례

대법원 2005. 9. 15. 선고 2004다44971 전원합의체 판결 [소유권말소등기]

민법 제276조 제1항은 "총유물의 관리 및 처분은 사원총회의 결의에 의한다.", 같은 조 제2항은 "각 사원은 정관 기타의 규약에 좇아 총유물을 사용·수익할 수 있다."라고 규정하고 있을 뿐 공유나 합유의 경우처럼 보존행위는 그 구성원 각자가 할 수 있다는 민법 제265조 단서 또는 제272조 단서와 같은 규정을 두고 있지 아니한바, 이는 법인 아닌 사단의 소유형태인 총유가 공유나 합유에 비하여 단체성이 강하고 구성원 개인들의 총유재산에 대한 지분권이 인정되지 아니하는 데에서 나온 당연한 귀결이라고 할 것이므로 총유재산에 관한 소송은 법인 아닌 사단이 그 명의로 사원총회의 결의를 거쳐 하거나 또는 그 구성원 전원이 당사자가 되어 필수적 공동소송의 형태로 할 수 있을 뿐 그 사단의 구성원은 설령 그가 사단의 대표자라거나 사원총회의 결의를 거쳤다 하더라도 그 소송의 당사자가 될 수 없고, 이러한 법리는 총유재산의 보존행위로서 소를 제기하는 경우에도 마찬가지라 할 것이다.

다) 소송물에 관한 사항

소송물에 관한 소송요건이 문제 되는 것은 아래와 같다. 먼저 소송물의 특정이다. 소송물이란 소송의 목적이 되는 권리나 의무를 말하고, 일반적으로 소송객체나 심판대상을 뜻한다. 그렇기 때문에 소송물은 소장의 필수적 기재사항인 청구취지와 청구원인에 표시되는데, 이는 특정되어야 하고, 만일 소송물이 특정되지 않을 때에는 심판대상이 무엇인지 알 수 없어 판결도 할 수 없기에 소송요건이 흠결된 것으로 보아 부적법한 소로 취급된다.

판례

대법원 2013. 3. 14. 선고 2011다28946 판결 [양수금]

민사소송에서 당사자가 소송물로 하는 권리 또는 법률관계는 특정되어야 하고, 소송물이 특정되지 아니한 때에는 법원이 심리·판단할 대상과 재판의 효력범위가 특정되지 않게 되므로, 소송물이 특정되었는지 여부는 소송요건으로서 법원의 직권조사사항에 속한다.

또한 권리보호의 자격이나 이익, 필요성을 말하는 소의 이익이 있어야 한다. 소와 그에 대한 판결로서 법적 분쟁을 해결할 필요가 있을 때만 소를 허용할 것이지, 아무런 이익도 없이 무의미한 판결을 받기 위한 소를 허용할 수는 없기 때문이다. 소의 이익에 관하여는 뒤에서 별도로 자세하게 설명한다.

마지막으로 중복제소나 재소금지에 저촉되지 않아야 할 것(일종의 소의 이익에 관한 문제임)이고, 기판력의 부존재도 소송요건의 하나이다. 기판력의 경우 그 본질에 대하여는 크게 반복금지설과 모순금지설로 나뉜다. 이 중 반복금지설은 이미 확정판결이 난 사건에 대하여 다시 동일한 소송절차와 판결을 허용하지 않는 효력을 기판력으로 보기에 기판력의 효력에 대하여 반복금지설을 취할 때에는 이미 확정판결이 있어 기판력이 생긴 후에는 다시 동일한 소를 제기하지 못하는 것으로 보아(반복 제소의 금지), 결국 기판력의 부존재는 소송요건으로 취급된다. 이에 비하여 모순금지설을 취할 경우, 기판력은 종전 확정판결의 내용과 다른 판결을 즉 모순되는 판결을 할 수 없다는 견해이다. 따라서 이 경우에는 비록 확정판결과 동일한 내용의 소가 제기되었고, 이것이 승소확정판결을 받은 사람이 다시 동일한 소송을 제기한 것이라면, 소의 이익이 없는 것으로 보아 소송요건이 흠결된 것으로 취급하여 소각하판결을 한다. 그러나 패소확정판결을 받은 자가 다시 동일한 소를 제기한 경우에는 소송요건이 흠결된 것은 아니고, 소송을 진행하고, 다만 판결시 종전의 확정판결과 모순되거나 저촉되는 판결을 할 수 없고, 동일한 판결을 하여야만 한다. 따라서 법원은 결국 원고 청구를 기각하는 패소판결을 선고하게 된다.

3) 소송요건의 모습

가) 적극적 요건과 소극적 요건(소송장애사유)

적극적으로 존재할 것이 소송요건으로 된 것을 적극적 소송요건이라 하고, 그 반대로 존재가 아닌 부존재할 것을 소송요건으로 하는 것, 즉 소송장애사유를 소극적 소송요건이라고 한다. 재판권이나 관할권의 존재, 당사자능력과 당사자적격의 존재 등이 적극적 소송요건에 해당하고, 중복제소가 아닐 것, 기판력에 저촉되지 않을 것 등이 소극적 소송요건에 해당한다.

나) 직권조사사항과 항변사항

(1) 직권조사사항

재판권의 존재와 같이 소송요건에 관한 사항은 대부분 직권조사사항(직권탐지형 사항)이다. 즉 피고의 항변과 관계없이 직권으로 조사하여 참작할 사유이다. 이 경우 실제 소송에서는 피고가 사실상 소송요건의 흠결을 주장할 수 있고, 이를 본안전항변이라고 한다. 그러나 이는 법원의 직권발동을 촉구하는 것에 불과하므로 법원이 이에 대한 판단을 하지 않아도 판단유탈이 되지 않아 상고이유가될 수 없다.

(2) 항변사항

소송요건 중 변론주의 적용을 받는 사항으로 당사자의 항변(주장)이 있어야 비로소 조사하게 되는 것을 말한다. 그러므로 소송절차에 관한 이의권의 포기나 상실의 대상이 된다. 이를 방소항변(妨訴抗辯) 또는 소송장애사유라고 한다. 이러한 방소항변으로는 임의관할, 부제소특약, 소나 상소의 취하계약, 중재합의의 계약, 소송비용의 담보제공 등의 위반에 관한 주장이 있다. 다만 판례는 소를 제기하지 않기로 하는 부제소합의를 상소하지 않기로 한 불상소합의와 같이 항변사항이 아닌 직권조사사항으로 보고 있다.

판례

대법원 2013. 11. 28. 선고 2011다80449 판결 [낙찰자지위확인등]

특정한 권리나 법률관계에 관하여 분쟁이 있어도 제소하지 아니하기로 합의(이하 '부제소 합의'라고 한다)한 경우 이에 위배되어 제기된 소는 권리보호의 이익이 없고, 또한 당사자와 소송관계인은 신의에 따라 성실하게 소송을 수행하여야 한다는 신의성실의 원칙(민사소송법 제1조 제2항)에도 어긋나는 것이므로, 소가 부제소 합의에 위배되어 제기된 경우 법원은 직권으로 소의 적법 여부를 판단할 수 있다.

판례

대법원 1980. 1. 29. 선고 79다2066 판결 [소유권이전등기말소]

불항소 합의의 유무는 항소의 적법요건에 관한 것으로서 법원의 직권조사 사항이다.

4) 소송요건의 조사

가) 직권조사

앞서 설명하였듯이 대부분의 소송요건은 법원의 직권조사사항이다. 따라서 당사자의 항변 유무와 무관하게 법원은 조사하여야 한다. 그러나 이는 직권탐지사항은 아니다. 다만 재판권만큼은 예외로 법원의 직권탐지사항이다. 이처럼 소송요건은 직권조사사항이기에 소송절차에 관한 이의권의 포기가 허용되지 않는다. 또한 재판상의 자백이나 자백간주의 대상도 되지 않는다. 그리고 비록 피고가 답변서를 제출하지 않아도 민사소송법 제257조의 무변론판결이 불가능하며, 실기한 공격방법의 각하 대상도 아니며, 상고이유서의 지연도 상고기각사유가 되지 않는다.

심화학습

직권조사사항을 구체적으로 어떻게 조사하는지에 관하여 직권탐지형과 변론주의형으로 구분하여 살펴보는 견해가 많이 있다. 이에 의하면, 직권조사사항은 조사 개시를 직권으로 한다는 점에서는 차이가 없지만, 직권탐지형 사항은 공익성이 강한 사항이기에 판단자료의 수집방법에서 직권으로 수집하지만, 변론주의형 사항은 당사자가 제출한 자료만을 갖고 판단하는 것으로 이해한다. 그에 따라 위에서 설명한 바와 같이 재판권의 유무는 매우 공익성이 강하므로 변론주의형이 아닌 직권탐지형 사항으로 취급된다. 재판권 존재와 재심사유 존재 여부가 직권탐지형 사항에 해당한다는 점에 대하여는 큰 다툼이 없지만, 더 나아가 어떤 사항이 직권탐지형에 해당하는지에 대하여는 많은 견해가 대립하고 있다. 전속관할 존재, 소송당사자의 실재만이 해당한다고 보는 견해, 여기에 소송능력의 유무도 포함된다고 보는 견해, 당사자능력과 소송대리권의 유무 역시 포함된다고 보는 견해 등이 있다.[64]

판례

대법원 2002. 5. 14. 선고 2000다42908 판결 [예금명의변경]
[1] 종중이 당사자인 사건에 있어서 그 종중의 대표자에게 적법한 대표권이 있는지의 여부는 소송요건에 관한 것으로서 법원의 직권조사사항이다.
[2] 직권조사사항은 자백의 대상이 될 수 없다.

판례

대법원 1997. 10. 10. 선고 96다40578 판결 [손해배상(기)]
법인이 당사자인 사건에 있어서 그 법인의 대표자에게 적법한 대표권이 있는지 여부는 소송요건에 관한 것으로서 법원의 직권조사 사항이므로, 법원으로서는 그 판단의 기초 자료인 사실과 증거를 직권으로 탐지할 의무까지는 없다 하더라도, 이미 제출된 자료들에 의하여 그 대표권의 적법성에 의심이 갈 만한 사정이 엿보인다면 상대방이 이를 구체적으로 지적하여 다투지 않더라도 이에 관하여 심리·조사할 의무가 있다.

판례

대법원 2015. 5. 21. 선고 2011도1932 전원합의체 판결
[다수의견] 재심심판절차는 물론 재심사유의 존부를 심사하여 다시 심판할 것인지를

---

64) 자세한 것은 김홍엽, 민사소송법, 박영사, 2021, 267~268면 참조.

결정하는 재심개시절차 역시 재판권 없이는 심리와 재판을 할 수 없는 것이므로, 재심청구를 받은 군사법원으로서는 먼저 재판권 유무를 심사하여 군사법원에 재판권이 없다고 판단되면 재심개시절차로 나아가지 말고 곧바로 사건을 군사법원법 제2조 제3항에 따라 같은 심급의 일반법원으로 이송하여야 한다.

이와 달리 군사법원이 재판권이 없음에도 재심개시결정을 한 후에 비로소 사건을 일반법원으로 이송한다면 이는 위법한 재판권의 행사이다.

판례

대법원 2009. 4. 23. 선고 2009다3234 판결 [근저당권말소]

채권자대위소송에서 대위에 의하여 보전될 채권자의 채무자에 대한 권리(피보전채권)가 존재하는지 여부는 소송요건으로서 법원의 직권조사사항이므로, 법원으로서는 그 판단의 기초자료인 사실과 증거를 직권으로 탐지할 의무까지는 없다 하더라도, 법원에 현출된 모든 소송자료를 통하여 살펴보아 피보전채권의 존부에 관하여 의심할 만한 사정이 발견되면 직권으로 추가적인 심리·조사를 통하여 그 존재 여부를 확인하여야 할 의무가 있다.

나) 자유로운 증명 여부

소송요건 사실은 통상의 증거조사절차에 의하지 않은 자유로운 증명으로 가능하다는 견해도 있지만(독일), 반대의견도 있다.

다) 증명책임

소송요건의 존재에 관한 증명책임은 소송요건을 갖추어 본안판결을 받는 것이 원고에게 유리하므로 직권조사사항인 소송요건의 증명책임은 원고가 부담한다. 그러나 항변사항인 소송요건은 증명책임분배의 원칙에 따라 피고가 입증하여야 한다.

판례

대법원 2009. 3. 26. 선고 2007다63102 판결 [사해행위취소]

채권자취소권의 행사에 있어서 제척기간의 기산점인 채권자가 "취소원인을 안 날"이라 함은 채무자가 채권자를 해함을 알면서 사해행위를 하였다는 사실을 알게 된 날을 의미한다. 이는 단순히 채무자가 재산의 처분행위를 한 사실을 아는 것만으로는 부족하고, 구체적인 사해행위의 존재를 알고 나아가 채무자에게 사해의 의사가 있었다는 사실까지 알 것을 요한다. 한편 그 제척기간의 도과에 관한 입증책임은 채권자취소소송의 상대방에게 있다.

라) 소송요건 존재의 표준시

소송요건의 존부에 대한 판단시에 어느 시점을 기준으로 할 것인지가 문제된다. 이를 표준시(標準時)라고 부르는데, 원칙적으로 사실심의 변론종결시로 보고 있다. 따라서 비록 제소 당시에는 소송요건이 부존재하여도 사실심의 변론종결시까지 이를 구비하면 하자가 치유된다. 다만, 관할권의 존재는 제소시를 기준으로 하며, 소송계속 중의 당사자능력, 소송능력, 법정대리권의 소멸은 소각하사유가 아닌 단순한 소송절차중단사유나 소송승계사유에 불과하다. 판례는 사실심 변론 종결 후 소송요건이 흠결되거나 그 흠이 치유되는 등 사정변경이 생긴 경우에 상고심에서도 이러한 사정변경을 고려해야 한다는 취지의 판결을 선고하고 있다.

관련 법조문

민사소송법 제33조(관할의 표준이 되는 시기) 법원의 관할은 소를 제기한 때를 표준으로 정한다.

판례

대법원 2004. 7. 22. 선고 2002다57362 판결 [손해배상(기)]

근로자에 대한 명예퇴직처분이 실질상 해고에 해당한다고 하여 그 무효임의 확인을 구함과 아울러 근로를 제공할 수 있었던 기간 동안의 임금을 청구하는 경우, 해고무효확인의 소는 피고와의 사이에 이루어진 근로계약상의 지위 회복을 목적으로 하는 것임이 명백하므로, 사실심 변론종결 당시 이미 피고의 인사규정에 의한 당연해직사유인 정년을 지났다면 근로자로서의 지위를 회복하는 것은 불가능하게 되었으므로 해고무효확인의 소는 확인의 이익이 없으며, 상고심 계속중에 이미 인사규정 소정의 정년이 지난 경우에도 명예퇴직처분이 무효로 확인된다 하더라도 근로자로서의 지위를 회복하는 것은 불가능하므로 마찬가지라 할 것이다.

판례

대법원 1998. 8. 21. 선고 98다20202 판결 [손해배상(기)]

신고하지 아니한 정리채권에 대한 정리채권확정의 소의 상고심 계류 중 정리계획인가결정 없이 정리절차가 폐지된 경우, 정리채권의 신고 여부는 소송요건으로서 직권조사사항이므로 상고심에서도 그 하자의 치유를 인정하여야 한다.

마) 조사시점(선순위성의 긍정)

본안판결요건이므로 본안판결을 하기에 앞서 반드시 먼저 조사하여야 한다. 그러므로 소송요건의 흠결을 무시하고 더 나아가 본안에 관한 판결을(그것이 청구인용 판결이든, 청구기각 판결이든) 할 수 없다.

판례

대법원 1997. 6. 27. 선고 97후235 판결 [권리범위확인(특)]

소송(심판)요건에 흠결 등이 있어서 본안에 들어가 판단을 할 수 없는 경우에 있어서는 그 소송(심판)은 부적법하다 하여 각하하여야 하고 본안에 대하여는 판단을 할 수 없으므로, 이러한 경우에 본안에 대한 판단이 없다 하여 이를 판결(심결)결과에 영향이 있는 판단유탈이라고 할 수 없다.

5) 흠결시의 조치

가) 소각하판결

직권조사결과 소송요건의 흠결로 드러나면 법원은 본안에 들어가 판단하여서는 아니 되고 부적법한 소이므로 판결로써 소를 각하하여야 한다. 이러한 판결을 본안판결에 대응하여 본안전판결(本案前判決)이나 소송판결(訴訟判決)이라고도 한다. 소각하판결은 아래와 같이 판결 주문에 표시된다.

[판결 주문의 표시례]
1. 이 사건 소를 각하한다.
2. 소송비용은 원고의 부담으로 한다.

나) 기판력

소송판결은 소송요건의 부존재를 확정한 확인판결이므로 그 부존재에 관하여 기판력이 생긴다. 그러나 추후 소송요건을 구비시에는 언제든 다시 별소를 제기할 수 있고, 이는 기판력에 저촉되는 것이 아니다. 예를 들어, 법인 등에서의 대표권 흠결로 소각하판결을 받은 경우 다시 대표권을 보완하면 적법한 대표자로 다시 동일한 소를 제기할 수 있고, 종전의 기판력에 저촉되지 않는다.

다) 각하판결과 추인

보정할 수 있거나 추인의 대상이 되는 경우에는 법원은 바로 각하할 것이 아니라 먼저 상당한 기간을 정하여 보정을 명하고, 아무런 보정이 없을 때 비로소 소각하판결을 하여야 한다.

라) 예외

관할권의 흠결시에는 각하판결을 하지 않고 원칙적으로 관할권 있는 법원으로의 이송으로 처리하며, 병합소송에서의 병합요건의 흠결시에는 각하할 것이 아니라 각각 독립한 소로서 취급하여야만 한다. 소송중의 소도 동일하다.

마) 간과시의 조치

소송요건의 흠결을 간과하여 본안판결을 하였을 때에는 상소를 제기하여 이를 취소할 수 있지만 판결 확정후에는 재심사유가 될 때에 한하여 재심으로 다툴 수 있을 뿐이다. 이 경우 판결의 효력은 무효인 경우도 있고, 유효인 경우도 있다.

반대로 소송요건의 흠결이 없음에도 있는 것으로 오인하여 소송판결을 하였을 때는 상소로 다툴 수 있다. 이 경우 상급법원은 원판결을 취소하면서 원심으로 돌려보내는 환송판결을 하여야 하고 상급심이 바로 본안판결을 할 수는 없다.

나. 소송판결

1) 소송판결의 의의

소송요건 등의 흠결을 이유로 본안에 대한 판단에 들어가지 않을 것을 선언하는 판결을 소송판결이라고 한다. 본안에 들어가 청구의 당부를 판단하는 본안판결에 대치되는 판결이다. 소송판결의 종류는 소각하판결과 소송종료선언 및 소취하무효선언이 있다. 그러나 일반적으로 소각하판결이 소송판결의 주류를 이루고 있다.

2) 소각하판결
가) 의의

소송요건에 흠이 있어 이를 보정할 수 없거나 보정명령에도 불구하고 이에 응하지 않을 때 하는 판결이 소송판결이다. 소송판결 시에도 변론을 거쳐야 하지만 보정할 수 없는 경우에 하는 소각하판결은 변론을 거치지 아니하고도 할 수 있다(민사소송법 제219조).

나) 기재례

각하 대상은 소 그 자체이지, 원고의 청구가 아니다. 따라서 청구가 아닌 소를 각하한다는 내용으로 주문에 표시한다.

[주문 표시례]
「원고의 소를 각하한다.」(○)
「원고의 청구를 각하한다.」(×)

다) 소각하판결 사유(소각하판결을 하여야 할 때)
(1) 법원에 관한 소송요건의 흠
(가) 재판권의 흠결

우리나라 법원에 재판권이 없을 때, 즉 우리나라 법원이 재판권을 행사할 수 없는 사건의 소는 부적법하므로 소각하판결을 한다. 이러한 경우로는 대인적 제약으로서 치외법권자에 대한 재판이 있고, 대물적 제약으로는 국내법원과 외국법원 사이의 재판권의 분장한계에 따른 재판권의 배제를 들 수 있다. 그러나 비록 외국 국가라 할지라도 사법적 행위에 대하여는 우리나라 법원에 재판권이 있어 당해 국가를 피고로 하여 우리나라 법원이 재판권을 행사할 수 있으므로 소각하판결을 하여서는 아니 된다.

우리 판례는, 국제관습법에 의하면 국가의 주권적 행위는 다른 국가의 재판권으로부터 면제되는 것이 원칙이라 할 것이나, 국가의 사법적(私法的) 행위까지 다른 국가의 재판권으로부터 면제된다는 것이 오늘날의 국제법이나 국제관례라고 할 수 없다고 보고 있다. 그에 따라 우리나라의 영토 내에서 행하여진 외국의 사법적 행위가 주권적 활동에 속하는 것이거나 이와 밀접한 관련이 있어서 이에 대한 재판권의 행사가 외국의 주권적 활동에 대한 부당한 간섭이 될 우려가 있다는 등의 특별한 사정이 없는 한, 외국의 사법적(私法的) 행위에 대하여는 당해 국가를 피고로 하여 우리나라의 법원이 재판권을 행사할 수 있다고 하고 있다.[65)]

판례

대법원 1998. 12. 17. 선고 97다39216 전원합의체 판결 [해고무효확인]

1. 원심판결 이유에 의하면, 원심은 원고가 미합중국 산하의 비세출자금기관인 '육군 및 공군 교역처'(The United States Army and Air Force Exchange Service)에 고용되어 미군 2사단 소재 캠프 케이시(Camp Cacey)에서 근무하다가 1992. 11. 8. 정당한 이유 없이 해고되었다고 주장하면서 미합중국을 피고로 하여 위 해고의 무효확인과 위 해고된 날로부터 원고를 복직시킬 때까지의 임금의 지급을 구함에 대하여, 원래 국가는 국제법과 국제관례상 다른 국가의 재판권에 복종하지 않게 되어 있으므로 특히 조약에 의하여 예외로 된 경우나 스스로 외교상 특권을 포기하는 경우를 제외하고는 외국을 피고로 하여 우리 나라의 법원이 재판권을 행사할 수는 없다고 할 것인데, 미합중국이 우리 나라 법원의 재판권에 복종하기로 하는 내용의 조약이 있다거나 미합중국이 위와 같은 외교상의 특권을 포기하였다고 인정할 만한 아무런 증거가 없으므로, 이 사건 소는 우리 나라의 법원에 재판권이 없어 부적법하다고 판단하였다.

2. 국제관습법에 의하면 국가의 주권적 행위는 다른 국가의 재판권으로부터 면제되는

---

65) 대판(전) 1998. 12. 17, 97다39216.

것이 원칙이라 할 것이나, 국가의 사법적(사법적) 행위까지 다른 국가의 재판권으로부터 면제된다는 것이 오늘날의 국제법이나 국제관례라고 할 수 없다. 따라서 우리 나라의 영토 내에서 행하여진 외국의 사법적 행위가 주권적 활동에 속하는 것이거나 이와 밀접한 관련이 있어서 이에 대한 재판권의 행사가 외국의 주권적 활동에 대한 부당한 간섭이 될 우려가 있다는 등의 특별한 사정이 없는 한, 외국의 사법적 행위에 대하여는 당해 국가를 피고로 하여 우리 나라의 법원이 재판권을 행사할 수 있다고 할 것이다. 이와 견해를 달리한 대법원 1975. 5. 23.자 74마281 결정은 이를 변경하기로 한다. 따라서 원심으로서는 원고가 근무한 미합중국 산하 기관인 '육군 및 공군 교역처'의 임무 및 활동 내용, 원고의 지위 및 담당업무의 내용, 미합중국의 주권적 활동과 원고의 업무의 관련성 정도 등 제반 사정을 종합적으로 고려하여 이 사건 고용계약 및 해고행위의 법적 성질 및 주권적 활동과의 관련성 등을 살펴 본 다음에 이를 바탕으로 이 사건 고용계약 및 해고행위에 대하여 우리 나라의 법원이 재판권을 행사할 수 있는지 여부를 판단하였어야 할 것이다. 그럼에도 불구하고 이 사건 고용계약 및 해고행위의 법적 성질 등을 제대로 살펴보지 아니한 채 그 판시와 같은 이유만으로 재판권이 없다고 단정하여 이 사건 소가 부적법하다고 판단한 원심판결에는 외국에 대한 재판권의 행사에 관한 법리를 오해하고 심리를 다하지 아니한 위법이 있다고 할 것이다. 상고이유 중 이 점을 지적하는 부분은 이유 있다.

3. 그러므로 원심판결을 파기하고, 사건을 다시 심리·판단케 하기 위하여 원심법원에 환송하기로 관여 대법관의 의견이 일치되어 주문과 같이 판결한다.

(나) 관할권의 흠결

관할권의 유무도 일종의 소송요건의 하나이다. 그러나 앞에서 설명한 것과 같이 재판권과는 달리 수소법원에 단지 관할권이 없는 경우에는 그것이 비록 전속관할권의 문제라 할지라도 소각하판결을 하는 것이 아니라 민사소송법의 규정에 따라 결정으로 관할권 있는 법원으로 이송을 하여야 한다(이송결정, 이송에는 관할위반에 따른 이송과 편의에 따른 재량이송이 있음, 민사소송법 제34조).

(2) 당사자에 관한 소송요건의 흠결

(가) 당사자능력의 흠결

앞서 설명한 것과 같이 당사자능력이 없을 때에는 법원은 판결로 당해 소를 각하하여야 한다. 당사자능력이란 소송법상 일반적으로 당사자가 될 수 있는 능력으로 이는 민법상의 권리능력에 대응하는 소송법상의 개념이다. 민사소송법 제51조에 따라 당사자능력은 특별한 규정이 없는 한 원칙적으로 민법, 그 밖의 법률에 따르게 되어 있으므로 민법상의 권리능력자인 자연인과 법인은 당사자능력이 있지만, 허무인이나 사망자는 자연인이 아니어서 당사자능력이 없다. 그리고 민법상의 조합은 법인이 아니므로 당사자능력이 없다.

　태아도 자연인이 아니어서 원칙적으로 권리능력이 없으므로 당연히 당사자능력이 없다. 다만 우리 민법은 태아의 보호를 위하여 상속이나 유증, 불법행위 등에 있어서 태아를 출생한 것으로 보아 태아의 권리능력을 인정하고 있는바, 이 경우 태아의 당사자능력의 유무가 문제 된다. 그러나 태아의 지위에 대하여 민법이 '이미 출생한 것으로 본다'는 의미가 태아가 살아서 출생한 경우 권리취득의 시점을 태아시로 소급한다는 것에 불과하지, 태아 상태에서 권리를 취득한다는 것이 아니므로(이른바 정지조건설의 입장) 태아의 당사자능력은 부정된다고 할 것이다.

　사망자의 경우 위에서 살펴본 바와 같이 당연히 권리능력이 없어 당사자능력도 없다. 그러나 원고가 소제기 시에 피고가 생존한 것으로 잘못 알고 사망자를 상대로 소를 제기하였지만 만일 원고가 피고의 사망 사실을 알았다면 피고가 아닌 그 상속인을 상대로 소를 제기하였을 것임이 명백한 경우에는 우리 판례는 소각하판결을 할 것이 아니라 상속인으로의 당사자표시정정을 허용하고 있다(당사자의 확정에 있어서 일종의 의사설이나 실질적 표시설을 취한 결과임). 법인은 아니지만 법인으로서의 실체가 있는 권리능력 없는 사단이나 재단(법인격 없는 사단과 재단)에 대하여는 대표자나 관리인이 있는 경우에는 당사자능력이 인정된다(민사소송법 제52조).

관련 법조문

민법 제762조(손해배상청구권에 있어서의 태아의 지위) 태아는 손해배상의 청구권에 관하여는 이미 출생한 것으로 본다.

제1000조(상속의 순위) ③태아는 상속순위에 관하여는 이미 출생한 것으로 본다.

(나) 당사자적격의 흠결

이 부분은 앞에서 자세히 설명하였으므로 생략한다.

(다) 소송능력, 법정대리권, 법인 등 대표권의 부존재

이 경우에는 일단 보정명령을 내린 후, 그럼에도 불구하고 미보정 시에 소각하판결을 한다.

(라) 원고가 소송비용의 담보제공의무를 이행하지 않을 때(민사소송법 제117조)

담보제공명령에 불응하여 소정의 기간 내에 담보를 제공하지 아니한 때에는 변론 없이도 소각하판결을 할 수 있다(민사소송법 제124조).

(3) 소송물에 관한 흠결

(가) 소의 이익이 없을 때(소의 이익에 관하여는 뒤에서 자세히 설명함)

① 구체적인 권리 또는 법률관계에 관한 것이 아닌 때

② 제소금지사유에 해당하는 경우

- 재소(再訴)금지 시

이는 본안에 대한 종국판결이 있은 뒤에 소를 취하한 경우(주로 항소심에서 많이 이루어짐, 1심 판결 선고 후 항소를 하여 항소심 계속중에 항소 취하가 아닌 소 자체를 취하하는 것을 말하는 것임)에는 취하의 소급효에 의하여 소를 처음 제기한 때부터 소를 제기하지 않은 것으로 보게 된다. 이렇게 될 경우, 제소자는 언제든지 다시 소를 제기할 수 있는바, 그렇게 되면 원고에 의한 소제기와 취하가 남발되고, 피고를 괴롭히는 결과가 되는 문제가 발생한다. 이러한 문제를 피하기 위하여 종국판결 선고 후 항소심 등에서 소를 취하한 경우에는 동일한 소를 두 번 다시 제기하지 못하게 할 필요가 있어, 민사소송법에 이를 금지하는, 즉 재소(再訴)를 금지하는 규정을 두고 있는 것이다. 그에 따라 이의 위반 시 재소금지원칙에의 위배로 법원은 소각하판결이라는 소송판결을 하게 된다.

주의할 점은 채권자에 의한 채권자대위소송 시에는 채무자가 제소 사실을 알았을 경우에 한하여 채무자에게도 기판력이 미치고(판례의 입장), 채무자가 대위소송 제기 사실을 안 이상 그 대위소송의 제1심판결 후 항소심에서 소 자체가 취하된 때에는 채무자에게도 재소금지규정이 적용되어 채무자도 나중에 소를 제기할 수 없게 된다. 이러한 경우 채무자를 보호하기 위한 제도로는 공동소송적 보조참가제도가 있다

(민사소송법 제78조). 공동소송적 보조참가를 할 수 있는 자로는 앞의 채권자대위소송에서의 채무자, 선정당사자 소송에서의 선정자, 파산관재인의 파산재단에 관한 소송에서의 파산채무자와 같이 제3자의 소송담당에서 권리귀속 주체가 소송에 참가한 경우나 회사관계소송, 가사소송, 행정소송 등 형성판결의 효력이 제3자에게 미치는 때에 당해 제3자가 소송에 참가하는 경우를 들 수 있다.

관련 법조문

민사소송법 제267조(소취하의 효과) ②본안에 대한 종국판결이 있은 뒤에 소를 취하한 사람은 같은 소를 제기하지 못한다.

판례

대법원 2000. 12. 22. 선고 2000다46399 판결 [소유권이전등기]

종국판결 후 소를 취하하였다가 피고가 그 소 취하의 전제조건인 약정을 위반하여 약정이 해제 또는 실효되는 사정변경이 생겼음을 이유로 다시 동일한 소를 제기하는 것은 재소금지의 원칙에 위배되지 않는다고 한 사례.

판례

대법원 1989. 7. 11. 선고 87다카2406 판결 [소유권이전등기말소]

소의 취하는 원고가 제기한 소를 철회하는 법원에 대한 단독적 소송행위로서 소송물을 이루는 실체법상의 권리를 포기하는 것과 같은 처분행위와는 다르고 본안에 대한 종국판결이 있은 후 소를 취하한 자가 동일한 소를 제기하지 못하는 이른바 재소금지의 효과는 소송법상의 효과임에 그치고 실체법상의 권리관계에 영향을 주는 것은 아니므로 재소금지의 효과를 받는 권리관계라고 하여 실체법상으로도 권리가 소멸하는 것은 아니다.

- 중복제소 시(민사소송법 제259조)

법원에 이미 소가 제기되어 소송계속 중에 있음에도 불구하고 동일한 내용의 소를 제기하는 것은 금지된다. 이를 중복제소금지(重複提訴禁止)의 원칙이라고 한다. 이는 동일한 소의 중복을 방지함으로써 무의미한 심리를 방지함은 물론 혹시라도 발생할 수 있는 판결 간의 모순을 피하기 위함이다. 민사소송에서 중복제소금지는 소송물에 관한 소송요건으로 사실심의 변론종결시를 기준으로 그 유무를 판단한다.

채권자가 채무자를 대위하여 제기하는 채권자대위소송의 경우, 채무자의 소제기권(소송수행권)이 박탈되는 것은 아니어서 채무자도 여전히 제3채무자를 상대로 소를 제기할 수 있다. 다만, 채권자가 먼저 채권자대위권에 기한 대위소송을 제기한 상태에서 채무자가 소를 제기한 것과 같이 채무자가 제기한 소가 후소(後訴)인 경우에는 채무자의 부지(不知) 여부를 불문하고 후소는 중복제소에 해당된다. 이와 반대로 채무자가 이미 소제기 후 채권자가 대위소송을 제기한 경우에는 중복제소에 해당하여 소각하판결을 할 수도 있지만, 채무자의 권리행사로 인한 대위요건의 흠결로 소각하판결이 되기도 한다.

즉 채권자대위소송은 채무자가 제3자에 대하여 갖고 있는 권리를 행사하지 않을 때 채권자로 하여금 이를 대위 행사하여(즉 채무자의 권리를 대위행사) 책임재산을 보전하기 위한 제도이므로, 채무자에 의한 권리 불행사가 채권자대위권의 요건이 되는 것이다. 그에 따라 이미 채무자가 소를 제기하였다면, 채권자로서는 채권자대위소송을 제기할 소의 이익이 없게 되는 것이다. 또한 특정 채권자가 채권자대위소송을 제기한 후 또 다른 채권자가 대위소송을 제기 시에도 중복제소에 해당한다.

중복제소 시, 원칙적으로 비록 전소가 부적법하여 각하될 운명이라 할지라도 후소는 소의 이익이 없어 각하되는바, 전소와 후소를 가르는 기준은 소장의 접수시가 아니라 피고에 대한 소장 부본의 송달 시로 송달의 선후로 전소와 후소로 구별된다. 다만 중복제소의 경우에도 전소나 후소 중 어느 한쪽이 이미 취하되거나 각하되어 중복상태가 해소되면 나머지 한 소는 적법하게 되어 당해 소를 각하할 수 없다.

관련 법조문

민사소송법 제259조(중복된 소제기의 금지) 법원에 계속되어 있는 사건에 대하여 당사자는 다시 소를 제기하지 못한다.

판례

대법원 2021. 5. 7. 선고 2018다259213 판결 [추심금]

민사소송법 제259조는 "법원에 계속되어 있는 사건에 대하여 당사자는 다시 소를 제기하지 못한다."라고 정하고 있다. 민사소송에서 중복제소금지는 소송요건에 관한 것으로서 사실심의 변론종결 시를 기준으로 판단하여야 하므로, 전소가 후소의 변론종결 시까지 취하·각하 등에 의하여 소송계속이 소멸되면 후소는 중복제소금지에 위반되지 않는다.

판례

대법원 2013. 12. 18. 선고 2013다202120 전원합의체 판결[추심금]

[다수의견] (가) 채무자가 제3채무자를 상대로 제기한 이행의 소가 이미 법원에 계속되어 있는 상태에서 압류채권자가 제3채무자를 상대로 제기한 추심의 소의 본안에 관하여 심리·판단한다고 하여, 제3채무자에게 불합리하게 과도한 이중 응소의 부담을 지우고 본안 심리가 중복되어 당사자와 법원의 소송경제에 반한다거나 판결의 모순·저촉의 위험이 크다고 볼 수 없다.

(나) 압류채권자는 채무자가 제3채무자를 상대로 제기한 이행의 소에 민사소송법 제81조, 제79조에 따라 참가할 수도 있으나, 채무자의 이행의 소가 상고심에 계속 중인 경우에는 승계인의 소송참가가 허용되지 아니하므로 압류채권자의 소송참가가 언제나 가능하지는 않으며, 압류채권자가 채무자가 제기한 이행의 소에 참가할 의무가 있는 것도 아니다.

(다) 채무자가 제3채무자를 상대로 제기한 이행의 소가 법원에 계속되어 있는 경우에도 압류채권자는 제3채무자를 상대로 압류된 채권의 이행을 청구하는 추심의 소를 제기할 수 있고, 제3채무자를 상대로 압류채권자가 제기한 추심의 소는 채무자가 제기한 이행의 소에 대한 관계에서 민사소송법 제259조가 금지하는 중복된 소제기에 해당하지 않는다고 봄이 타당하다.

(나) 확정판결의 기판력 저촉 시

기판력의 본질에 대하여 판례는 반복금지설이 아닌 모순금지설을 취하고 있다. 따라서 원고 승소판결 확정시 원고가 동일한 소를 다시 제기한 경우에는 이미 승소확정판결로 다시 소를 제기하여 권리를 보호받을 이익인 권리보호의 이익(소의 이익)이 없으므로 소각하판결을 하여야 하고, 반대로 원고 패소판결 확정후 다시 원고가 동일한 소를 제기한 경우에는 모순금지설의 입장에 따라 법원은 종전과 동일한 원고패소판결(청구기각판결)을 하여야 하지 소의 이익이 없다는 이유로 소각하판결을 하여서는 아니 된다. 다만 확정판결에 기한 채권의 소멸시효의 중단 등과 같이 특별한 사정이 있는 경우에는 당연히 소의 이익이 있으므로 이미 승소판결이 확정된 후에도 동일한 소를 다시 제기할 수 있다. 따라서 이 경우에는 소각하판결의 대상이 되지 않고, 법원은 다시 종전 판결과 동일한 내용의 판결을 하여야 한다.

판례

대법원 2018. 7. 19. 선고 2018다22008 전원합의체 판결 [구상금]

[다수의견] 확정된 승소판결에는 기판력이 있으므로, 승소 확정판결을 받은 당사자가 그 상대방을 상대로 다시 승소 확정판결의 전소와 동일한 청구의 소를 제기하는 경우 그 후소는 권리보호의 이익이 없어 부적법하다. 하지만 예외적으로 확정판결에 의한 채권의 소멸시효기간인 10년의 경과가 임박한 경우에는 그 시효중단을 위한 소는 소의 이익이 있다.

나아가 이러한 경우에 후소의 판결이 전소의 승소 확정판결의 내용에 저촉되어서는 아니 되므로, 후소 법원으로서는 그 확정된 권리를 주장할 수 있는 모든 요건이 구비되어 있는지 여부에 관하여 다시 심리할 수 없다.

대법원은 종래 확정판결에 의한 채권의 소멸시효기간인 10년의 경과가 임박한 경우에는 그 시효중단을 위한 재소는 소의 이익이 있다는 법리를 유지하여 왔다. 이러한 법리는 현재에도 여전히 타당하다. 다른 시효중단사유인 압류·가압류나 승인 등의 경우 이를 1회로 제한하고 있지 않음에도 유독 재판상 청구의 경우만 1회로 제한되어야 한다고 보아야 할 합리적인 근거가 없다. 또한 확정판결에 의한 채무라 하더라도 채무자가 파산이나 회생제도를 통해 이로부터 전부 또는 일부 벗어날 수 있는 이상, 채권자에게는 시효중단을 위한 재소를 허용하는 것이 균형에 맞다.

    (다) 독립당사자참가요건의 흠결(민사소송법 제79조)
    이미 다른 사람 사이에 소송이 계속 중인 사건(이를 본소청구사건이라고 함)에서 원고와 피고 양쪽 또는 어느 한쪽을 상대방으로 하여 원고와 피고 사이의 청구와 관련된 자기의 청구에 대하여 함께 재판을 받기 위하여 그 소송절차에 참가하는 것을 독립당사자참가라고 하고, 참가한 당사자를 독립당사자참가인이라고 부른다. 독립당사자참가제도는 원고와 피고 및 독립당사자참가인 사이에서 분쟁을 일시에 해결함으로써 소송경제를 꾀함은 물론 판결의 모순과 저촉을 피하기 위한 것이다. 독립당사자참가의 유형에 따라 살펴보면 다음과 같다.

① 권리주장참가

권리주장참가는 본소청구의 소송목적의 전부 또는 일부가 자기의 권리임을 주장하면서 참가하는 것을 말한다. 심리 후 실제 그 이유가 없다 할지라도 참가신청이 부적법한 것은 아니다. 즉 본소청구와 참가인의 청구가 참가인의 주장 자체로 양립할 수 없을 때만 가능하므로 만일 주장 자체에서 양 청구가 양립 가능한 경우에는 참가신청이 부적법하여 참가신청을 각하하는 판결을 하여야 한다. 그러나 주장 자체로 양립이 불가능하다면 그것만으로 참가신청은 적법하고 단지 본안심리 단계에서 참가인의 청구가 이유 있는지 없는지를 판단하여 인용이나 기각판결을 한다.

② 사해방지를 위한 참가

사해방지참가는 제3자가 원고와 피고의 소송결과에 따라 자기의 권리가 침해된다고 주장하면서 청구하는 참가이다. 원고와 피고가 당해소송을 통하여 제3자를 해칠 사해의사를 가지고 있고, 그 소송의 결과 제3자의 권리 또는 법률상의 지위가 침해될 염려가 있다고 인정되면 참가가 인정되고, 권리주장참가와는 달리 참가인의 청구가 본소청구와 논리상 양립할 수 없는 관계에 있어야 하는 것은 아니다.

관련 법조문

민사소송법 제79조(독립당사자참가) ①소송목적의 전부나 일부가 자기의 권리라고 주장하거나, 소송결과에 따라 권리가 침해된다고 주장하는 제3자는 당사자의 양 쪽 또는 한 쪽을 상대방으로 하여 당사자로서 소송에 참가할 수 있다.

판례

대법원 1982. 12. 14. 선고 80다1872, 1873 판결 [소유권이전등기]

다. 독립당사자참가는 소송목적의 전부나 일부가 자기의 권리임을 주장하거나 소송의 결과에 의하여 권리침해를 받을 것을 주장하는 제3자가 당사자로서 소송에 참가하여 3당사자 사이에 서로 대립하는 권리 또는 법률관계를 하나의 판결로서 서로 모순없이 일시에 해결하려는 것이므로, 참가인은 우선 참가하려는 소송의 원·피고에 대하여 본소청구와 양립할 수 없는 별개의 청구를 해야하고 또 비록 형식상 별개의 청구가 있다 하더라도 그 어느 한편에 대하여 소가 부적법한 때에는 당사자 참가를 할 수 없다고 할 것이며, 또한 참가이유가 소송의 결과에 의하여 권리침해를 받을 것을 주장하는 경우에는 원·피고간의 소송이 참가인의 권리를 침해하는 사해소송임을 인정할 수 있는 것이라야 한다.

라. 원고의 피고에 대한 본소청구인 1975.7.4 매매를 원인으로 한 소유권이전등기절차 이행청구와 참가인의 피고에 대한 청구인 1977.9.10 취득시효완성을 원인으로 한 소유권이전등기절차 이행청구는 합일확정을 필요로 하는 동일한 권리관계에 관한 것이 아니어서 서로 양립될 수 있으므로 독립당사자참가는 부적법하다.

판례

대법원 2017. 4. 26. 선고 2014다221777, 221784 판결

민사소송법 제79조 제1항에 규정된 독립당사자참가는 다른 사람 사이에 소송이 계속 중일 때 소송대상의 전부나 일부가 자기의 권리라고 주장하거나, 소송결과에 따라 권리가 침해된다고 주장하는 제3자가 당사자로서 소송에 참가하여 세 당사자 사이에 서로 대립하는 권리 또는 법률관계를 하나의 판결로써 서로 모순 없이 일시에 해결하려는 것이다. 그러므로 독립당사자참가 중 권리주장참가는 원고의 본소청구와 참가인의 청구가 주장 자체에서 양립할 수 없는 관계라고 볼 수 있는 경우에 허용될 수 있고, 사해방지참가는 본소의 원고와 피고가 소송을 통하여 참가인의 권리를 침해할 의사가 있다고 객관적으로 인정되고 소송의 결과 참가인의 권리 또는 법률상 지위가 침해될 우려가 있다고 인정되는 경우에 허용될 수 있다.

3) 소의 적식요건의 흠결과 소장각하명령

앞에서 설명한 것과 같이 소장의 필수적 기재사항의 누락, 인지 부족, 송달할 수 없을 때 재판장은 소장심사권에 기하여 소장부본 송달 전에 보정명령을 발하고, 그 명령에 불응하거나 보정할 수 없을 때에는 명령으로 소장을 각하한다. 이는 재판부(법원)가 하는 소각하판결이 아닌 재판장에 의한 명령으로 소장각하명령이다.

그러나 소장심사단계에서 재판장이 이러한 흠결을 간과하고 소장 부본이 피고에게 송달된 이후에는 피고에 대한 소장 부본의 송달로 소송의 삼면관계가 형성되어 더 이상 재판장의 명령만으로 소장을 각하할 수는 없다. 그러므로 재판장의 명령으로 소장을 각하할 수는 없고, 재판장은 상당한 기간을 정하여 보정을 명하고, 만일 원고가 이를 보정하지 않을 때에는 법원(재판부)은 판결로써 소를 각하하여야 한다(소각하판결).

4) 소송종료선언 및 소취하무효선언

가) 소송종료선언

소취하나 소취하간주로 인하여 소송이 종결된 경우에 이의 효력을 다투면서 기일지정신청을 하거나 법원이 소송종료를 간과하고 심리를 진행하였다가 후에 이를 발견한 경우에 법원은 소송종료선언을 한다. 기일지정신청이 있으면 법원은 반드시 변론기일을 지정하고 변론을 열어 심리하여야 하며, 심리 결과 신청이 이유 없을 때는 종국판결로써 소송종료선언을 하고, 이유가 있을 때는 변론을 속행하여 심리하되 종국판결의 이유나 중간판결로 당해 부분에 대하여 판단하여 준다.

나) 소취하무효선언

종국판결 선고 후 상소가 제기되기 전, 또는 상소 제기 후 상소심으로의 소송기록이 송부되기 전에 소가 취하되었는데 그 취하의 존부나 유효 여부를 다투는 기일지정신청이 있는 경우에는 상소의 이익이 있으면서도 아직 상소를 제기하지 않은 당사자가 남아 있으면 원심법원에서 그 당부를 심판하여야 한다. 이 경우 원심법원은 신청이 이유 없다고 인정하는 경우에는 통상의 경우와 같이 소송종료선언판결을 할 것이나 이유 있다고 인정되는 경우에는 소취하무효선언판결을 한다.

[주문기재례]

「이 사건은 2024. 9. 1. 소취하로 종료되었다.」

「이 사건 소송은 2024. 9. 1. 소취하 간주로 종료되었다.」

「이 사건에 관한 원고의 2024. 9. 1.자 소취하는 무효임을 선언한다.」

11. 소의 이익(권리보호요건)

가. 소권이론

헌법상의 재판청구권 중 민사소송을 제기하는 것과 같은 사법 영역에서의 재판청구권은 개인의 재산권을 보장하는 것을 전제로 재산권이 침해당하였거나 법률상의 지위가 침해되었을 때 국가의 공권력을 통하여 권리관계의 확인과 구제를 받을 수 있는 권리를 보호하겠다는 것을 의미한다. 여기서 개인이 권리 구제를 위하여 법원에 대하여 재판을 청구하는 권리, 즉 재판청구권을 소권(訴權)이라고 한다.

소권의 법적 성질에 관하여는, 사법(私法)상의 청구권을 재판상 행사하여 실현하는 것이 소권이라고 보는 사법적(私法的) 소권설과 사권(私權)의 소송상 변형물이 아닌 사권과는 별개로 국가기관인 법원을 통하여 행사되도록 되어 있는 국가에 대한 권리라고 보는 공법적(公法的) 소권설이 대립하고 있다. 공법적 소권설에는 다시 어떠한 내용이든 정당한 판결을 구하는 공권이라고 하는 추상적 소권설, 자기에게 유리한 판결, 즉 승소판결청구권이라는 구체적 소권설, 승패에 관계없이 소송의 대상에 관하여 본안판결을 요구하는 권리라고 보는 본안판결청구권설, 법원에 대하여 사법행위를 요구할 권리, 즉 재판청구권이라는 사법행위청구권설 등이 있다.

나. 소의 이익의 의의(권리 보호의 이익)

소의 이익이란 권리보호의 요건, 소의 정당한 이익 등으로 불리는데, 결국은 권리보호의 이익이 있는 경우에만 소송을 허용하겠다는 것으로, 국가적 입장에서는 무익한 소송제도의 이용을 통제하는 원리로 작용하고, 당사자 입장에서는 소송제도를 이용할 정당한 이익 또는 필요성을 말한다.[66]

넓은 의미에서의 소의 이익에는, 본안판결을 받기에 적합한 자격인 청구의 적격인 권리보호의 자격, 원고가 판결을 구할 현실의 필요성인 권리보호의 이익, 주관적 이익인 당사자적격 3자를 포함하지만 좁은 의미의 소의 이익은 이 중 권리보호의 자격과 권리보호의 이익만을 의미한다.

이와 같이 소의 이익은 공익적 입장과 당사자 입장 모두를 위한 개념이지만, 소의 이익을 지나치게 좁게 인정하면, 법원 입장에서는 재판 부담이 줄어드는 장점이 있는 반면, 당사자는 사실상 권리침해를 받고도 권리의 유무와 침해 여부에 관하여 법원의 판단을 받아보지도 못한 채 권리 구제를 받을 수 없는 문제가 발생하여 재판청구권을 침해하는 결과가 된다. 반대로 소의 이익을 너무 넓게 인정하면 사실상 남소로 인한 법원 부담의 가중은 물론 상대방도 응소의 부담을 갖게 되는 문제점이 발생한다. 따라서 법원은 소의 이익 유무를 판단할 때 매우 신중하여야 할 뿐만 아니라 복잡하고도 전문적인 새로운 유형의 분쟁이 점차 많아지는 점을 고려하면 권리보호의 필요성을 좀 더 넓게 인정할 필요도 있을 것이다.

> **판례**
>
> **헌재 2001. 9. 27. 2001헌마152**
> 가. 권리보호이익 내지 소의 이익은, 국가적·공익적 입장에서는 무익한 소송제도의 이용을 통제하는 원리이고, 당사자의 입장에서는 소송제도를 이용할 정당한 이익 또는 필요성을 말하는 것으로, '이익 없으면 소 없다'라는 법언이 지적하듯이 소송제도에 필연적으로 내재하는 요청이다. 따라서 권리보호이익이라는 헌법소원심판의 적법요건은 헌법재판소법 제40조 제1항에 의하여 준용되는 민사소송법 내지 행정소송법 규정들에 대한 해석상 인정되는 일반적인 소송원리이지 헌법재판소법 제68조 제1항 소정의 '기본권의 침해를 받은'이라는 부분의 해석에서 직접 도출되는 것은 아니다.
> 나. 권리보호이익은 소송제도에 필연적으로 내재하는 요청으로 헌법소원제도의 목적상 필수적인 요건이라고 할 것이어서 이로 인하여 본안판단을 받지 못한다고 하여도

---

66) 법원행정처, 법원실무제요, 민사소송(Ⅱ), 2017, 661면.

재판을 받을 권리의 본질적인 부분에 대한 침해가 있다고 보기 어렵다. 다만, 권리보호이익을 지나치게 좁게 인정하면 헌법재판소의 본안판단의 부담을 절감할 수는 있지만 반면에 재판을 받을 권리를 부당하게 박탈하는 결과에 이르게 될 것이므로 권리보호이익을 판단함에 있어 다른 분쟁의 해결수단, 행정적 구제·입법적 구제의 유무 등을 기준으로 신중히 판단하여야 할 것인바, 헌법재판소는 비록 권리보호이익이 없을 때에도 반복위험이나 헌법적 해명이 필요한 경우에는 본안판단을 할 수 있는 예외를 인정하고 있다. 따라서 헌법소원심판청구의 적법요건 중의 하나로 권리보호이익을 요구하는 것이 청구인의 재판을 받을 권리를 침해한다고 볼 수는 없다.

다. 권리보호의 자격(공통의 소의 이익)

1) 청구가 재판상 청구할 수 있는 구체적인 권리 또는 법률관계일 것

가) 재판상 청구가 가능할 것

자연채무(自然債務)의 이행을 구하는 소, 형성소권을 제외한 나머지 형성권을 행사하기 위한 형성의 소, 약혼이나 혼인의 강제이행을 구하는 소 등은 재판상 청구가 불가능한 소이어서 소의 이익이 없다.

🖋️ **심화학습**

자연채무는 여러 의미로 정의되지만, 가장 일반적인 의미는 채무는 채무이지만, 강제력이 없는 채무를 말한다. 채권은 타인(채무자)에게 일정한 행위(이를 급부라고 함)를 청구(요구)할 수 있는 권리이다. 이러한 채권의 효력은 크게 채무자에 대한 효력인 대내적 효력과 채무자 이외의 제3자에 대한 효력인 대외적 효력으로 나뉘고, 주된 효력은 당연히 채무자에 대한 대내적 효력이다. 채무자에 대한 효력은 크게 채무자에게 일정한 행위를 요구할 권리인 청구력, 그리고 이러한 청구에 대하여 채무자의 이행행위로 이루어진 급부를 적법하게 수령하고 이를 보유할 권리인 급부보유력, 마지막으로 채무자가 급부를 이행하지 않을 경우, 이를 강제로 실현시킬 수 있는 권리인 강제력이 있다. 강제력은 다시 채무자의 임의적 이행이 없는 경우에 채권자의 권리실현을 위하여 법원에 소를 제기할 수 있는 권리인 소구력과, 법원의 판결을 받았음에도 이행을 하지 않을 경우에 채무자의 재산을 국가의 강제집행력을 통하여 의무이행을 받아 채권의 궁극적 만족을 얻을 수 있는 강제집행력으로 나뉜다.

이러한 채권의 효력을 갖고 자연채무를 정의하면, 채권자가 채무의 이행을 청구할 수 있음은 물론(즉 청구력 보유), 급부보유력도 있어 채무자에 의한 급부 보유나 수령이 부당이득이 되지 않아 이를 다시 채무자에게 반환할 필요가 없다는 점에서는 일반채권의 채무와 동일하다. 그러나 자연채무는 채무자의 임의적 이행이 없을 경우, 이를 강제적으로 실현할 강제력인 소구력과 집행력이 없는 채무를 말한다. 즉 자연채무는 청구력과 급부보유력은 있지만, 강제력인 소구력과 집행력이 없는 채무를 말한다. 다만, 좀 더 정확하게 이야기하면 강제력 중 소구력이 없는 채무를 자연채무라 하고, 소구력은 있지만, 강제집행력이 없는 채무는 자연채무가 아니라 책임 없는 채무로 보아야 할 것이다. 당사자 사이의 합의로 소를 제기하지 않기로 하는 부제소합의(不提訴)가 있을 경우, 이러한 채무가 바로 가장 전형적인 자연채무이다.67)

나) 구체적인 권리나 법률관계일 것

법원조직법 제2조 제1항에 따르면, '법률적 쟁송'만을 법원의 권한으로 심판한다. 그에 따라 먼저 '법률적' 쟁송이어야 하므로 단순한 사실의 존부에 관한 다툼은 원칙적으로 소송의 대상이 되지 않는다. 그에 따라 판례는 임야나 토지대장상의 명의말소나 변경, 족보에의 등재금지나 변경청구, 통일교가 기독교종교단체인가의 확인청구는 권리관계주장(법률적 쟁송)이 아니라고 하여 소의 이익을 부인하였다. 그러나 골프회원권의 명의개서 청구, 아파트분양대장상수분양자명의변경청구, 보상금 지급대상인 건물에 관한 무허가건물대장상의 소유자명의말소청구 등은 법률적 쟁송으로 소의 이익이 인정된다.

다음으로 '쟁송', 즉 사건성이 있어야 한다. 법률문제라 하여도 구체적 이익분쟁과 관련 없는 추상적인 법령의 효력이나 해석의견을 다투는 소송은 허용되지 않는다. 그러므로 법률이나 명령 등의 합헌성 여부, 추상적인 권리의 확인 등은 소의 이익이 없다.

마지막으로 '법원의 권한'에 속하는 법률적 쟁송이어야 한다. 그러므로 고도의 통치행위나 특수한 단체의 내부 분쟁에 대하여는 법원이 그 효력의 유무를 판단할 수 없다. 다만 처분 자체가 현저히 불공정하고 내부의 절차규정에 전면 위배되는 경우에는 허용되며 정당의 강령이나 종교의 교리와 무관한 단체의 재산 인도 등은 허용된다.

---

67) 자세한 것은 손종학, 강해계약법 Ⅰ, 충남대학교출판문화원, 2020, 17~30면 참조.

2) 법률상·계약상 소제기금지사유가 없을 것

가) 법률상 소제기금지 사유

앞서 설명한 민사소송법 제259조의 중복제소금지나 제267조 제2항의 재소금지 등이 이에 해당한다.

나) 계약상 소제기금지 사유(부제소특약)

(1) 의의

당사자가 계약으로 소를 제기하지 않기로 하는 부제소특약을 할 수 있는바, 이러한 특약이 있음에도 소를 제기할 경우에는 상대방에게 소송항변권(방소항변)이 인정되어 이 경우 원고가 제기한 소는 소의 이익이 없어 판결로써 소가 각하된다. 소를 제기하지 않겠다는 합의는 일종의 소권 포기이기에 이러한 합의가 적법하고 가능한 것인지가 문제 된다. 이는 재판청구권과 소권은 일종의 공권적 성격을 갖는데, 당사자 사이의 합의로 이를 미리 포기하는 것이 가능한지 의문인 것이다. 종전에는 공권을 개인의 사적 판단에 따라 포기할 수 없다는 입장도 있었다. 그러나 사적자치 원칙에 따른 처분권주의에 따를 때 본인 스스로의 소권 포기도 가능하다고 할 것이다. 판례도 일반 민사소송의 경우에 비록 법적 분쟁이 발생하여도 소를 제기하지 않겠다는 합의의 유효성을 인정하고 있다. 부제소특약에 따른 채무가 바로 앞에서 말한 자연채무이다.

판례

대법원 1993. 5. 14. 선고 92다21760 판결 [소유권보존등기말소]

가. 특정한 권리나 법률관계에 관하여 분쟁이 있어도 제소하지 아니하기로 합의한 경우 이에 위반하여 제기한 소는 권리보호의 이익이 없다.

나. 소송을 제기한 후 협상을 하여 더 이상 소송을 제기하지 아니하기로 합의하고서도 그에 위반하여 제기한 소이므로 부적법한 소라고 한 사례.

---

(2) 부제소특약의 유효요건

부제소특약이 유효하기 위해서는 먼저 그 대상이 당사자가 자유로이 처분할 권리가 있는 범위 내이어야 한다. 그러므로 공법상 권리관계(행정소송 등)에서는 허용되지 않는다. 또한 특약의 대상은 특정된 법률관계에 한정된다. 따라서 당사자 사이에 향후 발생할 모든 법률관계에 대하여 소를 제기하지 않겠다는 등의 포괄적 부제소특약은 헌법상의 재판청구권을 미리 일률적으로 박탈하는 것이므로 무효이다. 마지막으로 합의 당시 각 당사자가 예상할 수 있는 상황이어야 하며, 불공정한 방법으로 이루어진 것이 아니어야 한다.

다) 특별구제절차(제소장애사유)가 없을 것

법률이 통상의 소가 아닌 간이하고도 경제적인 특별구제절차를 마련해 놓는 경우가 있다. 이때에는 그 제도나 절차를 이용하는 것이 합리적이므로, 통상의 소를 제기하는 것은 소의 이익이 없다고 본다.

예를 들어, 소송비용확정절차에 의하지 않은 신체감정비 등의 소송비용상환청구, 집행비용확정결정신청이 아닌 집행비용청구, 가압류의 집행비용에 대한 청구, 법원의 등기촉탁사항 또는 집행법상의 집행이의신청사유임에도 제기하는 가처분말소등기나 경매불허의 소를 제기하는 경우 등이 이에 해당한다.

라) 원고가 동일청구에 대하여 승소확정판결을 받은 경우가 아닐 것

원고가 이미 승소확정판결을 받아 즉시 강제집행 할 수 있음에도 다시 동일한 소를 제기하는 것은 소의 이익이 없어 부적법하다. 앞에서 설명한 것과 같이 기판력의 본질에 관하여 반복금지설을 취할 경우, 기판력의 부존재가 소극적 소송요건이 되어 패소자든 승소자든 관계없이 다시 동일한 소를 제기하는 것은 소의 이익이 없어 허용되지 않는다고 본다. 그러나 모순금지설을 취할 경우 동일한 소의 제기 자체는 허용되고, 다만 법원은 종전의 판결과 다른 내용의 판결(즉 모순된 판결)을 선고할 수 없으므로 동일한 내용의 판결을 할 뿐이다. 즉 이 경우에는 소송요건의 문제가 아닌 본안판결의 내용에 관한 문제로 소송요건의 흠결로 인한 부적법 각하의 문제는 아닌 것이다. 판례는, 승소한 원고가 다시 동일한 소를 제기하는 경우에는, 소의 이익이 없어 소각하판결을 하고, 패소자인 원고가 다시 동일한 소를 제기하는 경우에는 법원은 다시 원고 패소판결을 하여야 한다는 입장이다. 그러나 판결원본의 멸실시, 판결채권의 시효중단 필요시, 판결 내용의 불특정으로 인한 집행불능시와 같은 특별한 사정이 있는 경우에는 예외적으로 소의 이익이 인정된다.

판례

대법원 2019. 1. 17. 선고 2018다24349 판결 [손해배상및매매대금반환]
확정된 승소판결에는 기판력이 있으므로 승소 확정판결을 받은 당사자가 전소의 상대방을 상대로 다시 승소 확정판결의 전소와 동일한 청구의 소를 제기하는 경우, 특별한 사정이 없는 한 후소는 권리보호의 이익이 없어 부적법하다. 하지만 예외적으로 확정판결에 의한 채권의 소멸시효기간인 10년의 경과가 임박한 경우에는 그 시효중단을 위한 소는 소의 이익이 있다.

마) 신의칙위반의 소제기가 아닐 것

신의칙에 어긋나는 소제기는 권리보호의 가치가 없는 소송으로서 소의 이익이 부인된다. 다만 신의성실의 원칙을 이유로 하여 소의 이익을 부인하는 것은 결국 당사자의 권리를 부인하는 결과가 되므로, 그 인정에 있어서는 매우 신중하여야만 한다.

판례

대법원 2024. 4. 4. 선고 2023다295596 판결 [사해행위취소]
민법상 신의성실의 원칙은 법률관계의 당사자가 상대방의 이익을 배려하여, 형평에 어긋나거나 신뢰를 저버리는 내용 또는 방법으로 권리를 행사하거나 의무를 이행하여서는 아니 된다는 추상적 규범으로서, 신의성실의 원칙에 위배된다는 이유로 당사자의 권리행사를 부정하기 위해서는 상대방에게 신의를 공여하였거나 객관적으로 보아 상대방이 신의를 가지는 것이 정당한 상태에 이르러야 하고 이와 같은 상대방의 신의에 반하여 권리를 행사하는 것이 정의 관념에 비추어 용인될 수 없는 정도의 상태에 이르러야 한다(대법원 1991. 12. 10. 선고 91다3802 판결, 대법원 2006. 5. 26. 선고 2003다18401 판결 등 참조). 상대방에게 신의를 창출한 바 없거나 상대방이 신의를 가지는 것이 정당한 상태에 있지 않을 뿐만 아니라 권리행사가 정의의 관념에 반하지 않는 경우에는 권리행사를 신의성실의 원칙에 반한다고 볼 수 없다(대법원 2020. 10. 29. 선고 2018다228868 판결 참조).

라. 권리보호의 이익이나 필요(각종의 소에 특수한 소의 이익)

1) 이행의 소

가) 현재의 이행의 소

(1) 일반

현재 이행기가 도래하였으나(사실심변론종결시 기준) 아직 이행되지 않은 이행청구권이 존재함을 주장하면 그것으로 권리보호의 이익이 인정되기 때문에 별도로 소의 이익이 있음을 증명할 필요가 없다. 다만 원고가 한 번쯤 이행최고를 하였다면 피고의 임의이행이 있었을 것으로 인정되는 경우에는 원고의 소제기는 권리를 지키는데 불필요한 행위로 되어 비록 승소하더라도 소송비용을 원고가 부담할 수 있다(민사소송법 제99조).

(2) 집행불능이나 현저한 곤란

판결절차는 분쟁의 관념적 해결이다. 따라서 미리 집행불능을 염려하여, 즉 판결을 받더라도 사실상, 법률상 집행하기가 어렵다거나 불가능하다고 하여 소의 이익이 없다고 볼 수는 없다. 예를 들어, 돈을 빌려준 후 갚지 않자 대여금청구소송을 제기한 경우에 채무자가 아무런 재산이 없어 사실상 강제집행을 할 수 없다 할지라도 소의 이익은 존재한다.

판례

대법원 1998. 9. 22. 선고 98다23393 판결 [소유권이전등기말소]
순차 경료된 소유권이전등기의 각 말소 청구소송은 보통공동소송이므로 그 중의 어느 한 등기명의자만을 상대로 말소를 구할 수 있고, 최종 등기명의자에 대하여 등기말소를 구할 수 있는지에 관계없이 중간의 등기명의자에 대하여 등기말소를 구할 소의 이익이 없다고 할 수 없다.

판례

대법원 2002. 4. 26. 선고 2001다59033 판결 [청구이의]

일반적으로 채권에 대한 가압류가 있더라도 이는 채무자가 제3채무자로부터 현실로 급부를 추심하는 것만을 금지하는 것일 뿐 채무자는 제3채무자를 상대로 그 이행을 구하는 소송을 제기할 수 있고 법원은 가압류가 되어 있음을 이유로 이를 배척할 수는 없는 것이 원칙이다. 왜냐하면 채무자로서는 제3채무자에 대한 그의 채권이 가압류되어 있다 하더라도 채무명의를 취득할 필요가 있고 또는 시효를 중단할 필요도 있는 경우도 있을 것이며 또한 소송 계속 중에 가압류가 행하여진 경우에 이를 이유로 청구가 배척된다면 장차 가압류가 취소된 후 다시 소를 제기하여야 하는 불편함이 있는데 반하여 제3채무자로서는 이행을 명하는 판결이 있더라도 집행단계에서 이를 저지하면 될 것이기 때문이다.68)

판례

대법원 2000. 4. 11. 선고 99다23888 판결

[1] 일반적으로 채권에 대한 가압류가 있더라도 이는 가압류채무자가 제3채무자로부터 현실로 급부를 추심하는 것만을 금지하는 것이므로 가압류채무자는 제3채무자를 상대로 그 이행을 구하는 소송을 제기할 수 있고, 법원은 가압류가 되어 있음을 이유로 이를 배척할 수 없는 것이며, 채권양도는 구 채권자인 양도인과 신 채권자인 양수인 사이에 채권을 그 동일성을 유지하면서 전자로부터 후자에게로 이전시킬 것을 목적으로 하는 계약을 말한다 할 것이고, 채권양도에 의하여 채권은 그 동일성을 잃지 않고 양도인으로부터 양수인에게 이전된다 할 것이며, 가압류된 채권도 이를 양도하는 데 아무런 제한이 없으나, 다만 가압류된 채권을 양수받은 양수인은 그러한 가압류에 의하여 권리가 제한된 상태의 채권을 양수받는다고 보아야 할 것이다.

[2] 채권에 대한 압류 및 추심명령이 있으면 제3채무자에 대한 이행의 소는 추심채권자만이 제기할 수 있고 채무자는 피압류채권에 대한 이행소송을 제기할 당사자적격을 상실한다.

---

68) 만일 채무자가 제3채무자를 상대로 위 판결에 기하여 강제집행을 하려고 하면 제3채무자는 집행기관에 압류명령을 제시하여 변제를 거부하거나(민사집행법 제227조), 공탁할 수 있다(민사집행법 제248조).

판례

대법원 1992.11.10. 선고 92다4680 전원합의체판결 [소유권이전등기말소]

일반적으로 채권에 대한 가압류가 있더라도 이는 채무자가 제3채무자로부터 현실로 급부를 추심하는 것만을 금지하는 것이므로 채무자는 제3채무자를 상대로 그 이행을 구하는 소송을 제기할 수 있고, 법원은 가압류가 되어 있음을 이유로 이를 배척할 수 없는 것이 원칙이나, 소유권이전등기를 명하는 판결은 의사의 진술을 명하는 판결로서 이것이 확정되면 채무자는 일방적으로 이전등기를 신청할 수 있고 제3채무자는 이를 저지할 방법이 없으므로 이와 같은 경우에는 가압류의 해제를 조건으로 하지 아니하는 한 법원은 이를 인용하여서는 안되고, 제3채무자가 임의로 이전등기의무를 이행하고자 한다면 민사소송법 제577조에 의하여 정하여진 보관인에게 권리이전을 하여야 할 것이고, 이 경우 보관인은 채무자의 법정대리인의 지위에서 이를 수령하여 채무자 명의로 소유권이전등기를 마치면 된다.

더 나아가 소유권이전등기청구권이 가압류된 경우, 제3채무자는 채무자 또는 그를 대위한 자로부터 제기된 소유권이전등기 청구소송에 응소하여 가압류된 사실을 주장·입증할 의무가 있고, 만일 제3채무자가 고의 또는 과실로 응소하지 아니하여 의제자백 판결이 선고·확정됨으로써 채권자가 손해를 입었다면 제3채무자는 불법행위로 인한 손해배상책임을 진다.

판례

대법원 1999. 6. 11. 선고 98다22963 판결 [손해배상(기)]

소유권이전등기청구권에 대한 가압류가 있으면 그 변제금지의 효력에 의하여 제3채무자는 채무자에게 임의로 이전등기를 이행하여서는 아니되는 것이나, 그와 같은 가압류는 채권에 대한 것이지 등기청구권의 목적물인 부동산에 대한 것이 아니고, 채무자와 제3채무자에게 결정을 송달하는 외에 현행법상 등기부에 이를 공시하는 방법이 없는 것으로서 당해 채권자와 채무자 및 제3채무자 사이에만 효력을 가지며, 제3자에 대하여는 가압류의 변제금지의 효력을 주장할 수 없으므로 소유권이전등기청구권의 가압류는 청구권의 목적물인 부동산 자체의 처분을 금지하는 대물적 효력은 없다 할 것이고, 제3채무자나 채무자로부터 이전등기를 경료한 제3자에 대하여는 취득한 등기가 원인무효라고 주장하여 말소를 청구할 수는 없는 것이므로, 제3채무자가 가압류결정을 무시하고 이전등기를 이행하고 채무자가 다시 제3자에게 이전등기를 경료하여 준 결과 채권자에게 손해를 입힌 때에는 불법행위를 구성하고 그에 따른 배상책임을 지게 된다고 할 것인데, 소유권이전등기를 명하는 판결은 의사의 진술을 명하는 판결로서 이것이 확정되면 채무자는 일방적으로 이전등기를 신청할 수 있고 제3채무자는 이를 저지할 방법이 없으므로, 소유권이전등기청구권이 가압류된 경우에는 변제금지의 효력이 미치고 있는 제3채무자로서는 일반채권이 가압류된 경우와는 달리 채무자 또는 그 채무자를 대위한 자로부터 제기된 소유권이전등기 청구소송에 응소하여 그 소유권이전등기청구권이 가압류된 사실을 주장하고 자신이 송달받은 가압류결정을 제출하는 방법으로 입증하여야 할 의무가 있다고 할 것이고, 만일 제3채무자가 고의 또는 과실로 위 소유권이전등기 청구소송에 응소하지 아니한 결과 의제자백에 의한 판결이 선고되어 확정됨에 따라 채무자에게 소유권이전등기가 경료되고 다시 제3자에게 처분된 결과 채권자가 손해를 입었다면, 이러한 경우는 제3채무자가 채무자에게 임의로 소유권이전등기를 경료하여 준 것과 마찬가지로 불법행위를 구성한다고 보아야 한다.

(3) 청구 목적이 실현되었거나 실익이 없는 경우

이 경우에는 원칙적으로 권리보호의 이익이 인정되지 않는다. 예를 들어, 원고가 피고를 상대로 소유권이전등기청구의 소를 제기하였으나 소송 도중 원고 앞으로 소유권이전등기가 경료된 경우, 건물이 이미 전부 멸실되었음에도 건물에 대한 소유권이전등기를 구하는 경우 등은 권리보호의 이익이 없다.

이와 관련하여 문제 되는 것으로는 다음의 경우가 있다.

- 근저당권설정등기의 말소를 구하는 소송 도중 그 근저당권설정등기가 매각(낙찰)을 원인으로 하여 말소된 경우에는 소의 이익이 없다.
- 소유권이전등기청구권 보전의 가등기 및 그에 기한 본등기의 말소등기절차의 이행을 구하는 소송 도중에 위 각 등기에 경료된 부동산에 대하여 매각허가결정이 확정되고 매각대금이 완납됨으로써 위 각 등기상의 권리가 모두 소멸하고, 위 각 등기가 말소촉탁의 대상이 된 경우에도 역시 소의 이익이 없다.
- 그러나 폐쇄등기부상의 보존등기의 말소를 구할 소의 이익은 있다.
- 채권자취소소송 도중 사해행위가 해제 또는 해지된 경우에 사해행위의 취소에

의하여 복귀를 하고자 하는 재산이 이미 채무자에게 복귀되었다면, 소의 이익이
없다.
– 근저당권 이전의 부기등기는 기존의 주등기인 근저당권설정등기에 종속되어 주
등기와 일체를 이루므로 부기등기만의 말소를 따로 구할 실익이 없다. 그러나 근
저당권 이전의 원인만이 무효로 되거나 취소 또는 해제된 경우, 즉 부기등기에
한하여 무효사유가 있다는 이유의 부기등기말소청구는 소의 이익이 인정된다.

판례
대법원 2017. 9. 26. 선고 2015다18466 판결
부동산처분금지가처분의 신청 취하 또는 집행취소·해제 절차의 이행을 구하는 소송
도중에 가처분의 기입등기가 가처분의 목적 달성 등으로 말소된 경우에는 더 이상 위
가처분의 신청 취하 또는 집행취소·해제 절차의 이행을 구할 법률상 이익이 없다.

판례
대법원 1996. 10. 15. 선고 96다11785 판결 [소유권이전등기]
국유지에 대한 취득시효완성을 원인으로 한 소유권이전등기절차이행 소송의 사실심 심
리 도중 국가가 소 제기자에게 대상 토지에 관하여 상환완료를 원인으로 한 소유권이
전등기를 마쳐 준 경우, 이미 소유권이전등기를 마친 소 제기자로서는 특별한 사정이
없는 한 더 이상 소유권이전을 구하는 소를 유지할 필요가 없게 되었고, 임의로 소유권
을 이전해 준 국가로서도 소 제기자의 소유권이전청구권의 존부에 대하여 다툴 이익을
상실하게 되었으므로, 그 소는 권리보호의 이익을 결한 것으로서 부적법하게 된다.

(4) 일부청구

사적자치 원칙에 기반한 당사자처분권주의에 따라 원칙적으로 소권의 남용
에 해당하지 않는 한 일부청구(一部請求)는 자유이고, 허용된다. 다만 간이한 소
송절차를 통하여 소액사건을 신속하고 경제적으로 처리하기 위하여 소송절차에
서의 각종 특례를 규정하고 있는 소액사건심판법의 적용을 받기 위해서 고액사
건을 소액사건의 범위인 3천만 원 미만으로 쪼개어 제기한 일부청구는 부적법하
여 각하된다.

관련 법조문
소액사건심판법 제5조의2(일부청구의 제한) ①채권자는 금전, 그 밖의 대체물이나 유가증권의 일정한 수량의 지급을 목적으로 하는 청구의 경우에는 이 법을 적용받기 위해 청구를 분할하여 그 일부만을 청구할 수 없다.
②제1항을 위반한 소는 판결로 각하(却下)하여야 한다.

판례

춘천지방법원 1987. 6. 26. 선고 86나125
금 20,000,000원에 상당하는 주택융자금청구채권을 분할하여 그 중 그 1/10정도에 부과한 금 2,000,000원만을 우선적으로 청구하고있는 소송은 소액사건심판법의 적용을 받을 목적으로 제기된 것으로 소송촉진등에관한특례법 제18조에 위반한 부적법한 소로서 각하되어야 한다.

나) 장래의 이행의 소(제251조)
(1) 의의 및 요건(미리 청구할 필요가 있을 것)
장래이행의 소는 미리 청구할 필요가 있을 때만 허용된다. 사실심 변론종결 후에 이행기가 도래하거나 조건이 성취되는 경우, 상대방에 의하여 그 이행이 거절될 경우에 대비하여 미리 청구하는 소가 허용되는 장래의 이행의 소이다. 예를 들어, 채무자가 이행기가 도래하기 전부터 채무의 존재를 다투기 때문에 비록 이행기가 도래한다고 하여도 임의 이행을 기대할 수 없는 경우를 말한다. 그러나 장래에 채무자의 재산상태가 악화된다거나 집행곤란이 될 수 있다는 우려 등은 미리 청구할 필요가 있는 때에 해당하지 않고, 이는 단지 가압류나 가처분과 같은 보전처분의 사유가 될 뿐이다.

판례

대법원 1975.4.22. 선고 74다1184 전원합의체 판결 [부당이득금반환]
원래 장래의 이행을 청구하는 소는 미리 그 청구할 필요가 있는 경우에 한하여 제기할 수 있다고 우리 민사소송법 229조가 규정하고 있는데 그 입법 취지는 가령 현재

(즉 사실심의 변론종결당시에)조건부 또는 기한부 권리관계 등이 존재하고 단지 그 이행기가 도래않고 있는데 불과한 때에 만일 그 채무의 이행기가 도래하였다 하여도 채무자가 그 채무를 자진하여 이행하지 않을 것이 명백히 예상되는 경우에도 채권자는 속수무책격으로 아무 대책도 강구 못하고 그 이행기가 도래하였을 때까지 기다렸다가 비로소 그 이행기가 도래한 부분에 한하여 현재의 급부의 소만을 제기하여야 한다면 채권자의 보호가 충분치 못하므로(특히 원금과 그 지급완료시까지의 이식, 손해금의 지급청구 및 월부금의 지급 본건과 같은 부동산명도완료시까지의 임료 또는 손해금 등 계속적으로 발생하는 채무의 경우를 상기하여 보면) 그 이행기 도래전에 미리 장래에 이행할 채무의 이행기에 있어서의 이행을 청구하는 확정판결을 얻어서 두었다가 그 이행기가 도래하면 즉시 강제집행을 할 수 있게 하기 위하여 이행기에 즉시 이행을 기대할 수 없다고 인정할 때에는 언제나 소위 위 규정에 의한 장래의 이행의 소를 청구할 수 있는 방도를 법제적으로 규정하여 두자는 데 있다.

그러므로 이 규정은 이와 같은 의미의 필요성이 인정되는 한 모든 장래의 이행청구권에 널리 이용할 수 있도록 특별한 제한을 두고 있지 않은 것이다. 한편 본건에 있어서 피고가 현재 원심변론종결당시까지 본건 원고소유 토지를 불법으로 점거하면서 임대료 상당의 부당이득금의 지급의무가 없다는 이유로 그 지급을 않고 있는 사실을 원심이 적법히 인정하였다. 나아가서 원심은 피고는 원고에게 대하여 위 불법점거에 인하여 그 임대료 상당의 부당이득금을 지급할 의무가 있으며 또 피고는 현재 그 이행기에 있는 부당이득 부분도 원고에게 지급않고 있으므로 그 장래에 이행기가 올 부분도 그 이행기가 장래에 정작 왔다 하여도 그 지급을 기대할수 없으므로 미리 청구할 필요가 있다는 전제하에 이 두 부분을 모두 인용하였음을 엿볼 수 있다.

이와 같은 원심의 판단은 위에서 설시한 위 규정의 입법취지로 보나 경험칙상으로 보나 타당하다고 인정한다.

(2) 청구적격

기한부 청구권이나 정지조건부 청구권, 장래 발생할 청구권도 장래의 이행의 소의 적격이 있다. 다만 이 경우 최소한 기초되는 사실상, 법률상 관계는 성립되어 있어야 한다. 실무상 다음과 같은 경우에 문제 된다.

- 선이행청구

원고가 먼저 자기의 채무를 이행하여야 비로소 상대방인 피고의 이행기가 도래하는 이행청구권을 대상으로 하는 선이행청구(先履行請求)는 원칙적으로 허용되지 않는다. 예를 들어, 저당권설정등기의 말소를 청구하기 위해서는 먼저 피담보채무에 대한 변제 등으로 피담보채무가 소멸하여야 한다. 즉 피담보채무의 소멸이 먼저 이행되어야 비로소 저당권설정등기의 말소를 청구할 수 있다. 그렇기 때문에 저당채무자가 먼저 저당채무(피담보채무)를 지급하는 것을 조건으로 한 저당권설정등기말소청구는 허용되지 않는다.

다만 양도담보 등의 경우에 채권자가 그 등기가 담보의 목적이 아니라거나 피담보채무의 액수 등을 다투고 있어 설사 채무자가 피담보채무를 변제한다 하더라도 채권자가 근저당권설정등기나 소유권이전등기, 가등기 등의 말소등기절차를 이행하여 줄 가능성이 없을 때에는 피담보채무의 변제를 조건으로 가등기를 말소할 것을 미리 청구할 필요가 있다. 만일 채무자가 피담보채무 전부를 변제하였다고 주장하면서 근저당권설정등기의 말소를 구하는 소를 제기하였으나 심리 결과 일부 채무가 남아 있는 경우에는, 법원은 채무자의 청구 중에는 확정된 잔존채무를 변제한 다음 위 등기의 말소를 구하는 취지가 포함되어 있는 것으로 해석하여 이에 대하여 심리, 판단하여야 한다.[69]

판례

대법원 1992.7.10. 선고 92다15376, 15383 판결

가. 채권담보의 목적으로 부동산에 관하여 가등기가 경료된 경우 채무자는 자신의 채무를 먼저 변제하여야만 비로소 그 가등기의 말소를 구할 수 있는 것이기는 하지만, 채권자가 그 가등기가 채무담보의 목적으로 된 것임을 다툰다든지 피담보채무의 액수를 다투기 때문에 장차 채무자가 채무를 변제하더라도 채권자가 그 가등기의 말소에 협력할 것으로 기대되지 않는 경우에는 피담보채무의 변제를 조건으로 가등기를 말소할 것을 미리 청구할 필요가 있다 할 것이다.

나. 채권자가 제1심 이래 계속하여 가등기가 차용금채무의 변제에 갈음하여 부동산의 소유권을 넘겨주기로 하는 대물변제예약에 의하여 경료된 것이라거나, 또는 채권자가 제3자로부터 위 부동산을 매수한 후 채무자에게 다시 이를 팔고 채권자 명의의 중간

---

69) 대법원 1990. 7. 10. 선고 90다카6825 판결.

등기를 생략한 채 바로 채무자 앞으로 소유권이전등기를 해 주면서 채무자와의 매매계약이 실효될 경우 소유권을 회복하기 위하여 경료한 것이라고 주장해 오다가 원심 변론종결시점에 이르러 선택적 청구로서, 가사 위 가등기가 담보목적으로 경료된 것이라 하더라도 그 담보권실행을 위하여 그 본등기절차의 이행을 구하는 것이라고 주장함으로써 위 가등기가 담보목적으로 경료된 것임을 다투어 왔고, 또 채무자는 위 피담보채무에 이자약정이 없었다고 주장함에 대하여 채권자는 이자약정이 있었다고 주장함으로써 그 채무원리금의 범위에 관하여도 다툼이 있다면 채무자로서는 정당한 채무원리금의 변제를 조건으로 위 가등기의 말소를 미리 청구할 필요가 있다고 한 사례.

- **관할청의 허가를 조건으로 하는 장래 이행의 소**

사립학교법상 기본재산의 매도 시에는 관할관청의 허가를 받아야 한다. 이때 관할관청의 사후 허가를 조건으로 한 소유권이전등기를 구하는 장래 이행의 소에 대하여 판례는 이를 긍정하고 있다. 그러나 토지거래허가구역 내에서의 토지 매매시 관할관청의 허가가 없는 경우에는 허가를 조건으로 한 이전등기를 구하는 소를 허용하지 않는다.

판례

대법원 1998. 7. 24. 선고 96다27988 판결 [소유권이전등기등]
[1] 구 사립학교법(1990. 4. 7. 법률 제4226호로 개정되기 전의 것) 제28조 제1항의 취지는 학교법인의 기본재산에 관한 거래계약 자체를 규제하려는 것이 아니라 사립학교를 설치·운영하는 학교법인의 재정적 기초가 되는 기본재산을 유지·보전하기 위하여 감독청의 허가 없이 그 기본재산에 관하여 타인 앞으로 권리이전되거나 담보권·임차권이 설정되는 것을 규제하려는 것이라고 할 것이므로, 반드시 기본재산의 매매 등 계약 성립 전에 감독청의 허가를 받아야만 하는 것은 아니고, 매매 등 계약 성립 후에라도 감독청의 허가를 받으면 그 매매 등 계약이 유효하게 된다.
[2] 학교법인이 감독청의 허가 없이 기본재산인 부동산에 관한 매매계약을 체결하는 한편 그 부동산에서 운영하던 학교를 당국의 인가를 받아 신축교사로 이전하고 준공검사까지 마친 경우, 위 매매계약이 감독청의 허가 없이 체결되어 아직은 효력이 없다고 하더라도 위 매매계약에 기한 소유권이전등기절차이행청구권의 기초가 되는 법률

관계는 이미 존재한다고 볼 수 있고 장차 감독청의 허가에 따라 그 청구권이 발생할 개연성 또한 충분하므로, 매수인으로서는 미리 그 청구를 할 필요가 있는 한, 감독청의 허가를 조건으로 그 부동산에 관한 소유권이전등기절차의 이행을 청구할 수 있다.

판례

대법원 2010.8.26. 자 2010마818 결정

국토의 계획 및 이용에 관한 법률상의 토지거래계약 허가구역 내의 토지에 관하여 관할관청의 허가를 받을 것을 전제로 한 매매계약은 법률상 미완성의 법률행위로서 허가받기 전의 상태에서는 아무런 효력이 없어, 그 매수인이 매도인을 상대로 하여 권리의 이전 또는 설정에 관한 어떠한 이행청구도 할 수 없고, 이행청구를 허용하지 않는 취지에 비추어 볼 때 그 매매계약에 기한 소유권이전등기청구권 또는 토지거래계약에 관한 허가를 받을 것을 조건으로 한 소유권이전등기청구권을 피보전권리로 한 부동산처분금지가처분신청 또한 허용되지 않는다.

- 대항요건을 갖추지 못한 채권양수의 경우 장래 이행의 소

지명채권은 원칙적으로 자유롭게 제3자에게 양도할 수 있다. 그러나 채권이 양도된 경우에, 양도인이 채무자에게 채권양도사실을 통지하거나 채무자가 승낙하지 않으면, 채권 양수인은 채권양수로 채무자나 제3자에게 대항하지 못한다. 즉 채권을 양수받았음을 이유로 채무자에게 채권에 기한 이행청구를 할 수 없다. 여기서 채무자에 대한 통지나 채무자의 승낙을 채권양도에 있어서의 대항요건이라고 한다. 따라서 채권을 양수하였으나 미처 대항요건을 갖추지 못한 경우 추후 대항요건을 갖출 것을 조건으로 양수금 청구를 하는 것과 같은 장래 이행의 소에 대하여 판례는 부정하고 있다.

판례

대법원 1992. 8. 18. 선고 90다9452, 9469(참가) 판결

채권을 양수하기는 하였으나 아직 양도인에 의한 통지 또는 채무자의 승낙이라는 대항요건을 갖추지 못하였다면 채권양수인은 현재는 채무자와 사이에 아무런 법률관계가 없어 채무자에 대하여 아무런 권리주장을 할 수 없기 때문에 채무자에 대하여 채권양도인으로부터 양도통지를 받은 다음 채무를 이행하라는 청구는 장래이행의 소로 서의 요건을 갖추지 못하여 부적법하다.

- 농지법상 농지자격취득증명원의 미취득과 장래 이행의 소

종전에는 농지매매증명이 없는 경우에, 판례는 농지매매증명이 발급되는 것을 조건 으로 하여 미리 농지에 관한 소유권이전등기절차의 이행을 구할 수 있는 것으로 보 았다.[70] 그러나 현행 농지법에서는 농지자격취득증명원을 등기신청시에 첨부하여야 할 서류로 규정하고 있으므로(농지법 제8조 제4항), 이제는 입법적으로 해결되어 당 연히 소유권이전등기의 소를 제기할 수 있다. 따라서 이는 현재의 이행의 소이지 장 래의 이행의 소가 아니다.

(3) 미리 청구할 필요

계속적, 반복적 청구에서 현재 이미 이행기 도래분에 대한 이행지체가 있는 경우에는 장래 도래분에 대하여 미리 청구할 필요가 있다. 이 경우 장래의 이행 분에 대하여는 현재의 채무불이행의 사유가 장래에도 계속될 것이라는 사정이 사실심 변론종결시 당시에도 예상되어야 한다.

장래의 계속적인 불법행위에 기한 손해배상청구권이나 부당이득반환청구권 의 경우에도 미리 청구할 필요가 있다. 다만 이 경우에도 원고가 주장하는 장래 의 특정시점까지 침해가 계속될 것이 변론종결 당시에 확정적으로 예정되어 있 어야만 한다. 또한 장래의 특정 시점은 책임기간이 확실히 확정될 수 있어야 하 며 만일 불확실하여 변론종결 당시에 확정적으로 예정할 수 없는 경우에는 장래 의 이행을 명하는 판결을 할 수 없다.

판례

대법원 1993.7.27. 선고 92다13332 판결 [건물명도등]

피고들이 서울특별시와의 특약에 따라 원고에게 각 신축된 건물의 3층 부분을 무상으 로 10년간 사용하게 할 의무가 있음에도 건물 준공 후 원고의 두 차례에 걸친 사용수 익 요구에도 불구하고 제3자에게 임대하여 그들로 하여금 사용수익하게 하여 왔을 뿐

---

70) 대법원 1994. 12. 9. 선고 94다42402 판결.

아니라 서울특별시와의 위 특약의 효력 자체를 다투고 있다면 위 피고들의 채무불이행의 상태는 장래에도 계속되리라고 충분히 예측될 수 있고, 이는 위 특약에 따른 위 피고들의 의무가 사용대차에 기한 소극적인 성질의 것이라 하여 달리 볼 것은 아니며, 따라서 원고가 위 피고들에 대하여 장래에 발생할 손해배상 또는 부당이득까지 미리 청구할 필요가 있다고 볼 소지가 충분하다.

판례

대법원 1991. 10. 8. 선고 91다17139 판결 [토지사용료]

가. 오래전부터 자연스럽게 도로로 형성되어 사용되고 있는 토지에 대해 시의 신청에 의하여 건설부장관이 소로망확정고시를 하였고 그 무렵 시가 위 토지상에 포장공사를 하여 일반인과 차량의 통행에 제공하여 사실상 도시계획사업을 실시한 것과 다름없는 효과를 얻음으로써 그 때부터 이를 점유하면서 상수도, 맨홀, 전신주 등을 설치하고 도로 보수공사를 시행하는 등 사용 관리하고 있다면 달리 특별한 사정이 없는 한 시는 법률상 원인없이 이 사건 토지를 사용하여 그 차임 상당의 이득을 얻고 토지 소유자에게 동액 상당의 손해를 입게 한 것이다.

나. 위 "가"항의 경우 토지 소유자가 시를 상대로 "시가 위 토지를 매수할 때까지"로 기간을 정한 장래의 차임 상당 부당이득반환청구는 장차 시가 위 토지를 매수하거나 수용하게 되는지 또는 그 시점이 언제 도래할지 불확실할 뿐만 아니라 시가 매수하거나 수용하지 아니하고 도로폐쇄조치를 하여 점유사용을 그칠 수도 있고 소유자가 위 토지를 계속하여 소유하지 못할 수도 있는 것이어서 위 장래의 기간 한정은 의무불이행의 사유가 그 때까지 계속하여 존속한다는 보장이 성립되지 아니하는 불확실한 시점이라 아니할 수 없을 것이므로 이에 대한 장래의 이행을 명할 수는 없다.

판례

대법원 1994. 9. 30. 선고 94다32085 판결 [부당이득금]

서울특별시가 사실심 변론종결 무렵까지 타인 소유의 토지들을 도로부지로 점유·사용하면서도 이에 대한 임료 상당의 부당이득금의 반환을 거부하고 있으며 그로 인한 계속적, 반복적 이행의무에 관하여 현재의 이행기 도래분에 대하여 그 이행을 하지 아니하고 있다면, 그 토지들에 개설된 도로의 폐쇄에 의한 서울특별시의 점유종료일 또는 그 토지소유자가 토지들에 대한 소유권을 상실하는 날까지의 이행기 도래분에 대하여도 서울특별시가 그 채무를 자진하여 이행하지 아니할 것이 명백히 예견되므로, 토지소유자로서는 장래에 이행기가 도래할 부당이득금 부분에 대하여도 미리 청구할 필요가 있다.

(4) 현재 이행의 소와 병합하여 제기하는 장래 이행의 소

건물명도청구의 소와 건물명도 완료시까지의 차임(임차료와 같은 사용료를 의미함) 상당의 손해배상금 청구나 원금 청구와 함께 그 돈을 다 갚을 때까지(이를 완제일까지라고 표기함)의 지연 이자나 지연손해금 청구도 가능하다. 종류물 청구에서의 집행불능에 대비한 대상청구(代償請求), 예를 들어, 백미에 대한 강제집행 불능시를 위한 백미 가격 상당의 금원 청구 등도 허용된다.[71]

2) 확인의 소
가) 일반

이행의 소와는 달리 확인의 대상은 무제한이기 때문에 소를 통하여 해결하는 것을 정당화시킬만한, 즉 소송가치가 있는 경우에 한하여 소의 이익을 인정하여야 한다. 확인의 소에서의 소의 이익은 주로 구제방법의 선택의 적부, 확인대상의 적부, 즉시확정의 이익의 존부 문제로 다루어진다. 앞서 설명한 바와 같이 확인의 소에서 당사자적격 문제는 확인의 이익 문제로 귀결되어 논의되고, 별도로 당사자적격으로 논의되지는 않는다.

나) 대상적격

확인의 소의 대상은 현재의 모든 분쟁이 아니라 현재의 법률관계에 한한다.

(1) 법률관계

권리나 법률관계의 확인만이 대상이 되고 원칙적으로 사실관계는 확인의 대

---

71) 이러한 의미의 대상청구는 일종의 장래의 이행의 소로서 주된 청구에 대하여 청구병합의 관계에 있는 것이지, 주된 청구가 이유 없을 때 대비하여 청구하는 예비적 청구가 아니다.

상이 되지 않는다. 그러므로 역사적 사실이나 자연현상에 대한 확인의 대상적격
이 없다. 또한 법률효과를 발생시키는 법률요건사실의 존부도 확인의 이익이 없
다. 예를 들어, 손해배상청구를 하는 것이 아니라 피고의 과실이 존재한다는 취
지의 확인의 소 등은 허용되지 않는다. 다만, 예외적으로 증서의 진부는 소의 이
익이 인정된다(민사소송법 제250조).

(2) 현재의 법률관계

확인의 대상은 현재의 법률관계로 과거의 권리관계 확인은 허용되지 않는
다. 다만 과거의 법률관계라 하더라도 그것이 현재의 법률관계에 영향을 주는 경
우에는 현재의 법률관계의 확인으로 청구하면 된다. 판례는 과거의 법률관계의
확인이 현재의 법률관계와 관련되어 있는 경우에는 사실상 현재의 법률관계의
확인으로 보아(이러한 이해를 '선해한다'고 함) 과거의 법률관계에 대한 확인의 이
익을 인정한다. 장래의 권리관계의 확인도 허용되지 않는다. 그러나 조건부, 기
한부 권리의 확인은 당연히 허용된다.

판례

대법원 2004. 9. 13. 선고 2002다50057 판결 [낙찰자지위확인]
국가나 지방자치단체가 실시하는 공사입찰에서 적격심사과정의 하자로 인하여 낙찰자
결정이 무효이고 따라서 하자 없는 적격심사에 따른다면 정당한 낙찰자가 된다고 주
장하는 자는 낙찰자로서의 지위에 대한 확인을 구할 수 있고 이러한 법리는 위 입찰
에 터잡아 낙찰자와 계약이 체결된 경우에도 동일하다 할 것이나, 나아가 낙찰자와 체
결된 계약에 의하여 이미 그 이행까지 완료된 경우에는 더 이상 낙찰자결정이 무효임
을 주장하여 낙찰자지위에 대한 확인을 구할 이익이 존재하지 않는다.

(3) 타인 간의 권리관계

기본적으로 타인 간의 권리관계에 대한 확인의 소는 확인의 이익이 없다.
그러나 비록 타인 간의 권리관계라 하여도 그것이 자신의 권리관계에 대한 위험
이나 불안을 제거하는데 유효적절한 수단이라면 확인의 이익이 인정된다. 예를
들어, 2번 근저당권자가 채무자와 1번 근저당권자를 상대로 1번 근저당권의 부

존재 확인을 구할 수 있다. 이는 만일 1번 근저당권이 부존재할 경우, 2번 저당권자는 1번 저당권자가 되어 자기 채권의 만족을 얻을 가능성이 더 높아지기 때문이다. 또한 판례는 근저당권자가 물상보증인을 상대로 근저당채무의 확정을 위하여 확인의 소를 제기하는 것을 허용한다.

판례

대법원 2010. 10. 14. 선고 2010다36407 판결 [징계처분무효확인]

[1] 확인의 소는 현재의 권리 또는 법률상 지위에 관한 위험이나 불안을 제거하기 위하여 허용되는 것이지만, 과거의 법률관계라 할지라도 현재의 권리 또는 법률상 지위에 영향을 미치고 있고 현재의 권리 또는 법률상 지위에 대한 위험이나 불안을 제거하기 위하여 그 법률관계에 관한 확인판결을 받는 것이 유효 적절한 수단이라고 인정될 때에는 확인의 이익이 있다.

[2] 갑이 무효확인을 구하는 징계처분은 '2개월 무급정직 및 유동대기, 징계기간 중 회사 출입금지'로서 이미 그 징계기간인 2개월이 경과하였음이 명백하므로 그 무효확인을 구하는 소는 확인의 이익이 없어 부적법하다고 판단한 원심에 대하여, 소속 회사의 취업규칙에 따라 갑이 징계처분으로 인하여 정직기간 동안 임금을 전혀 지급받지 못하는 법률상 불이익을 입게 된 이상 징계처분은 정직기간 동안의 임금 미지급 처분의 실질을 갖는 것이고, 이는 갑의 임금청구권의 존부에 관한 현재의 권리 또는 법률상 지위에 영향을 미치고 있으므로, 갑으로서는 비록 징계처분에서 정한 징계기간이 도과하였다 할지라도 징계처분의 무효 여부에 관한 확인 판결을 받음으로써 가장 유효·적절하게 자신의 현재의 권리 또는 법률상 지위에 대한 위험이나 불안을 제거할 수 있어 확인의 이익이 있다고 보아 원심판결을 파기한 사례.

판례

대법원 2009. 9. 24. 자 2009마168, 169 결정

확인의 소는 오로지 당사자 사이의 권리관계만이 확인의 대상이 될 수 있는 것은 아니고, 당사자 일방과 제3자 사이의 권리관계 또는 제3자들 사이의 권리관계에 관하여도 그에 관하여 당사자 사이에 다툼이 있어서 당사자 일방의 권리관계에 불안이나 위험이 초래되고 있고, 다른 일방에 대한 관계에서 그 법률관계를 확정시키는 것이 당사자의 권리관계에 대한 불안이나 위험을 제거할 수 있는 유효·적절한 수단이 되는 경우에는, 당사자 일방과 제3자 사이의 권리관계 또는 제3자들 사이의 권리관계에 관하여도 확인의 이익이 있다.

판례

대법원 2004. 3. 25. 선고 2002다20742 판결

근저당권자가 근저당권의 피담보채무의 확정을 위하여 스스로 물상보증인을 상대로 확인의 소를 제기하는 것이 부적법하다고 볼 것은 아니며, 물상보증인이 근저당권자의 채권에 대하여 다투고 있을 경우 그 분쟁을 종국적으로 종식시키는 유일한 방법은 근저당권의 피담보채권의 존부에 관한 확인의 소라고 할 것이므로, 근저당권자가 물상보증인을 상대로 제기한 확인의 소는 확인의 이익이 있어 적법하다.

---

(4) 권리의 귀속주체에 관한 다툼이 있는 경우

하나의 채권에 관하여 2인 이상이 서로가 진정한 채권자라고 주장하는 경우에, 진정한 채권자가 참칭 채권자를 상대로 당해 채권의 귀속자가 본인이라는 확인을 구하는 소를 제기할 수 있다. 다만 이 경우 반대로 상대방이 진정한 채권자가 아님을 확인하는 소극적 확인의 소는 확인의 이익이 없어 허용되지 않는다. 또한 이 경우 채무자 스스로 진정 채권자에게 채무가 존재하지 아니함을 다투는 경우에는 비록 참칭채권자를 상대로 확인을 받아도 채무자에게 대항할 수 없어 별다른 쓸모가 없으므로 이 경우에는 채무자를 상대로 확인을 구하거나 이행의 소를 제기하여야만 한다.

판례

대법원 1988. 9. 27. 선고 87다카2269 판결

일반적으로 채권은 채무자로부터 급부를 받는 권능이기 때문에 소송상으로도 채권자는 통상 채무자에 대하여 채권의 존재를 주장하고 그 급부를 구하면 되는 것이지만 만약 하나의 채권에 관하여 2인 이상이 서로 채권자라고 주장하고 있는 경우에 있어서는 그 채권의 귀속에 관한 분쟁은 채무자와의 사이에 생기는 것이 아니라 스스로 채권자라고 주장하는 사람들 사이에 발생하는 것으로서 참칭채권자가 채무자로부터 변제를 받아버리게 되면 진정한 채권자는 그 때문에 자기의 권리가 침해될 우려가 있어 그 참칭채권자와의 사이에서 그 채권의 귀속에 관하여 즉시 확정을 받을 필요가 있고 또 그들 사이의 분쟁을 해결하기 위하여는 그 채권의 귀속에 관한 확인판결을 받는 것이 가장 유효적절한 권리구제수단으로 용인되어야 할 것이므로 스스로 채권자라고 주장하는 어느 한쪽이 상대방에 대하여 그 채권이 자기에게 속한다는 채권의 귀속에 관한 확인을 구하는 청구는 그 확인의 이익이 있다.

다) 확인의 이익(즉시확정의 이익)

권리나 법률관계에 현존하는 위험이 있고, 이 위험을 제거하기 위하여 확인판결을 받는 것이 가장 유효, 적절한 수단일 때, 즉 확인의 이익이 있을 때에만 확인의 소가 인정된다. 이러한 이익을 즉시확정(卽時確定)의 이익이라고 한다.

(1) 법률상의 이익과 불안의 현존

자기의 권리나 법적 지위가 타인으로부터 부인당하거나 이와 양립하지 않는 주장을 당하는 경우일 때이어야만 한다. 국가 상대로 미등기 토지 및 미등기 건물 소유권의 확인을 구하는 소는 허용된다. 다만 목적물이 토지가 아닌 미등기 건물의 경우에는 국가가 아닌 지방자치단체를 상대로 소유권 확인을 받아야 한다.

(2) 불안 제거에의 유효, 적절한 수단일 것

자기 소유권을 다투는 상대방에 대한 자기 소유권 확인이 아닌 상대방의 소유권부존재확인의 소나, 채권의 귀속자에 대한 이견시 자기의 채권 존재가 아닌 상대방 채권의 부존재 확인은 허용되지 않는다.

(3) 확인의 소의 보충성

이행의 소나 형성의 소를 제기할 수 있음에도 확인의 소를 제기하는 것은 분쟁해결의 종국적 수단이 아니고 유효, 적절한 수단이 될 수 없으므로 확인의 이익이 없다. 즉 확인의 소는 특별한 사정이 없는 한 이행의 소나 형성의 소를 제기할 수 없을 때 보충적으로 인정되는 소라고 할 수 있다. 이를 확인의 소의 보충성이라고 한다. 예를 들어, 1억 원의 지급을 구하는 이행을 구하는 소를 제기할 수 있음에도 단지 1억 원 채권이 존재한다는 확인을 구하는 것은 분쟁 해결의 종국적 수단이 되지 않으므로 허용되지 않는다. 왜냐하면, 비록 원고가 1억 원 채권이 존재한다는 판결을 받는다 할지라도 이로써 채무자 재산에 대하여 강제집행을 할 수 없고, 강제집행을 위한 집행력을 얻기 위해서는 결국 다시 1억 원을 지급하라는 이행의 소를 제기하여야만 해서 분쟁의 종국적 해결 수단이 될 수 없기 때문이다.

근저당권설정자가 피담보채무의 부존재를 이유로 근저당권설정등기의 말소를 구하는 청구와 별도로 근저당권설정계약에 기한 피담보채무의 부존재 확인을 구하는 소 역시 마찬가지로 확인의 이익이 없다. 분쟁의 종국적 해결은 결국 근저당권설정등기의 말소에 있기에 근저당권설정등기의 말소를 직접 구해야만 하기 때문이다. 따라서 피담보채무의 부존재를 확인받는 것만으로는 분쟁 해결을 위한 유효하고도 적절한 수단이 아니다. 매수인이 매도인을 상대로 이전등기를 구하는 것이 아니라 매수자 지위에 있음을 확인받는 소, 이혼청구가 아닌 이혼권(이혼사유)의 존재 확인을 구하는 소 역시 마찬가지로 확인의 이익이 없다.

확인의 소 보충성에는 일정한 예외가 있다. 즉 원고가 이행의 소를 제기할 수 없는 상태에 있어 원고로서는 자신의 권리나 법률상 지위 불안을 해소하기 위해서는 해당 권리의 존재에 대하여 확인판결을 받는 방법 이외에는 다른 유효하고도 적절한 수단이 없는 것으로 판단될 때에는 예외적으로 확인의 이익이 인정된다. 예를 들어, 원고 채권액이 확정되지 않은 상태에서 피고가 채권 금액이 아닌 채권의 존재 자체를 다투면서 그 이행거절을 분명히 하고 있는 경우에는 원고로서는 채권이 존재한다는 확인의 소를 제기할 수 있다. 또한 원고가 직접 채권의 이행을 구할 수 있으나 피고가 채권 발생의 원인이 되는 법률관계 자체를 다투고 있어 이를 즉시 확정할 법률상 이익이 있는 경우에는 확인의 소가 허용된다.

판례

대법원 2021. 12. 30. 선고 2018다241458 판결 [채무부존재확인]

확인의 소의 대상인 법률관계의 확인이 그 이익이 인정되기 위해서는 법률관계에 따라 제소자의 권리 또는 법적 지위에 현존하는 위험·불안이 야기되어야 하고, 그 위험·불안을 제거하기 위하여 법률관계를 확인의 대상으로 한 확인판결에 따라 즉시 확정할 필요가 있으며, 그것이 가장 유효적절한 수단이어야 한다.

판례

대법원 2005. 7. 14. 선고 2004다36215 판결 [보험금채권존재확인]

확인의 소는 원고의 법적 지위가 불안·위험할 때에 그 불안·위험을 제거함에 확인판결로 판단하는 것이 가장 유효·적절한 수단인 경우에 인정되는 것이므로, 이행을 청구하는 소를 제기할 수 있는 데도 불구하고 확인의 소를 제기하는 것은 분쟁의 종국적인 해결 방법이 아니어서 확인의 이익이 없다고 함(대법원 1995. 12. 22. 선고 95다5622 판결, 2001. 12. 24. 선고 2001다30469 판결 등 참조)은 상고이유에서 주장하는 바와 같다.

그러나 기록에 의하면, 이 사건 교통사고 피해자들이 손해배상을 청구하지 아니하는 등의 사유로 보험금채권의 전제가 되는 손해배상액이 확정되지 아니하여 불분명한 상태이고, 피고는 이 사건 보험계약이 적법히 해지되었다고 주장하여 보험금채권의 존재 자체를 다투면서 교통사고 피해자들에게 치료비 지급을 거절하고 있으며, 원고는 이 사건 교통사고로 교통사고처리특례법위반으로 입건되어 형사절차까지 진행되고 있음을 알 수 있는바, 이와 같은 사정이라면, 원고는 당장 피고에게 보험금 지급을 청구하는 소를 제기하기 어려운 상태에 있어 원고가 그의 권리 또는 지위의 불안을 해소시키기 위하여는 보험금채권의 존재에 대하여 확인판결을 받는 이외에 다른 유효·적절한 수단이 있다고 볼 수 없으므로, 보험금채권의 존재 확인을 구하는 원고의 이 사건 청구는 확인의 이익이 있다고 할 것이고, 따라서 이 점을 다투는 상고이유의 주장은 받아들일 수 없다.

판례

대법원 1982. 10. 26. 선고 81다108 판결 [계약해제확인]
매매계약해제의 효과로서 이미 이행한 것의 반환을 구하는 이행의 소를 제기할 수 있을지라도 그 기본되는 매매계약의 존부에 대하여 다툼이 있어 즉시 확정의 이익이 있는 때에는 계약이 해제되었음의 확인을 구할 수도 있는 것이므로 매매계약이 해제됨으로써 현재의 법률관계가 존재하지 않는다는 취지의 소는 확인의 이익이 있다.

3) 형성의 소
가) 일반

형성의 소는 원칙적으로 법률의 규정이 있는 경우에 한하여 소를 제기할 수 있다. 따라서 법률의 규정에 따라 소를 제기하는 경우에만 권리보호의 이익이 있다. 이는 달리 말하면 법률에 근거 규정이 없는 형태의 형성의 소는 허용되지 않는다는 의미이기도 하다. 예를 들어, 앞서 설명한 것과 같이 채권자취소권에 따라 사해행위의 취소를 구하는 형성의 소는 민법 규정에 따라 허용된다. 그러나 착오를 이유로 한 계약을 취소하는 경우, 취소권이라는 형성권은 반드시 소를 통해서만 행사할 수 있는 것이 아니라 소송 외에서도 얼마든지 행사할 수 있는 형성권이다. 따라서 계약의 취소를 구하는 내용의 형성의 소는 허용되지 않는다.

다만 소의 제기를 통하여 취소권을 행사하는 것은 얼마든지 가능하다. 예를 들어, 착오를 이유로 매매계약을 취소하려고 할 경우, 먼저 소제기 전에 취소권을 행사한 후, 취소의 소급효에 따라 당해 매매계약이 처음부터(즉 계약체결시부터) 무효로 되어, 이미 이행이 이루어진 경우에는 일종의 부당이득이 되어 그 반환을 청구할 수 있다. 즉 취소권자는 매매계약에 따라 피고에게 넘어간 재산권의 반환(소유권이전등기의 말소 등)을 구하는 이행의 소를 제기할 수 있다. 이때 취소권의 행사를 소제기 이전이 아닌 소의 제기로써, 즉 소장 부본의 피고에 대한 송달로써 매매계약을 취소한다는 의사표시를 할 수는 있다. 소송 실무에서는 종종 이와 같은 방식으로 취소권 등 형성권을 행사한다.

대법원 1993. 9. 14. 선고 92다35462 판결 [소유권이전등기]

가. 기존 법률관계의 변동 형성의 효과를 발생함을 목적으로 하는 형성의 소는 법률에 명문의 규정이 있는 경우에 한하여 인정되는 것이고 법률상의 근거가 없는 경우에는 허용될 수 없다.

나. 화해조항의 실현을 위하여 부동산을 경매에 붙여 그 경매대금에서 경매비용 등을 공제한 나머지 대금을 원고들 및 피고들에게 배당할 것을 구하는 소는 그 청구의 성질상 형성의 소라 할 것인데 재판상 화해의 실현을 위하여 부동산을 경매에 붙여 대금의 분배를 구하는 소를 제기할 수 있다는 아무런 법률상의 근거가 없으므로 위와 같은 소는 허용될 수 없다.

다만 명문의 근거규정이 없다 하여도 판례는 특정 형성소송에 관한 규정을 유추적용하여 일정한 요건하에 최소한의 범위 내에서 그와 유사한 법률관계에 관하여 형성의 소를 허용하여야 하는 경우가 있다.

대법원 2000. 5. 26. 선고 2000다2375, 2382 판결 [사용료감액·인세등]

출판허락계약상 약정 인세의 감액을 구하는 소송은 그 성질상 법률에 규정이 있는 경우에 한하여 허용되는 형성의 소에 해당하는바, 이를 허용하는 아무런 법률상의 근거가 없고, 명문의 근거 규정이 없는 경우에도 특정 형성소송에 관한 규정을 유추적용하여 일정한 요건하에 최소한의 범위 내에서 그와 유사한 법률관계에 관하여 형성의 소를 허용하여야 할 경우가 있다고 하더라도, 출판허락계약의 특성과 사회적 기능 특히 출판허락계약상 저작물의 발행·보급의 목적 등 모든 사정을 고려해 보면, 임대차계약에 관한 민법 제628조 소정의 차임증감청구에 관한 규정을 출판허락계약상의 인세에 유추적용할 수 없다.

나) 예외적으로 소의 이익이 없는 경우

비록 법률에 명문의 근거 규정이 있다 할지라도 예외적으로 형성의 소가 허용되지 않는 경우가 있다. 소송목적이 이미 실현된 경우나 사정변경에 의하여 원상회복이 불능에 이른 경우나 제3자이의의 소 계속 중 강제집행이 종료된 경우 등에는 소의 이익이 없어 허용되지 않는다. 예를 들어, 이미 이혼판결이 확정된 후에 다시 혼인취소의 소를 제기하거나, 회사해산 후의 회사설립무효의 소를 제기하는 것은 이미 소로써 달성하려는 목적(혼인관계의 해소 등)이 실현되었기에 허용되지 않는다. 다만 협의이혼 후에 다시 혼인관계 무효확인을 구하는 확인의 소는 인정된다. 대법원도 최근 전원합의체 판결로 혼인관계가 이혼으로 해소된 이후에도 과거 일정 기간 존재하였던 혼인관계의 무효확인을 구할 확인의 이익이 있는지 여부에 대하여 원칙적으로 허용하는 입장의 판결을 선고하였다. 공유자 사이의 공유물분할 협의 성립시에 다시 공유물분할청구의 소를 제기하는 것 역시 소의 이익이 없어 허용되지 않는다. 다만 협의분할부분에 대한 이전등기를 구하거나 소유권확인을 구하는 것은 별개의 문제이다

판례

대법원 1995. 1. 12. 선고 94다30348, 94다30355(반소) 판결 [공유물분할등기등]

공유물분할은 협의분할을 원칙으로 하고 협의가 성립되지 아니한 때에는 재판상 분할을 청구할 수 있으므로 공유자 사이에 이미 분할에 관한 협의가 성립된 경우에는 일부 공유자가 분할에 따른 이전등기에 협조하지 않거나 분할에 관하여 다툼이 있더라도 그 분할된 부분에 대한 소유권이전등기를 청구하든가 소유권확인을 구함은 별문제이나 또다시 소로써 그 분할을 청구하거나 이미 제기한 공유물분할의 소를 유지함은 허용되지 않는다.

판례

대법원 2024. 5. 23. 선고 2020므15896 전원합의체 판결 [혼인의무효]

이혼으로 혼인관계가 이미 해소되었다면 기왕의 혼인관계는 과거의 법률관계가 된다. 그러나 신분관계인 혼인관계는 그것을 전제로 하여 수많은 법률관계가 형성되고 그에 관하여 일일이 효력의 확인을 구하는 절차를 반복하는 것보다 과거의 법률관계인 혼인관계 자체의 무효 확인을 구하는 편이 관련된 분쟁을 한꺼번에 해결하는 유효·적절한 수단일 수 있으므로, 특별한 사정이 없는 한 혼인관계가 이미 해소된 이후라고 하더라도 혼인무효의 확인을 구할 이익이 인정된다고 보아야 한다.

다) 형성의 소와 병합하여 형성될 법률관계에 기한 이행청구의 소

(1) 법이 명문으로 허용하고 있는 경우

사해행위취소와 원상회복청구(민법 제406조), 재판상이혼청구와 이혼성립시의 위자료청구 및 재산분할청구, 양육비지급청구 등은 가능하다. 즉 재판상 이혼청구의 소(형성의 소임)를 제기하면서 동시에 이혼판결의 확정을 전제로 위자료나 재산분할청구와 같은 이행의 소를 병합하는 것은 가능하다.

(2) 공유물분할청구와 분할시를 대비한 이전등기청구의 가부

이 역시 허용되지 않는다. 그 이유는 이 경우 분할청구권자는 공유물분할판결만으로 단독으로 분할등기(이전등기)신청을 할 수 있기 때문이다. 또한 분할된 부분에 대한 단독소유권을 취득한 자는 부동산등기법 제52조에 따라 다른 공유자를 대위하여 그 특정부분에 대하여 분할등기신청을 할 수 있고, 부동산등기법 제29조에 의하여 단독으로 타공유자의 공유지분에 관하여 지분이전등기절차를 신청할 수 있기 때문이다.[72] 다만 공유자가 분할청구의 소를 제기하기에 앞서 승소판결시 취득할 특정부분에 대하여 소유권을 피보전권리로 하여 부동산 전부에 대하여 처분금지가처분을 신청할 수는 있다.

마. 소의 이익의 소송상 취급

(1) 직권조사사항

소의 이익은 소송요건에 해당하는 것으로 법원의 직권조사사항이다. 따라서 당사자의 주장이나 항변이 없어도 법원은 당연히 직권으로 소의 이익의 유무에 대하여 판단할 수 있고(처분권주의에의 위반이 아니라는 의미임), 판단하여야 한다.

(2) 본안판결요건(소송요건)

흠결시 부적법 각하하여야 하고(청구기각 판결설도 있음), 간과하여 본안기각 판결을 하여도 권리관계의 존부에 대하여 기판력이 생기는 것은 아니다.

---

72) 등기 선례 제3-23호(공유물분할판결이 확정되면 공유자는 각자의 취득부분에 대하여 소유권을 취득하게 되는 것이므로 그 소송의 당사자는 원·피고에 관계없이 각각 공유물분할절차에 따른 등기신청을 할 수 있다.

참고문헌

곽윤직, 채권각론, 박영사, 1984.

권혁재, 요건사실 증명책임, 진원사, 2010.

김증한·김학동, 민법총칙, 박영사, 2001.

김홍엽, 민사소송법, 박영사, 2021.

김홍엽, 통합민사법, 박영사, 2021.

손종학, 강해 민사실무 Ⅰ, 충남대학교 출판문화원, 2017.

손종학, 강해 민사실무 Ⅱ, 충남대학교 출판문화원, 2017.

손종학, 강해계약법 Ⅰ, 충남대학교출판문화원, 2020.

손종학, 강해 계약법 Ⅱ, 충남대학교 출판문화원, 2018.

송덕수, 민법총칙, 박영사, 2018.

송덕수, 채권법각론, 박영사, 2016.

윤진수, 친족상속법강의, 박영사, 2016.

이시윤, 신민사소송법, 박영사, 2019.

전현철, 민사소송법, 박영사, 2019.

정동윤, 유병현 외 1명, 민사소송법, 법문사, 2019.

편집대표 김상원 외 3인, 주석 신민사소송법(Ⅰ-Ⅶ), 박영사, 2004.

법원행정처 법원실무제요 민사소송(Ⅰ), 2017.

법원행정처, 법원실무제요, 민사소송(Ⅱ), 2017.

법원행정처, 법원실무제요, 민사소송(Ⅲ), 2017.

사법연수원, 민사실무 Ⅰ, 2017.

사법연수원, 민사실무 Ⅱ, 2017.

사법연수원, 요건사실론, 2016.

알랭 쉬피오(박제성/배영란 옮김), 법률적 인간의 출연, (주)글항아리, 2015.

우치다 타카시(정종휴 역), 법학의 탄생, 박영사, 2022.

저자 소개

손 종 학

충남대학교 법과대학 졸업
사법시험 합격(제31회)
사법연수원 수료(제21기)
판사, 변호사
충남대학교 법학전문대학원장
대법원 법관인사위원회 위원
법무부 법교육위원장
사법시험 및 변호사시험 위원
교원소청심사위원회 위원
경력법관 및 재판연구원 구술면접위원
법제처 법령해석위원
대검찰청 검찰수사심의위원회 위원
법학전문대학원평가위원회 위원
현 충남대학교 법학전문대학원 교수
　　충남대학교 법률센터장

주요 저서
講解 민법총칙
講解 민사실무 Ⅰ, Ⅱ
묻고 답하는 민법이야기
쉽게 읽는 입법과 법해석(3인 공저)

쉽게 배우는 민사법

초판발행　　　2025년 2월 25일

지은이　　　　손종학
펴낸이　　　　안종만·안상준

편　집　　　　심성보
기획/마케팅　정연환
표지디자인　　벤스토리
제　작　　　　고철민·김원표

펴낸곳　　　　(주) **박영시**
　　　　　　　서울특별시 금천구 가산디지털2로 53, 210호(가산동, 한라시그마밸리)
　　　　　　　등록　1959. 3. 11. 제300-1959-1호(倫)
전　화　　　　02)733-6771
f a x　　　　02)736-4818
e-mail　　　　pys@pybook.co.kr
homepage　　 www.pybook.co.kr
ISBN　　　　 979-11-303-4938-1　93360

* 파본은 구입하신 곳에서 교환해 드립니다. 본서의 무단복제행위를 금합니다.

정　가　　　　20,000원